本书是教育部哲学社会科学研究重大课题攻关项目：习近平新时代中国特色社会主义思想进教材进课堂进学生头脑研究（18JZD002），教育部示范优秀教学科研团队建设项目重点选题：习近平总书记系列重要讲话精神和治国理政新理念新思想新战略进思想政治理论课有效机制研究（17JDSZK010），教育部高校思想政治理论课教师研究专项一般项目：中国共产党人精神谱系融媒体教学案例库的建设、开发及应用研究（22-JDSZK016）的项目成果。获全国重点马克思主义学院建设经费资助。

大连理工大学思政课教学研究丛书

《中国近现代史纲要》
专题教案

梁大伟 葛丽君 ◎主编

天津出版传媒集团

天津人民出版社

图书在版编目（CIP）数据

《中国近现代史纲要》专题教案 / 梁大伟，葛丽君
主编. -- 天津：天津人民出版社，2025.3. -- （大连
理工大学思政课教学研究丛书）. -- ISBN 978-7-201
-18774-7

Ⅰ. K25

中国国家版本馆 CIP 数据核字第 2025ZL3468 号

《中国近现代史纲要》专题教案
《ZHONGGUO JINXIANDAI SHI GANGYAO》ZHUANTI JIAOAN

出　　版	天津人民出版社
出 版 人	刘锦泉
地　　址	天津市和平区西康路 35 号康岳大厦
邮政编码	300051
邮购电话	（022）23332469
电子信箱	reader@tjrmcbs.com
责任编辑	郑　玥
特约编辑	郭雨莹
装帧设计	汤　磊
印　　刷	天津新华印务有限公司
经　　销	新华书店
开　　本	710 毫米×1000 毫米　1/16
印　　张	24.25
插　　页	2
字　　数	310 千字
版次印次	2025 年 3 月第 1 版　2025 年 3 月第 1 次印刷
定　　价	98.00 元

目 录

专题一 / **大学生学习中国近现代史的重要意义**

一、教学说明

"中国近现代史纲要"是根据《中共中央宣传部、教育部关于进一步加强和改进高等学校思想政治理论课的意见》(2005 年 5 号文件)及实施方案的精神而设置的一门全国高等学校本科生必修的思想政治理论课程。要学好这门课,首先要明确大学生学习中国近现代史的重要性。本专题对应教材导言相关内容,包括两个问题,主要概述大学生为什么要学习中国近现代史和怎样才能学好中国近现代史,从而为学好纲要课打下良好基础。

1.教学目标

(1)知识目标

让大学生深刻理解学习中国近现代史的重要意义,明确认识到,认真学习历史,特别是中国近现代史和中国共产党历史,才能够深刻认识和把握中国社会发展的客观规律,才能够更好地成长成才。

(2)能力与素质目标

使大学生树立正确的历史观,提高运用科学的历史观和方法论分析和评价历史问题、辨别历史是非的能力。

2. 教学重点和难点

（1）教学重点

大学生学习中国近现代史的重要意义，中国近现代史的主题、主线和本质。

（2）教学难点

如何理解中国近现代史的主流和本质。

3. 教学方法

综合运用理论讲授法、案例教学法、讨论式教学法以及智慧课堂教学手段。

4. 学时安排

2 学时。

5. 参考资料及教学资源

（1）《"中国近现代史纲要"专题教学指南》（2018 年版·试行）。

（2）中共中央党史研究室编：《历史是最好的教科书——学习习近平同志关于党的历史的重要论述》，中共党史出版社，2014 年。

（3）视频：电视文献纪录片《独领风骚——诗人毛泽东》第 13 集《历史与海》（中共中央文献研究室、中共江苏省委、中央电视台联合摄制）。

二、教学内容设计

【课程导入】

"中国近现代史纲要"课程性质是思想政治理论课。本课程与历史课有明显区别，主要围绕历史和人民怎样选择了马克思主义、中国共产党、社会主义道路和改革开放，即中国的发展举什么旗、走什么路、由谁来领导等中国近现代史的基本问题，揭示中国近现代的历史进程及其基本规律和主要经验,具有鲜明的"历史与理论"相结合的特点,侧重于将理论探究同解析历史进程、总结历史经验结合起来,而不是具体研究历史本身的细节。所以本课程不要求精确记忆具体历史事件的时间、地点、人物,但要求学生会分析历史为什么会是这样的发展走向,从中总结出规律性的东西。要学好这门课,首先要从思想上高度重视,因此必须明确大学生学习中国近现代史的重要性。

【课程讲授】

(一)大学生为什么要学习中国近现代史?

"中国近现代史纲要"作为一门开展历史教育的思想政治理论课,对大学生的思想政治教育具有特殊的重要作用。学习中国近现代历史是当代大学生成长成材的需要。

1.学习中国近现代史有助于大学生鉴往知来,深入了解国史、国情,正确地总结历史经验,学会全面地分析问题和解决问题

历史是一个民族、一个国家形成、发展及其盛衰兴亡的真实记录,是前人各种知识、经验和智慧的总汇。历史有鉴往知来,资政育人的功能。过去的历史昭示着未来发展的方向。一个民族的历史,是一个民族走向未来的基石。学习历史,无论是对国家、对民族还是对个人成长,都是非常重要的。中华民族具有历来重视治史的优良传统。汉代史学家司马迁通过研究历史,"究天人之际,通古今之变,成一家之言"。唐代史学家刘知几说:"史之为用,其利实博,乃生人之急务,为国家之要道。"唐太宗李世民认为:"以铜为镜,可以正衣冠;以史为镜,可以知兴替;以人为镜,可以明得失。"晚清思想家龚自珍说:"出乎史,入乎道,欲知大道,必先为史。"这些先人对治史的重要性作出了相当中肯的阐明。

重视历史的学习与研究,注意总结和汲取历史经验,也是中国共产党的优良传统。中国共产党第一代领导集体核心毛泽东熟读中国历史和世界历

史,并号召全党读史用史。

【视频】毛泽东读史(时长:4分钟)

学生阅读教师课前推送到"超星学习通"平台的教学案例"掌上千秋史",了解毛泽东对历史的学习与重视,并结合案例思考讨论:毛泽东的历史学素养对其政治生涯有何影响?

【案例】"掌上千秋史"

毛泽东一生酷爱读史。他从8岁起开始读私塾,读的大多是四书五经,其中有不少历史书籍。早年他有两年时间辍学在家务农,几乎读遍了当时山乡所能收集到的所有古典文学,如《三国演义》《隋唐演义》,等等。这些文学作品,为他打开了历史知识大门,也引发了他的思考。其中一个问题就是:为什么这些书里面都没有中国的普通老百姓?

16岁的时候,毛泽东到邻县湘乡的东山小学堂读书。在那里,他读到了《新民丛报》,开始了解康有为、梁启超等中国近代史上赫赫有名的人物。在此前后,青年毛泽东认真研读过《曾文正公家书》和《曾文正公日记》,接受了被曾国藩发扬光大的湖湘文化的影响。在湖南省立第一师范全面而系统的学习中,他打下了较坚实的史学基础,具有了较深厚的国学功底,并且开始以史论今,针砭时弊。

毛泽东学习历史,是为了改造现实,而不是为了成为一名纯粹的历史学者。从井冈山时期开始,每当转战到一个新的地方,他都特别注意调查当地的历史地理情况,了解风土人情,查阅地方史志,作为决策的依据。

到了延安之后,有了一个相对安静的环境,毛泽东又开始大量阅读各种书籍。1936年,他专门致电在西安的李克农,要他代购整套《中国历史演义》,以及包括《四库全书》在内的大量历史书籍。这些书,他后来批注过的就有1300多种。

新中国成立以后,毛泽东党务、政务都很繁忙,但读史的爱好一如既往。

他个人藏书就达 8 万多册。除大量阅读自己收藏的书籍外，他还走到哪儿、借到哪儿、读到哪儿。据北京图书馆的记录，从 1949 年到 1969 年，毛泽东共借书 6000 多册，其中历史书籍所占比重最大。光《资治通鉴》，他就读了 17 遍。对贯通中华民族 4000 年历史的权威性史籍《二十四史》，他不仅全部通读，而且对许多卷册都反复阅读。据查，从 1952 年到 1976 年，他对《二十四史》的阅读从未间断，在许多卷册的封面上，都留有他的圈点符号和批注，少则一两个字，多则几百乃至上千字。1997 年 11 月江泽民主席访美时，曾将《毛泽东评点二十四史》作为礼物赠送给美国哈佛大学。

晚年的毛泽东患有老年性白内障，视力严重衰退，但仍以超乎寻常的毅力读书读史。他的卧室到处是书，连床都被书占去一半。据记载：1975 年 8 月至 9 月，毛泽东两次重读《晋书》；1976 年初，他读英国李约瑟的《中国科学技术史》；1976 年 8 月 26 日，他再次读宋人洪迈的《容斋随笔》，这是他生前读的最后一部书。此时离他逝世仅有 24 天。

毛泽东对西方历史，常读不懈，了然于胸。毛泽东读世界历史，最早始于东山小学时期。那时候他从同学那里借到了一本《世界英雄豪杰传》，从此对彼得大帝、拿破仑、华盛顿、富兰克林、林肯等世界历史名人崇拜无比。

毛泽东比较集中地读世界历史，是他到长沙求学之后不久。当时他曾专门在湖南省立图书馆自学读书。他经常站在图书馆的一幅世界地图前，从那里去找中国，去找湖南，发现许多过去认为了不得的地方，在这里都显得十分渺小，由此开始慢慢树立起自己的世界眼光、历史眼光。

从一师毕业后，毛泽东曾经两到北京，在这个新文化的中心，他不仅接受了十月革命和马列主义，对世界历史的大势也有了一个大致的把握。

对于外国历史，毛泽东最重视的是俄国革命史和联共党史。1953 年 10 月，毛泽东写信嘱咐中办主任杨尚昆，要求将《联共党史》中的六条结束语印发给中央有关领导和来京参加会议的代表，请他们"阅读、研究，可能时还加以讨论"。毛泽东让广大干部研究国际共运史尤其是联共党史,目的就是要汲取苏联的经验教训。

西方历史,毛泽东最熟悉的是法国近代史。而在法国近代史中,他最感兴趣的要算法国大革命和巴黎公社,最喜欢谈论的历史人物是拿破仑。据粗略统计,从1910年到1973年,毛泽东读到和谈及拿破仑,不下40次。

西方国家的历史,毛泽东最感兴趣的是美国历史。他对美国独立战争史有非常深入的研究。他在延安与斯诺和其他美国记者,以及美军观察组大谈美国的历史和政治制度,让这些美国人都叹服不已。到了晚年,毛泽东对美国历史仍然十分关注,他曾让人从北京图书馆借阅美国历史学家卡曼和施里特合著的《美国全史》等书。可以说,毛泽东对美国历史以及美国政治制度的了解,与他后来下决心打开中美关系的大门,不无关系。

——资料来源:唐洲雁:《毛泽东读史与用史》,《理论视野》,2012年第2期

【案例分析】毛泽东是一位影响中国历史走向的政治人物。他在政治上的成功,与他的历史学素养有直接关系。文史大家高亨教授是第一个以"掌上千秋史"肯定毛泽东的历史学养的人。毛泽东一生酷爱历史与哲学。他对于历史有着深刻的思考和独特的见解。历史学是毛泽东长期修养自身、营养自心的最基本的文化内容。他真正做到了生命不息,读史不止。毛泽东通过读史,树立起自己的世界眼光、历史眼光,形成了马克思主义的历史观,又把这种历史观作为思想武器,运用到实践中去,推动了中国历史的进步,改变了中国历史的发展。

毛泽东认为,"读历史是智慧的事",强调"历史的经验值得注意"。他还多次发出过"学一点历史"的号召。他指出,"今天的中国是历史的中国的一个发展","我们要看前途,一定要看历史"。延安整风中,他严肃地批评了那种对于历史一点不懂,或懂得甚少,不以为耻,反以为荣的现象。在毛泽

的大力倡导下,中国共产党形成了重视历史的学习与研究,注意总结和汲取历史经验的优良传统。邓小平明确提出:"总结历史是为了开辟未来。""要懂得些中国历史,这是中国发展的一个精神动力。"江泽民认为:"一个民族如果忘记了自己的历史,就不可能深刻地了解现在和正确地走向未来。"胡锦涛强调:"在新形势下,我们要更加重视学习历史知识,更加注重用中国历史特别是中国革命史来教育党员干部和人民。"习近平总书记指出,历史是最好的教科书、历史是最好的老师、历史是"最好的清醒剂"。他强调,学习党史、国史,是坚持和发展中国特色社会主义,把党和国家各项事业继续推向前进的必修课。这门功课不仅必修,而且必须修好。应当说,党的领导人的这些论述,把学习中国近现代历史的重要性,全面地、充分地讲清楚了。

历史发展规律和历代治乱兴衰的经验教训,对后人具有极为重要的启迪作用。学习历史对于大学生的成长成才是非常重要的,能够启迪思想,激发思考,使其心胸开阔,增强大局观念,增强对自身命运的掌控能力。中国近现代历史,是中华民族从遭受欺辱到奋起抗争并取得民族独立的历史,是中国人民经过艰难抉择最终选择正确道路的历史,是中华民族从站起来、富起来到强起来的历史。这段历史中蕴涵着丰富的中国智慧和中国方案。大学生虽然在中学阶段已系统学习过中国近现代历史,对有关的历史事实、重大事件和重要人物已有基本的了解。但是对历史发展的脉络,还不能完整地把握;对近现代历史发展的规律性和主要经验,尚不能准确地理解,还存在着许多困惑。大学生是祖国未来的社会主义建设者、各条战线的生力军。为了光荣地担负起建设祖国的重任,必须了解中国的国情,不仅要了解中国的今天,还应当了解中国的昨天和前天,这样才能担当起明天的重任。学习中国近现代史有助于大学生深入了解国史、国情,厘清近现代中国历史发展的基本事实,正确地总结历史经验,提高全面分析问题和解决问题的能力。

2.学习中国近现代史有助于提高大学生的道德修养和理论水平,树立正确的世界观、人生观、价值观和历史观

教育强则国家强,人才兴则民族兴。培养人的问题是教育的根本问题,育人的根本在于立德。要把立德树人贯穿于人才培养全过程,就要加强大学生对中国近现代史的学习。对大学生进行中国近现代史教育,是提高大学生的道德修养和思想政治素质的重要内容与重要手段。

历史是一部丰富的人生教科书,为个人成长乃至整个民族的发展提供多方面的智慧,使人们深刻领悟到什么是正义,什么是崇高,做到明是非、知荣辱、辨美丑,"见贤思齐,见不贤而内自省"。中国近现代历史记录着震古烁今的理论创新、奇迹创造和实践探索,也见证了信仰之美与使命之重、英雄之气与崇高之志。中国近现代历史上众多杰出人物的道德品质、人格魅力及其身上所体现的民族优良传统,是提高个人道德修养的最好素材。通过学习中国近现代史,可以激发大学生的爱国热情,民族自豪感、自信心,使大学生自觉继承和弘扬近代以来中国人民的革命传统、爱国精神和民族精神,促进他们形成高尚的道德情操,增强实现中华民族伟大复兴的历史使命感和社会责任感。

通过学习中国近现代史,可以使大学生弥补历史知识的不足与匮乏,提升基本历史素养,从宏观上了解中国革命史、中国共产党史、中华人民共和国史、改革开放史,形成正确的历史观,提高运用科学的历史观和方法论分析和评价历史问题、辨别历史是非的能力,正确认识与把握社会历史的发展规律,进一步坚定理想信念,坚定道路自信、理论自信、制度自信、文化自信。通过学习中国近现代史,了解中国共产党领导中国革命、建设和改革所取得的辉煌成就,可以帮助大学生更好地理解中国的发展路径,加深对毛泽东思想和中国特色社会主义理论体系的理解,澄清认识上的误区,切实解决思想中的困惑,消除历史虚无主义的错误观点,增强对四项基本原则的认识,提

高在实践中贯彻执行党的基本理论、基本路线和各项方针政策的自觉性与坚定性,提高广大学生的鉴别能力和思想理论水平,使其更好地成长成才,肩负起民族复兴和实现中国梦的时代重任。

总之,加强中国近现代史学习是培养社会主义建设者和接班人的要求,是把立德树人贯穿于人才培养全过程的要求。在高等学校普遍开设"中国近现代史纲要"课程,是有重要意义的战略举措。"中国近现代史纲要"既是一门对大学生进行爱国主义教育和科学历史观教育的思想政治理论课,也是一门帮助大学生增长人生智慧的人文素质课。

(二)怎样才能学好中国近现代史?

1. 把握中国近现代史的主题与主线

中国近现代史是指中国自 1840 年以来直至现在的 170 多年的历史。其中从 1840 年鸦片战争到 1949 年中华人民共和国成立前夕的历史,是中国的近代史(中国处于半殖民地半封建社会);1949 年中华人民共和国成立以来的历史,是中国的现代史(中国进入了社会主义的历史时期:先是新民主主义社会,这是属于社会主义类型的、向社会主义过渡的社会;1956 年社会主义改造基本完成以后,中国进入社会主义社会的初级阶段)。这段历史有没有一个主题? 透过纷纭复杂、波澜壮阔的历史表象,可以看出,这段历史有一个明显的主题。鸦片战争后,中国成为半殖民地半封建国家。面对苦难,中国人民没有屈服,而是挺起脊梁、奋起抗争,以百折不挠的精神,进行了一场场气壮山河的斗争,谱写了一曲曲可歌可泣的史诗。党的十五大对这段历史进行过全面的回顾和总结。党的十五大报告指出:"鸦片战争后,中国成为半殖民地半封建国家。中华民族面对着两大历史任务:一个是求得民族独立和人民解放;一个是实现国家繁荣富强和人民共同富裕。"为实现"民族独立和人民解放"与"国家繁荣富强和人民共同富裕"两大历史任务而斗争,这就是中国近现代历史的主题。实现中华民族伟大复兴是近代以来中华民族最伟大的梦想。这两大历史任务,既互相区别又紧密联系。前一任务是为后一任务扫清障碍,创造必要的前提。由于腐朽的社会制度束缚着生产力的发展,阻碍着经济技术的进步,因此必须首先改变这种社会制度,争得民族独立和人民解放,才能为实现国家富强和人民富裕创造前提,开辟道路。怎样才能争得民族独立和人民解放?近代以来的历史表明,必须首先进行反帝反封建的民主革命。只有通过革命争得民族独立、人民解放以后,中国人民才有可能集中力量进行现代化建设,逐步改变贫穷落后的面貌,实现国家的富强和人民的富裕,从而使中华民族伟大复兴的梦想真正成为现实。

【课堂讨论】能否将现代化作为中国近现代史的主线?

近年来,有一种观点认为,中国近代史的主线不是反帝反封建,不是革命,而是现代化(近代化)。"将现代化作为中国近代史的主线,以现代化代替革命,或者将二者对立起来,是错误的。研究中国近代史,不能离开当时中国的国情,要历史地看问题。近代中国是半殖民地半封建社会,民族不独立,人民遭受帝国主义和封建主义的压迫剥削,社会贫困落后,中国面临的主要问题是进行反帝反封建斗争。反帝反封建斗争就是为了实现民族独立、人民解放,为国家繁荣富强扫清障碍,创造必要的前提条件。这是中国走向工业化、现代化的必由之路。""现代化既不能作为中国近代史的主线来代替革命,也不能将它和革命对立起来。革命或反帝反封建斗争,要实现的是独立、民主、富强,也就是现代化,二者是统一的,不是对立的。"①正如毛泽东所指出:"在一个半殖民地的、半封建的、分裂的中国里,要想发展工业,建设国防,福利人民,求得国家的富强,多少年来多少人做过这种梦,但是一概

———————————
① 龚书铎:《近代中国的革命和改良》,《思想理论教育导刊》,2006 年第 10 期。

幻灭了。"①"中国人民的生产力是应该发展的,中国应该发展成为近代化的国家、丰衣足食的国家、富强的国家。这就要解放生产力,破坏帝国主义和封建主义。正是帝国主义和封建主义束缚了中国人民的生产力,不破坏它们,中国就不能发展和进步,中国就有灭亡的危险。"②

中国近现代史,就其主流和本质来说,体现为三方面的历史:一是中国一代又一代的仁人志士和人民群众为救亡图存和实现中华民族的伟大复兴而英勇奋斗、艰苦探索的历史;二是全国各族人民在中国共产党的领导下,进行伟大的艰苦的斗争,经过新民主主义革命,创建中华人民共和国,赢得民族独立和人民解放的历史;三是全国各族人民在中国共产党的领导下,经过社会主义革命、建设和改革,把一个极度贫弱的旧中国逐步变成一个初步繁荣昌盛、充满生机和活力的社会主义新中国的历史(即迎来从站起来、富起来到强起来的伟大飞跃,努力实现中华民族伟大复兴中国梦的历史)。这三方面的内涵就是中国近现代历史的主线。

中国近现代史知识点的学习对于大学生而言固然重要,但深入的理论分析、切实把握中国近现代史的主题、主线更是大学生需要通过学习应掌握的东西。切实把握中国近现代史的主题和主线,是学好"中国近现代史纲要"课程的重要前提和基础。

2. 把握学习"中国近现代史纲要"课程的基本要求

要学好"中国近现代史纲要",必须把握学习课程的基本要求,找好学习的着力点,即在对中国近现代史的总体面貌和基本线索有一个总体把握的基础上,认识近现代中国社会发展和革命、建设、改革的历史进程及其内在的规律性,做到"两个了解",即了解国史、国情,懂得"四个选择"的必要性和

---

① 《毛泽东选集》(第三卷),人民出版社,1991年,第1080页。
② 《毛泽东文集》(第三卷),人民出版社,1996年,第432页。

正确性,即深刻领会历史和人民怎样选择了马克思主义,选择了中国共产党,选择了社会主义道路,选择了改革开放。

3.掌握正确的观点和科学的方法

【课堂提问】我们应该以什么样的观点和方法观察和研究中国近现代史呢?

学习和研究中国近现代史,要有正确的观点、科学的方法:

第一,要坚持正确的历史观,充分运用马克思主义的立场、观点和方法,正确认识中国近现代历史进程,正确分析中国近现代历史中的重大事件,以历史唯物主义的视角,掌握中国近现代历史的发展规律。历史观是人们对历史的根本观点。人们面对纷繁的历史现象总会作出评价和判断,由此形成的系统理论认识就是历史观。马克思主义唯物史观,站在广大人民群众的立场上,揭示了人类历史发展规律,是科学的历史观。我们要坚持马克思主义唯物史观,坚持历史主义原则评价历史人物,要全面、客观、辩证、发展地研究和阐述历史,要在历史的长河中把握历史脉搏,探索历史规律。把握了内在联系,才能看清历史的主流和本质。

第二,应以世界历史的眼光审视中国近现代历史,联系时代特征、国际格局和世界大势认识中国问题。只有以世界历史的眼光认识中国近现代历史,才能真正认清近代中国革命的必然性和必要性,认清近代中国两大基本任务之间的辩证关系。不联系中国所处的时代历史条件和国际环境,中国的许多问题就讲不清楚。大学生学习中国近现代史应注意站在世界历史发展的高度,在了解国际格局和世界大势的基础上,宏观地把握中国近现代史的发展脉络。

第三,要善于运用比较的方法。正确的思想、主张,总是同错误的思想、主张相比较而存在、相斗争而发展。通过纵向比较和横向比较,才能看清历史上令人困惑的问题和现实中的一些错误倾向。注意对中国各种政治力量的政治主张和建国方案进行比较,将使我们对历史和人民怎样选择了马克思主义、共产党和社会主义这个问题作出更加有说服力的论证,使大学生对中国成为人民民主国家和中国共产党成为执政党的历史必然性获得真切的理解。

第四,理论联系实际,加强针对性。要把昨天的中国与今天的中国联系起来,联系社会主义初级阶段的实际,正确认识中国社会的发展变化,提高认识和分析问题的能力。联系大学生个人的思想实际,释疑、解惑、明理。应联系社会上流行的思潮,联系大学生经常关注或感到困惑的重大问题,通过学习提高思想觉悟,增强辨别是非的能力,真正确立起正确的世界观、人生观和价值观。

【课堂小结】

"中国近现代史纲要"课程主要讲授中国近代以来抵御外来侵略、争取民族独立、推翻反动统治、实现人民解放,以及中国由落后的农业国变为先进的工业国,实现国家繁荣富强、人民共同富裕的历史;帮助学生了解国史、国情,深刻领会历史和人民是怎样选择了马克思主义,选择了中国共产党,选择了社会主义道路,选择了改革开放,树立在中国共产党领导下走中国特色社会主义道路的坚定信念,提高运用科学的历史观和方法论分析和评价历史问题、辨别历史是非和社会发展方向的能力。

【思考题】

1. 大学生学习中国近现代史有何重要意义?

2. 如何理解中国近现代史的主题、主线?

三、板书设计

专题一 大学生学习中国近现代史的重要意义

一、大学生为什么要学习中国近现代史?

1. 鉴往知来,深入了解国史、国情,正确地总结历史经验

2. 提高道德修养和理论水平,树立正确的世界观、人生观、价值观和历史观

二、怎样才能学好中国近现代史?

1. 把握中国近现代史的主题、主线

2. 把握课程的基本要求

3. 掌握正确的观点和科学的方法

四、学生阅读书目推荐

1.【经典文献】

(1)习近平:《领导干部要读点历史》,《学习时报》,2011 年 9 月 5 日。

(2)习近平:《辩证唯物主义是中国共产党人的世界观和方法论》,《求是》,2019 年第 1 期。

2.【延伸阅读】

(1)中共中央党史研究室编:《历史是最好的教科书——学习习近平同志关于党的历史的重要论述》,中共党史出版社,2014 年。

五、习近平总书记相关论述

1. 中国共产党的历史是中国近现代以来历史最为可歌可泣的篇章,学

习中国近现代史要特别注意学习中国共产党的历史。历史在人民的探索和奋斗中造就了中国共产党,中国共产党领导人民又造就了新的历史辉煌。

——习近平:《中央党校 2011 年秋季学期开学典礼上的讲话》(2011 年 9 月 1 日)

2. 不论发生过什么波折和曲折,不论出现过什么苦难和困难,中华民族 5000 多年的文明史,中国人民近代以来 170 多年的斗争史,中国共产党 90 多年的奋斗史,中华人民共和国 60 多年的发展史,都是人民书写的历史。历史总是向前发展的,我们总结和吸取历史教训,目的是以史为鉴、更好前进。

——习近平:《纪念毛泽东同志诞辰 120 周年座谈会上的讲话》(2013 年 12 月 26 日)

3. 要了解我们党和国家事业的来龙去脉,汲取我们党和国家的历史经验,正确了解党和国家历史上的重大事件和重要人物。这对正确认识党情、国情十分必要,对开创未来也十分必要,因为历史是最好的教科书。

——习近平:《中央党校建校 80 周年庆祝大会暨 2013 年春季学期开学典礼上的讲话》(2013 年 3 月 1 日)

4. 学习中国近现代史,就要了解近代中国所经历的屈辱历史,深刻汲取落后就要挨打、就要受欺负的教训,增强励精图治、奋发图强的历史使命感和责任感,为在 2020 年全面建成小康社会,进而在 21 世纪中叶把我国建设成为富强民主文明和谐的社会主义现代化强国而努力奋斗。

——习近平:《中央党校 2011 年秋季学期开学典礼上的讲话》(2011 年 9 月 1 日)

5. 加强党史的学习和教育,要着力抓好对广大青少年的教育。把党的历史作为各级各类学校思想政治课的重要内容,开展形式多样的党的历史知识、光荣传统和优良作风、英雄模范事迹的教育,从小培养青少年热爱党、热爱社会主义的感情,极为重要,任何时候都不可忽视。课堂教育之外,要组织青少年学生瞻仰革命遗址,参观红色旅游景点、革命博物馆和纪念馆,学习革命英烈事迹,等等。这些都是对青少年进行党史教育的重要形式。

——习近平:《全国党史工作会议上的讲话》(2010 年 7 月 21 日)

专题二 / 中华民族伟大复兴的历史任务的提出

一、教学说明

从 1840 年开始,西方资本主义殖民势力凭借坚船利炮叩开了中国的大门,发动了多次侵略战争,中华民族一步一步地陷入了半殖民地半封建社会的深渊。在民族面临生死存亡的紧要关头,全国人民同仇敌忾,同帝国主义进行了不屈不挠的斗争。一次次抗争,一次次失败,中华民族追求民族复兴梦想的道路艰难曲折。本专题对应教材、第一章相关内容。本专题共包括四个问题,即古代中国的强盛、中国封建社会的衰落与世界资本主义的发展、中国沦为半殖民地半封建社会、中华民族复兴任务的提出。这四个问题高度概括了在近代中国由盛而衰过程中,中华民族遭受的苦难、抗争与觉醒,反映出创造过灿烂辉煌文化却在近代历经苦难的中华民族对伟大复兴的强烈渴望与梦想。

1. 教学目标

（1）知识目标

让大学生深刻理解近代中国由强盛转向衰败的根源、中国近代半殖民地半封建社会性质的基本内涵和主要特征,以及中国人民反侵略斗争失败的原因,认识到民族复兴成为近代以来中华民族的最大梦想和奋斗目标。

(2)能力与素质目标

使大学生正确认识外国资本-帝国主义侵略中国的历史及其对中国社会的影响,认清"侵略有功"论等历史虚无主义错误观点,提高辨别历史是非的能力。

2. 教学重点和难点

(1)教学重点

近代中国衰落的原因;中国近代半殖民地半封建社会性质的基本内涵和主要特征;近代中国人民反侵略斗争的历程及其失败原因和经验教训;中华民族伟大复兴的历史任务的提出。

(2)教学难点

引导学生正确认识近代西方列强的侵略对中国社会所产生的影响,回击历史虚无主义错误观点,批驳"侵略有功"论。

3. 教学方法

综合运用理论讲授法、案例教学法、讨论式教学法以及智慧课堂教学手段。

4. 学时安排

4 学时。

5. 参考资料及教学资源

(1)《"中国近现代史纲要"专题教学指南》(2018 年版·试行)。

(2)毛泽东:《中国革命和中国共产党》(1939 年 12 月),《毛泽东选集》(第二卷),人民出版社,1991 年。

(3)中共中央宣传部:《习近平新时代中国特色社会主义思想三十讲》(第三讲《实现中华民族伟大复兴是近代以来中华民族最伟大的梦想》),学习出版社,2018 年。

(4)视频:电视政论片《复兴之路》第 1 集《千年局变》(中央电视台出品)。

二、教学内容设计

【课程导入】

只有创造过辉煌的民族,才懂得复兴的意义;只有历经过苦难的民族,才对复兴有深切的渴望。中国是一个有着 5000 多年文明史的大国,在历史上曾长期走在世界前列。近代以后,中国历经磨难,中华民族到了最危险的时候。自那时以来,为了实现民族复兴,无数仁人志士奋起抗争。实现中华民族伟大复兴,成为近代以来中华民族最伟大的梦想。

【课程讲授】

(一)古代中国的强盛

中国是世界文明的发祥地之一,中华民族以其辛勤劳动和聪明智慧创造了丰富多彩、灿烂辉煌的古代文明。中国是世界上少有的历史文化从未中断、一直延续至今的国家。

古代中国国力强盛,制度先进,经济繁荣,思想文化富有生命力,文明程度很高。中国历史上先后出现的文景之治、贞观之治、开元盛世、康乾盛世等,彰显了古代中国经济文化发展的繁荣景象和社会治理的博大智慧。直到鸦片战争前夕,中国制造业总量仍相当于欧洲主要国家的总和,占全世界总量的三分之一左右。中国古代文明的灿烂辉煌是建立在比较先进的农耕经济基础之上的。正是在精耕细作的封建农耕经济基础之上,中国古代文明不断发展壮大。孙中山曾自豪地说:"中国从前是很强盛很文明的国家,在世界中是头一个强国,所处的地位比现在的列强像英国、美国、法国、日本还要高得多。因为那个时候的中国,是世界中的独强。"①

中华文明源远流长、博大精深、影响深远,在几千年的历史中,中国产生了许多杰出的政治家、军事家、思想家、教育家、科学家、文学家和艺术家,他们在经济、政治、哲学、科技、文学、艺术等许多领域内,创造了曾经领先于世界或被世人至今奉为圭臬的思想和理论。

中国古代科学技术的成就几乎遍及科技领域的各个分支,每一个领域几乎都有着惊人的成就。著名的英国科技史专家李约瑟博士认为,中国"在3到13世纪之间保持一个西方所望尘莫及的科学知识水平"②。据1975年出版的《自然科学大事年表》记载,16世纪以前,影响人类生活的重大科技发明约有300项,其中中国人的发明占175项,占总数的57%以上。造纸术、印刷术、火药、指南针四大发明,是中华民族奉献给人类、造福全世界的杰出科技成果。四大发明在世界各国的传播,深刻影响了人类历史发展的进程。造纸术的发明导致世界性书写材料的重大变革;印刷术的传播便利了文化的传播;火药和火器的采用,使人类战争从此进入了热兵器时代,急剧地改变了人类的生活形态;指南针的发明和应用开创了人类航海事业的新纪元。马克思指出:"火药、指南针、印刷术——这是预告资产阶级社会到来的三大发明。火药把骑士阶层炸得粉碎,指南针打开了世界市场并建立了殖民地,而印刷术则变成新教的工具,总的来说变成科学复兴的手段,变成对精神发展创造必要前提的最强大的杠杆。"③

中华优秀文化是中华民族发展壮大的强大精神动力,也是令中华儿女自豪的共同的精神基因。曾经创造过灿烂辉煌古代文化的中华民族,更加

① 《孙中山全集》(第九卷),中华书局,1986年,第242页。
② [英]李约瑟:《中国科学技术史》(第一卷),《中国科学技术史》翻译小组译,科学出版社、上海古籍出版社,1990年,第1页。
③ 《马克思恩格斯全集》(第四十七卷),人民出版社,1979年,第427页。

懂得民族复兴的重要意义,更加渴求实现中华民族伟大复兴的梦想。

(二)中国封建社会的衰落与世界资本主义的发展

1. 中国封建社会由昌盛到衰落

从 1644 年到 1911 年的 268 年间为清朝统治时期。这是中国历史上最后一个封建君主制王朝。在这 268 年间,自康熙(1661—1721)经雍正(1722—1734)至乾隆(1735—1796)的 130 多年,形成了中华民族历史上又一个辉煌盛世,史称"康乾盛世"。这一时期,中国社会的各个方面在原有的体系框架下发展到极致。"中华民族经过秦汉以来两千多年的发展,至康乾盛世,其经济取得了有史以来的最高成就。她的农业、手工业、贸易、城市发展等,都曾达到世界先进水平。"①清朝的康熙、雍正、乾隆年间是中国封建社会后期的鼎盛时期,但同时也走到了封建社会的末世。到了鸦片战争前夜,中国在封建主义的迟暮中已经步履蹒跚,衰相尽显,与新兴的西方资本主义国家拉开了很大的差距,中国已经成为时代的落伍者。

【课堂讨论】近代中国衰落的原因何在?

近代中国衰落的内在原因,主要在于中国封建社会的经济、政治、文化、社会结构存在明显的弊端,中国的封建制度越来越落后于时代大潮。

中国封建社会经济结构的主要特点是封建地主土地所有制经济占主导地位,以个体家庭为单位并与家庭手工业牢固结合的小农经济是中国封建社会的基本生产结构,自给自足的自然经济始终占据绝对优势的地位。中国封建社会政治结构的基本特征是实行高度中央集权的封建君主专制制度。中国封建社会文化结构的主要特点是以儒家思想为正统思想,儒家还与佛教、道教相互吸收、融合,共同为维护封建统治服务。封建统治者同时

---

① 《学习时报》编辑部:《落日的辉煌——十七、十八世纪全球变局中的"康乾盛世"》,《学习时报》,2000 年 6 月 19 日。

吸收法家思想，强化专制统治。中国封建社会的社会结构特点是族权和政权相结合的封建宗法等级制度。其核心是宗族家长制，突出父权、夫权、君权。

中国封建社会的经济、政治、文化、社会结构，使中国的农耕文明稳定发展，中央对地方拥有强大的掌控力，"三纲五常"等儒家思想深入人心，从而巩固和维系了中国封建社会的稳定和延续，到鸦片战争前，中国的封建社会已经延续了两千多年。但中国封建社会的经济、政治、文化、社会结构，也导致其前进缓慢甚至迟滞，并造成难以克服的政治经济危机。封闭的小农经济和封建统治者所推行的重农抑商政策，阻碍了商品经济的发展；封建的中央集权君主专制制度和封建宗法制度，以及封建统治者所推行的文化专制主义，也在很大程度上成为社会发展和进步的抑制力量。每个封建王朝都跳不出从初期兴起，到逐渐昌盛，再到后期腐败、衰亡的"周期率"。清王朝也不例外。在"康乾盛世"中，埋藏着三大隐忧，并最终导致清朝由盛转衰。

一是皇权专制。制度陈旧腐败，跟不上时代发展的脚步。当欧美国家纷纷走上民主政体的道路，消除专制制度的时候，处于"康乾盛世"中的清王朝却把封建皇权推上空前集权的巅峰。雍正年间设军机处，直接对皇帝负责，后成定制，皇帝权力大为扩张，内阁形同虚设。同这种政治体制相适应，在文化上把儒学提高到无以复加的地步，大力提倡程朱理学，采取高压政策，文字狱盛行。这种体制严重阻滞了中国政治由传统向现代的变革之路。

二是与西方先进国家相比科技水平差距越拉越大。清王朝弥漫着轻视和蔑视科技之风，把发明创造称为"奇技淫巧"。清朝统治者在入关以后，对汉族将领防范极严，除皇家禁军、八旗部分军队及边防要塞外，一般不允许军营使用火枪火炮，仍强调"骑射乃满洲根本"，因此，在清朝统治年间，军事装备与明代相比，没有明显进步。"总体上，到明中晚期，中西方之间仍是互有短长。经过清朝200多年，中国的科学技术已全面落后于西方。在数学、物理学、化学、天文学、生物学等方面,中国比西方晚了几乎两个世纪。"①

三是采取闭关自守政策,应对全球化趋势不力。"闭关锁国、拒绝交流是清廷对外关系的基本政策。康乾时期,是人类历史从分散走向整体的时代,是经济国际化趋势日渐明显的时代。中国在对外关系上却采取了逆时代大潮的封闭国策。对外政策的着眼点是怀柔远人、外夷归附,宣扬恩德以保持国内秩序的稳定。"②清朝在 18 世纪中后期关闭了东南沿海各口岸,将对外贸易和交往限制在广州一地,闭关锁国政策堵塞了可能给中国近代科学技术和经济发展提供外部刺激的渠道。

学生阅读教师课前推送到"超星学习通"平台的教学案例"马戛尔尼使团访华记",加深了解隐藏在"康乾盛世"背后的危机,并结合案例思考讨论:从马戛尔尼使团访华的所见所闻可以看出乾隆年间存在哪些隐忧?如何评价乾隆皇帝对待马戛尔尼使团的态度?马戛尔尼使团的访华给中国和英国带来怎样的影响?

【案例】马戛尔尼使团访华记

1792 年,乾隆皇帝收到两广总督的奏折。奏折中说,一个名叫英吉利的陌生国家,要遣使来华祝贺乾隆皇帝的寿辰。自古以来,中国人便认为自己居于天下中央,中国与邻国之间是如君臣、父子一般的藩属关系。"万国来朝""四夷宾服"是中央帝国兴盛的标志。乾隆皇帝很快下旨准许他们前来朝贡,还特批他们从天津登陆。

此时的英国,早已击败西班牙和荷兰成为海上霸主。刚刚完成的工业革命,又使其生产力得到前所未有的提高。英国迫切希望为自己生产出来

---

① 《学习时报》编辑部:《落日的辉煌——十七、十八世纪全球变局中的"康乾盛世"》,《学习时报》,2000 年 6 月 19 日。

② 《学习时报》编辑部:《落日的辉煌——十七、十八世纪全球变局中的"康乾盛世"》,《学习时报》,2000 年 6 月 19 日。

的工业产品找到销路,人口众多,疆域辽阔的中国,无疑是一个尚未打开的潜在市场。当时,清政府只允许广州一口对外通商,所有的对外贸易都被清政府特许经营的商行——广州十三行垄断。

在来中国的路上,马戛尔尼如饥似渴地阅读有关中国的著作。刚刚摆脱中世纪泥沼的欧洲人,将中国想象成了一个理想社会。可是,到达中国的第一天,眼前的一切就令马戛尔尼一行大失所望。

首先让英国人震惊的是中国普通百姓的贫困。使节团总管约翰·巴罗看到,农舍"大多破烂、肮脏,相当吃惊。破旧的房屋,有的用半烧制的砖,有的用泥土修造,屋顶用稻草或芦苇搭盖,有的茅屋四周有泥墙,或者用粗制的芦苇、高粱秆围起来,其中一般住着两三代人,还喂养牛、猪、鸡和其他家禽"。人们的衣着也简陋、单调。

1793 年 7 月 22 日,英国使节团的船队抵达大沽口外,并在离海岸 5 海里处下锚。经过 11 个月的长途跋涉,马戛尔尼一行终于可以上岸了。此时,他们与清政府官员的接触也正式开始,来自两个世界的碰撞,不可避免地拉开了帷幕。

为了彰显英国先进的科学技术,马戛尔尼把能想到的所有好东西都带上了:天体运行仪、地球仪、赫歇耳望远镜、蒸汽机、纺织机、特种钢制作的刀具和生活用品。为了炫耀武力,他们还带了榴弹炮、迫击炮、连发手枪、装备有 110 门火炮的巨型战舰"君王"号舰艇的模型等。英国人相信这些礼品足以让乾隆皇帝对他们刮目相看。然而在清政府眼中,所有出使中国的行为都是"朝贡",所有外国使节都是"贡使",他们携带的所有礼物都是"贡物"。

如果说马戛尔尼对把礼物改成"贡物"还能采取睁一眼闭一眼的态度,但随后发生的觐见礼仪之争,双方的矛盾则不可避免地暴露出来。马戛尔尼拒绝对乾隆皇帝行三跪九叩礼。此时,"磕不磕头"已经成为双方最大的分歧。为了维护至高无上的皇权,清廷上下与马戛尔尼之间的礼仪之争进入白热化。乾隆皇帝最终勉强准许马戛尔尼行英国礼仪——单膝跪。

1793 年 9 月 14 日,觐见大皇帝的日子终于到了。

一切犹如一场排练好的演出,进行得有条不紊。不过,这场演出也有即兴的部分。乾隆皇帝问,使团中有没有能直接讲中国话的人。马戛尔尼回答,有一见习童子,今年 13 岁,能略讲几句。他就是斯当东的儿子小斯当东。皇帝听了非常高兴,立刻命人将小斯当东带到御座前讲中国话。皇帝欣然从自己腰带上解下一个槟榔荷包,送给小斯当东。

马戛尔尼觐见乾隆皇帝的任务终于完成了。马戛尔尼时刻也没有忘记出发前邓达斯交给他的任务。到热河后,他找机会向"阁老"和珅提出六项请求:一、请中国准许英国商人在舟山、宁波和天津三处开展贸易。二、请中国准许英国商人在北京设立一个货栈,以便买卖货物。三、请在舟山附近海域指定一个未经设防的小岛,给英国商人使用,以便英国商船到了该处可以停泊、存放货物,并允许英国商人居住。四、请在广州附近,准许英国商人有上述同样的权利,以及其他较小的权利。五、从澳门通过内河运往广州的英国货物,请予以免税或减税。六、粤海关除了正税之外,免征其他一切税收;中国海关应该公布关税额例,以便英国商人遵照中国所定的税率切实纳税。

按规定,贡使在京逗留不得超过 40 天。离京前,马戛尔尼总算收到乾隆皇帝关于六项请求的答复:

以上所谕各条,原因尔使臣之妄说,尔国王或未能深悉天朝体制,并非有意妄干……况尔国王僻处重洋,输诚纳贡,朕之锡予优加,倍于他国。今尔使臣所恳各条,不但于天朝法制攸关,即为尔国王谋,亦俱无益难行之事……尔国王当仰体朕心,永远遵奉,共用太平之福。

这次耗费了英国 78000 多镑的出使活动失败了,但决不能说马戛尔尼一无所获。在从北京前往广州的一路上,马戛尔尼一行成功收集到许多有关中国的第一手情报,对中国的地理地貌、山川河流、动植物种、经济状况、社会组织形式、科技水平、军事实力、国民心态等诸多方面进行了深入的考察和研究。

为了彰显天朝武力,乾隆皇帝特意指示沿途军队操演,令其观看军威。可马戛尔尼一眼便看出了大清军队的腐败和落后。清军身着宽衣大袖的军服,既未受过军事教育,所持兵器也大多是刀枪弓矢之类的冷兵器。"有几个士兵的手里除了武器之外,还拿着扇子。"马戛尔尼一眼便窥知了中国军队的虚弱本质。他感叹道:"一旦不幸,洋兵长驱而来,此辈果能抵抗与否?"

仅仅四十多年之后,英国对华发动鸦片战争,坚船利炮打开了中国的大门,中国坠入半殖民地半封建社会,中华民族进入了百年屈辱史。

在英国策划鸦片战争的过程中,马戛尔尼使团中的小斯当东,已经是英国下议院议员、爵士。正是他在下议院竭力鼓舌,力主进行鸦片战争。

大清国繁荣表象下的虚弱,连一个孩子的眼睛都逃不过。

——黄加佳:《龙狮初会——马戛尔尼使团访华记》,《北京日报》,2018年10月16日

【案例分析】马戛尔尼使团是到达中国的第一个英国外交使团,是中英之间最重要的一次早期交往。1793年英使马戛尔尼访华,见到了乾隆,领略了"康乾盛世"。使节团成员留下的见闻实录,有助于人们一窥乾隆皇帝和他所处的时代。事实上,作为中国封建社会最后一个鼎盛王朝,乾隆末期大清王朝开始迅速走下坡路。与此同时,西方国家资本主义生产方式开始产生和发展。在变化了的世界面前,清朝所谓的英明君主却表现出惊人的麻木和愚昧。限制工商业、蔑视科学技术、闭关锁国、加强集权、禁锢思想等做法,严重地制约着社会的进步,隔绝了中国与世界的联系,使中国失去了发展海外贸易的机会,也阻碍了资本主义萌芽的生长、发展,拉大了中国与世界的差距。马戛尔尼使团对此有着深切的认知,中国普通百姓的贫困程度让英国人震惊,清朝军队的虚弱本质也暴露无遗。马戛尔尼的真实意图是

与中国进行谈判通商。而在清朝统治者的头脑中,没有近代外交理念,根本不存在对等的国家关系,大清与外夷只有君臣父子一般的"宗藩关系",清政府上下都认定英国使团是来沐浴大皇帝天恩的,他们更关心使团的觐见礼仪等问题。这种认识上的错位,一开始便注定了马戛尔尼出使的失败,也使得双方在交往过程中始终鸡同鸭讲,犹如来自两个星球的人。读过马戛尔尼访华历史的人,都会为乾隆皇帝的无知、自负、保守、僵化,扼腕叹息。乾隆盛世埋下了中国日后衰败的种子。乾隆皇帝已经感受到来自王朝内部的腐朽和外部势力对中国不断冲击的压力。不过,他选择了一种更加保守、固化、因循祖制的方式将中国与世界相隔离。而这种割断与外部世界联系的做法,不仅不能保证国家安全,反而加剧了危机。马戛尔尼使团的访华给中国和英国乃至欧洲带来不一样的影响。对中国来说,中国丧失了一次与近代工业文明接触,认识世界,改变封闭状态的良好机遇。对于英国、欧洲来说,主要是使其改变了对中国的认识,看到了清朝的虚弱本质,助长了其侵略中国野心的膨胀。

2. 世界资本主义的发展与对外扩张

16 世纪至 19 世纪初,正当中国还处于封建社会晚期的兴衰更替之时,西方资本主义已经产生、发展。东西方的历史走向出现巨大的反差。

1640 年的英国资产阶级革命标志着世界历史开始进入资本主义时代。英国是一个地处边缘的小国,但却是第一个迈进现代社会的国家。从 1688 年起,英国正式确立了议会高于王权的政治原则,并在以后的几十年里逐步建立起君主立宪制。走出中世纪的英国出现了一个相对宽松、相对自由的社会环境,人口大量增长,商业和手工业迅猛发展。英国成为世界上第一个工业化国家,开创了影响深远的自由主义经济模式。

至 18 世纪,继英国之后,美国、法国等先后通过资产阶级革命,建立了资产阶级政权,从而为资本主义的发展创造和提供了政治上的前提和保证。

从英国开始的工业革命也迅速推广到欧美各国,大机器生产取代了工场手工业,资本主义经济得到迅速发展。正如马克思所指出:"资产阶级在它的不到一百年的阶级统治中所创造的生产力,比过去一切世代创造的全部生产力还要多,还要大。"①工业革命后生产能力激增的欧美资本主义国家急于扩大世界市场。列宁指出:"资本主义如果不经常扩大其统治范围,如果不开发新的地方并把非资本主义的古老国家卷入世界经济的漩涡,它就不能存在与发展。"②早在 15 世纪,西方冒险家的环球航行和随之而来的征服掠夺,就揭开了近代西方对外殖民扩张的序幕。随着西方资本主义的迅猛发展,西方列强寻找新的商品市场和原料产地的野心不断膨胀。它们运用各种手段对一些国家和地区大肆侵略,将其变成自己的商品倾销市场、廉价原料和劳动力的供应基地以及自由的投资场所。在全球范围内争夺利益和霸权的西方殖民主义势力很快扩张到东方。古老的中国遇到了从未有过的严峻挑战,面临着极其深刻的生存危机,而沉浸在天朝上国迷梦中的清政府对外部世界的变化茫然不知。千年未遇之大变局即将到来,中华民族百余年艰苦卓绝的伟大复兴历史,由此拉开了大幕。

(三)中国沦为半殖民地半封建社会

1. 中国沦为半殖民地半封建社会的历程

1840 年英国发动的鸦片战争是中国遭受外国资本主义奴役的起点,中国历史的发展从此发生重大转折。

【视频】鸦片战争(时长:4 分 21 秒)

鸦片战争是 19 世纪 40 年代初,英国资本主义列强以实现海外殖民扩张为目的,以中国实行禁烟为借口对中国发动的侵略战争。1840 年 6 月,英国

---

① 《马克思恩格斯选集》(第一卷),人民出版社,1995 年,第 277 页。
② 《列宁选集》(第一卷),人民出版社,1995 年,第 232 页。

侵华舰队封锁了珠江海口和广东海面。鸦片战争正式爆发。在鸦片战争爆发之前，几乎没有中国人意识到中英双方在社会制度和生产力上的巨大差距。对战争完全没有准备的清政府，遭遇了完全没有预料到的失败。1842年8月29日，清政府派钦差大臣耆英、伊里布在停泊于南京长江江面的英舰"康华丽"号上与英国签订了中国近代史上第一个不平等条约《南京条约》。鸦片战争和以割让香港岛、赔款2100万银元、五口通商等为重要内容的《南京条约》的签订，为外国资本主义打开了入侵中国的大门，对近代中国社会产生了深刻影响。接着，1843年签订了中英《五口通商章程》，1844年7月签订了中美《望厦条约》，10月签订了中法《黄埔条约》。通过这一系列不平等条约，西方列强在中国攫取了大量权益，中国多方面的主权遭到破坏。如：割让香港岛，破坏了中国的主权和领土完整；外国船舰可在中国领海自由航行，破坏了中国的领海主权；外国人在华不受中国法律管束，享受领事裁判权，破坏了中国的司法主权；协定关税，破坏了中国的关税主权等。古老中国的大门被迫向资本主义世界打开。

【课堂提问】为什么说鸦片战争是中国近代史的起点？

鸦片战争成为中国历史的一块界碑，是中国近代史开端的标志。

鸦片战争后，中国由一个领土完整、主权独立的封建国家逐渐演变为领土、领海、关税、司法等主权遭到破坏，受到外国侵略者干涉和控制，丧失政治上的独立地位的半殖民地国家。

鸦片战争后，中国由一个自给自足的自然经济占据绝对优势地位的封建国家逐渐演变为自然经济趋于解体，逐渐沦为资本主义世界商品市场和原料供给地的半封建国家。中国出现了资本主义生产关系，已经不是完全的封建社会了。

鸦片战争后，中国社会的主要矛盾开始演变为资本-帝国主义与中华民族的矛盾、封建主义与人民大众的矛盾，中国人民开始担负起对外反对侵略的民族革命和对内反对封建主义的民主革命的双重任务。

总之,随着外国资本主义的入侵,中国的社会性质开始发生质的变化,逐步走上半殖民地半封建社会的畸形发展的道路。正因为如此,鸦片战争成为中国近代史的起点。

1856 年,英法两国分别借口"亚罗号事件"和"马神甫事件",组成联军,发动第二次鸦片战争,迫使清政府先后于 1858 年 6 月和 1860 年 10 月签订了丧权辱国的中英、中法《天津条约》和《北京条约》,沙俄和美国也乘机胁迫清政府先后签订了一系列不平等条约,中国因此而丧失了东北及西北共 150 多万平方公里的领土,外国侵略势力扩大到沿海各省和长江中下游地区,进一步加深了中国的半殖民地程度。

1894 年,中日甲午战争爆发。这场战争日本蓄谋已久,而清朝仓促迎战,最终以中国战败、北洋水师全军覆没告终。1895 年 4 月 17 日,清政府全权代表李鸿章与日本首相伊藤博文签订了《马关条约》。签订《马关条约》对中国危害极大,台湾等大片领土的割让,进一步破坏了中国主权的完整,刺激了列强瓜分中国的野心,民族危机进一步加深;高达两亿三千多万两白银的巨额赔款,加重了中国人民的负担,加速了日本军国主义的发展;通商口岸的增开,使帝国主义侵略势力深入到中国内地;允许在华投资办厂,使列强对中国的侵略进入到"资本输出时期",中国在半殖民地半封建的道路上越陷越深。

1900 年 6 月,英、德、俄、美、日、法、意、奥组成的八国联军发动侵华战争。腐朽的清朝统治者于 1901 年 9 月签订了丧权辱国的《辛丑条约》。《辛丑条约》是清政府对中国主权的大拍卖,赔款 4 亿 5000 万两白银相当于当年清政府财政收入的 5 倍。《辛丑条约》的签订,标志着帝国主义彻底控制了清政府,清政府也已经完全成为帝国主义统治中国的工具,变成了"洋人的朝廷",中国彻底沦为半殖民地半封建国家。

2.资本-帝国主义的侵略对中国社会的深刻影响

【课堂提问】近年来,出现一种美化侵略的观点,认为殖民化在世界范围内推动了现代化进程;鸦片战争给中国带来了近代文明。在这些人心目中,殖民侵略不是有罪,而是"有理""有功"。你是否赞同这种观点?

西方列强入侵中国,究竟给中国带来了什么,是帮助中国实现现代化,还是使中国半殖民地化、殖民地化? 这是必须弄清楚的问题。

首先要注意把主观动机与客观效果区分开。应该明确,西方列强打开中国大门,破坏中国封建社会自然经济的基础,从而促进了商品经济的发展。外国资产阶级为了倾销商品和掠夺原料,为了满足生活上的需要,也兴办了一些近代工业和设施。这些在一定程度上促进了中国资本主义的产生和发展。但这种作用是在客观上发生的,正如毛泽东指出的那样:"帝国主义列强侵入中国的目的,决不是要把封建的中国变成资本主义的中国。帝国主义列强的目的和这相反,它们是要把中国变成它们的半殖民地和殖民地。"①因此,用马克思的话说,它们只是充当了历史的不自觉的工具。还要看到,这种在客观上发生的作用是有限的,19世纪70年代以后,随着西方列强同中国封建势力的加紧勾结,随着对中国侵略的不断深入,这种作用几乎不复存在。帝国主义成为中国民族资本主义发展的主要障碍之一。西方列强侵略中国使中国陷入半殖民地半封建社会的深渊,给中国人民带来深重灾难。资本-帝国主义势力对中国的侵略和封建主义势力对人民的压迫是近代中国落后贫困的根本原因。

近代中国的历史,是遭受资本-帝国主义侵略、压迫、掠夺、剥削的历史。几乎所有的资本主义、帝国主义强国都参与了对中国的侵略和掠夺。资本-帝国主义对中国侵略采取的方式和手段主要包括军事侵略、政治控制、经济

---

① 《毛泽东选集》(第二卷),人民出版社,1991年,第628页。

掠夺和文化渗透。

资本-帝国主义对中国的侵略,首先和主要的是进行军事侵略,具体包括武力威胁、发动侵略战争、武装干涉中国内政等。资本-帝国主义对中国的军事侵略是逐步升级的,从骚扰、蚕食中国沿海、边疆,到割占中国大片领土,直到企图瓜分全中国。中国政府被迫签订的一系列不平等条约、条款、条规、协定、章程、合同等,总数达几百个之多。列强通过不平等条约,割占中国大片领土。英国通过 1842 年签订的《南京条约》割去香港岛;通过 1860年签订的中英《北京条约》,割去香港岛对岸九龙半岛南端的九龙司。沙俄通过强迫清政府签订中俄《瑷珲条约》《北京条约》《勘分西北界约记》《改订伊犁条约》和 5 个勘界议定书,共侵占中国东北、西北 150 多万平方公里领土。日本通过 1895 年签订《马关条约》,割去中国台湾全岛及所有附属的岛屿和澎湖列岛。19 世纪末,帝国主义列强掀起了瓜分中国领土的狂潮。德国强租胶州湾,把山东划为其势力范围。沙俄强租旅顺口、大连湾及其附近海面,以长城以北为其势力范围。英国强租山东的威海卫和九龙半岛界限街以北、深圳河以南及附近的岛屿(新界),以长江流域为其势力范围。法国强租广州湾及其附近水面,把广东、广西、云南作为其势力范围。日本把福建作为其势力范围。从 1845 年设立上海英租界直至 1911 年,列强先后在上海、广州等 16 个城市,设立了 30 多个租界。租界完全由外国直接控制和统治,成为"国中之国"和外国侵略中国的桥头堡。列强还获得了在中国领土上驻兵的特权。爱国志士谭嗣同发出了"四万万人齐下泪,天涯何处是神州"①的悲愤呐喊。在侵华战争中,外国侵略者屠杀了大批中国民众。例如,甲午战争中日军攻陷旅顺后,制造了旅顺大屠杀惨案,近两万中国居民惨死在日本侵略军屠刀之下。战后,旅顺筑有"万忠墓",永远铭记日本侵略者屠

---

① 《谭嗣同全集》(增订本),中华书局,1981 年,第 542 页。

杀中国人民的滔天罪行。侵略者在侵华战争中公开抢劫中国的财富,肆意破坏中国的文物和古迹。例如,第二次鸦片战争中英法联军抢劫和焚烧了清朝皇帝的离宫圆明园。这个经过清朝一百多年修建,综合中西建筑艺术、聚集古今艺术品而成的壮丽宫殿和园林,变成了一片废墟。八国联军侵占北京后,对聚藏着无数珍宝的紫禁城进行了长达一年的劫掠。连八国联军总司令瓦德西也承认:"所有中国此次所受毁坏之损失及抢劫之损失,其详数将永远不能查出,但为数必极重大无疑。"①这些侵略者在中国的所作所为,充分暴露了其野蛮、残暴、贪婪的本性和丑陋嘴脸。

资本-帝国主义对中国政治控制的主要方式,是操控中国政府,操纵中国的内政、外交,把中国当权者变成它们统治中国的代理人、工具和支柱,共同镇压中国人民的反抗斗争。列强对中国政治的控制也是逐步实现的。在鸦片战争时期,外国侵略者主要是通过中国内部的妥协派贵族大臣如琦善等人,来对清政府施加压力和影响。第二次鸦片战争期间,英法联军采取表示愿意帮助清政府镇压太平天国,终于使清政府确立了"借师助剿"的政策,允许外国公使常驻北京。外国公使可以在北京直接向中国政府发号施令。清王朝的最高统治者慈禧太后在《辛丑条约》签订后,甚至表示要"量中华之物力,结与国之欢心"②,清政府完全成为"洋人的朝廷"。辛亥革命期间,列强扶植握有军权的袁世凯,支持他建立北洋军阀政权。袁世凯死后,又分别扶植皖系军阀段祺瑞、直系军阀冯国璋、奉系军阀张作霖等各派系军阀首领作为自己的侵华代理人。把持中国海关,是外国侵略者控制中国政治的重要手段之一。晚清之际,中国海关的高级职员全部由外国人充任,外籍海关总税务司俨然成了清朝中央政府的最高顾问。英国人赫德掌握中国海关大

---

① 瓦德西:《拳乱笔记》,中国近代史资料丛刊《义和团》(三),上海人民出版社,1957 年,第 34 页。
② 故宫博物院明清档案部编:《义和团档案史料》(下册),中华书局,1959 年,第 945 页。

权达 40 余年之久,成为帝国主义在中国最有影响的代表人物。由于赫德为英国的殖民侵略作出了重大贡献,英国女王授予他男爵封号,而清政府也一再给他加官晋爵,甚至在他死后还追封他为太子太保。中国的封建统治者与资本-帝国主义列强狼狈为奸,互相勾结起来剥削压迫中国人民,并在中国建立起半殖民地半封建的统治秩序。

资本-帝国主义列强对中国进行经济侵略的方式,主要是通过不平等条约,勒索巨额的战争赔款,并利用不平等条约赋予的特权,扩大对中国的商品倾销和资本输出,逐步把中国卷入资本主义的世界市场。列强把通商口岸变成其在中国进行经济侵略的基地。《南京条约》首开所谓协定关税的恶例,使中国丧失了海关自主权。1843 年制定的协定税则,竟把进口税率压低到"值百抽五",使华商和洋商处于极其不公平的竞争地位。列强大肆向中国倾销洋货,把中国变成了它们倾销商品的市场和取得廉价原料的基地。列强还利用不平等条约赋予的特权,在中国自由开工厂、办银行、修铁路、开矿山,获取超额利润,压制中国民族资本主义经济的发展,逐步地控制中国的财政金融,操纵中国的经济命脉。和强大的帝国主义、官僚资本主义、封建主义经济相比,中国的民族资本主义始终像汪洋大海中的小岛,没有能够得到正常且充分地发展。列强的侵略使中国在经济上也丧失了独立性,中国被纳入资本主义的世界经济体系,成为西方大国的经济附庸。历史事实表明,帝国主义的入侵既没有使中国进入资本主义社会,又没有使中国实现现代化。

帝国主义列强对中国进行文化渗透的目的是麻醉中国人民的精神,宣扬奴化思想,美化侵略,摧毁中国人的民族自尊心和自信心;其主要手段是在中国办报纸、杂志,翻译、出版各种书刊,利用宣传宗教和西学的名义,为帝国主义侵略制造舆论,甚至在传教的名义下参与对中国的侵略活动。基督教设立的出版机构广学会发行的刊物《万国公报》,在介绍西方史地、政治、文化的同时,大力宣扬殖民主义奴化思想。19 世纪末,欧美帝国主义者炮制了所谓"黄祸论",即中国威胁论,宣扬中国等黄色人种对西方白色人种构成威胁,企图以此论证西方列强侵略、压迫中国有理。1900 年 7 月,英国传教士李提摩太为列强拟订了一份"如何在中国恢复秩序"的"意见书",提出了对中国实行"国际共管"的具体实施方案。这些传教士鼓吹瓜分中国,为侵华战争推波助澜。

总之,从鸦片战争开始,资本-帝国主义纷至沓来,它们以军事侵略为后盾,在政治上侵犯中国主权,经济上掠夺中国财富,文化上麻醉中国民众,对中国人民犯下了罄竹难书的罪行。中国在半殖民地半封建社会的深渊中艰难前行。

3. 中国半殖民地半封建社会的基本特征及其主要矛盾

【课堂讨论】如何理解半殖民地半封建社会的性质及其特点?

认识中国近代社会的性质,就是认识近代中国的基本国情。这是认识中国近代一切社会问题和革命问题的最基本的依据。国情,指一个国家在特定时期的基本情况和特点。近代中国社会是一个半殖民地半封建社会,这就是近代中国最基本的国情。毛泽东在《中国革命和中国共产党》第一章第三节中对中国近百年的社会性质、特点和主要矛盾作了详尽分析。

中国的半殖民地半封建社会,是近代以来中国在外国资本主义势力的入侵及其与中国封建主义势力相结合的条件下,逐步形成的一种从属于资本主义世界体系的畸形的社会形态。鸦片战争前,中国封建社会内部已经孕育着资本主义的萌芽。如果没有外国列强的入侵,中国将最终缓慢地发展到资本主义社会。鸦片战争以后,随着外国资本-帝国主义的入侵,中国社会发生了两个根本性的变化:一是独立的中国逐步变成半殖民地的中国,二是封建的中国逐步变成半封建的中国。

半殖民地是指由于外国列强的入侵,使本来领土完整、主权独立的中国,沦为表面上独立、实际上受帝国主义列强共同支配的半殖民地国家。主权是国家的生命和灵魂,是国家存在的最重要因素。近代中国领土、领海、关税、司法主权已经部分丧失,中国完全独立的主权已不复存在,但清政府还可以在未被割让的领土上行使统治权力,清政府在国际社会中还维持着形式上的独立,它与那些连名义上的独立也没有而由殖民主义宗主国直接统治的殖民地尚有区别,因此被称作半殖民地。

半封建是指由于外国资本主义的侵入对中国原有的延续了几千年的封建经济结构起了很大的解体作用,资本主义在中国有了初步发展,但地主剥削农民的封建生产关系,在社会经济生活中依然占据显然的优势。中国由一个完全的封建社会变成有了一定程度资本主义成分的半封建社会,在中国出现了封建经济和资本主义经济共存的局面。

半殖民地半封建中国的社会性质,体现在近代中国政治、经济、文化和社会的各个领域。中国半殖民地半封建社会有以下基本特征:

第一,资本-帝国主义侵略势力不但逐步操纵了中国的财政和经济命脉,而且逐步控制了中国的政治,日益成为支配中国的决定性力量。

第二,中国的封建势力日益衰败并同外国侵略势力相勾结,成为资本-帝国主义压迫奴役中国的社会基础和统治支柱。

第三,中国自然经济的基础虽然遭到破坏,但是封建剥削制度的根基即封建地主的土地所有制依然在广大地区保持着,成为中国走向现代化和民主化的严重阻碍。

第四,中国新兴的民族资本主义经济虽然已经产生,并在政治、文化生活中起了一定作用,但是在帝国主义和封建主义的压迫下,它的发展很缓慢,力量很软弱,而且大部分与外国资本-帝国主义和本国封建主义都有或多或少的联系。

第五,由于近代中国处于资本-帝国主义列强的争夺和间接统治之下,加上中国地域广大,以及在地方性的农业经济的基础上形成的地方割据势力的存在,近代中国各地区经济、政治和文化的发展是极不平衡的。后来,帝国主义国家还分别支持不同的政治势力以分裂中国,使中国处于不统一状态。

第六,在资本-帝国主义和封建主义的双重压迫下(后来还加上官僚资本主义,形成"三座大山"),中国的广大人民尤其是农民日益贫困化以至大批破产,过着饥寒交迫和毫无政治权利的生活。

近代中国半殖民地半封建社会的矛盾,呈现出错综复杂的状况,但占支配地位的主要矛盾,是帝国主义和中华民族的矛盾,封建主义和人民大众的矛盾。这两对主要矛盾及其斗争贯穿整个中国半殖民地半封建社会始终,并对中国近代社会的发展变化起着决定性的作用。中国近代社会的发展和演变,是这两对主要矛盾互相交织和交替作用的结果。近代以来伟大的中国革命,是在这些主要矛盾及其激化的基础之上发生和发展起来的。

(四)中华民族复兴任务的提出

1. 抵御外国武装侵略、争取民族独立的斗争

由于西方列强的入侵和封建统治的腐败,中国逐渐成为半殖民地半封建社会,中华民族遭受了前所未有的苦难。但中国人民没有屈服,而是奋起抗争。资本-帝国主义侵略、压迫中国人民的过程,同时也是中国人民反抗侵略、压迫的过程。中国人民为反抗外敌入侵,进行了长期的英勇顽强的斗争。

鸦片战争期间,中国人民就开始奋起抵抗。1841 年 5 月,英军在广州郊区三元里一带进行劫掠,激起当地乡民的义愤,他们与英军展开激烈战斗,打死打伤数十英军,缴获了大量战利品。广州三元里人民的抗英斗争,是中国近代史上中国人民第一次大规模的反侵略武装斗争,显示了中国人民不甘屈服和敢于斗争的英雄气概,成为近代中国人民反抗外国侵略者斗争的

第一面光辉旗帜。太平天国农民战争后期,太平军曾多次重创英、法侵略军和外国侵略者指挥的洋枪队"常胜军""常捷军"。1895 年签订《马关条约》的消息传到台北,百姓纷纷表示抗议,发布檄文表示"愿人人战死而失台,决不愿拱手而让台"①,表达了誓与台湾共存亡的决心。从 1895 年 5 月到 10 月,在近半年的浴血奋战中,台湾军民用鲜血和生命谱写了一部悲壮的爱国主义史诗。台湾军民在极端艰难困苦的条件下奋战杀敌,抗击了日本两个近代化师团和一支海军舰队,历经大小百余战,打死打伤日军 32000 多人,占侵台总人数的一半以上。此后,在日本统治台湾的半个世纪里,台湾人民反抗日本侵略者的斗争从未间断过。八国联军侵华时,义和团与之展开殊死战斗。1900 年 6 月,英国海军中将西摩指挥的八国联军 2000 多人,从天津乘火车向北京进犯,在廊坊遭到义和团的阻击。义和团群众与爱国官兵并肩作战,以原始武器(抗拒用先进的工业文明锻造的坚船利炮)给敌人以巨大杀伤,使这支侵略军由京津铁路进京的企图破灭了,不得不改变计划,从水路进京。沿途又遭义和团的袭击,伤亡惨重,后来得到援兵救助才逃回天津租界。西摩中将哀叹:"义和团所用设为西式枪炮,则所率联军必全体覆灭。"②孙中山赞叹义和团:"用大刀、肉体和联军相搏,虽然被联军打死了几万人,伤亡枕籍,还是前仆后继,其勇锐之气殊不可当,真是令人惊奇佩服。所以经过那次血战之后,外国人才知道中国还有民族思想,这种民族是不可消灭的。"③

　　在历次反抗外国侵略的战争中,爱国官兵表现出英勇顽强的战斗精神。中法战争期间,督办台湾事务大臣刘铭传指挥守军分别击退了进犯台湾基隆和淡水的法舰。年近七旬的老将冯子材在国难当头之际再次出山,披挂

---

①　《中东战纪本末》,《中日战争》(一),上海人民出版社,1957 年,第 203 页。

②　上海广学会:《万国公报》,辛丑年正月。

③　《孙中山全集》(第 9 卷),中华书局,1986 年,第 315~316 页。

上阵,身先士卒,率部勇猛冲杀,展开肉搏战,大败法军,取得了镇南关大捷。消息传到巴黎,法国朝野震动,茹费理内阁为此而垮台。镇南关大捷从根本上扭转了中法战争的态势,沉重地打击了法国侵略者的气焰,极大地鼓舞了中国军民反侵略斗争的斗志。

在抗击外国侵略的战争中,许多爱国官兵不怕牺牲,英勇杀敌,血洒疆场,为国捐躯。鸦片战争期间,年已花甲的广东水师提督关天培身负重伤,仍坚守虎门炮台阵地,直至壮烈殉国。定海总兵葛云飞、郑国鸿、王锡朋英勇牺牲。年近 70 的江南水师提督陈化成亲临吴淞炮台指挥守军还击,最后壮烈牺牲。第二次鸦片战争中,提督史荣椿、乐善(蒙古族)以身殉国。在中日甲午战争黄海海战中,洋舰队损失 5 艘军舰,死伤管带以下千余名官兵,包括致远舰管带(舰长)邓世昌、经远舰管带林永升等。这些血战疆场、宁死不屈的民族英雄,乃是中华民族的脊梁。

【课堂提问】帝国主义列强没有能够实现瓜分中国图谋的原因何在?

19 世纪 40 年代以后,资本-帝国主义势力一次又一次地发动对中国的侵略战争。帝国主义侵略中国的最终目的,是要瓜分中国、灭亡中国。西方列强用坚船利炮强行打开中国的大门,有几次甚至攻占了中国的京城。但中华民族历尽劫难、屡遭侵略而不亡。帝国主义列强最终没有能够实现瓜分中国的图谋。帝国主义列强之间的矛盾和互相制约,是一个重要的原因。列强经过反复争吵、协商,最后认定,采取保全清政府为其共同的统治工具,实行"以华治华",对自己更为有利。不过,列强之间的矛盾和妥协,并非是其瓜分中国的阴谋破产的根本原因。因为列强在世界各地争夺殖民地时,都不可避免地存在着利害冲突。它们仍然把非洲、东南亚地区等瓜分了。帝国主义列强不能灭亡和瓜分中国,最根本的原因,是中华民族进行的不屈不挠的反侵略斗争。正是包括义和团在内的中华民族为反抗侵略所进行的前仆后继、视死如归的战斗,才粉碎了帝国主义列强灭亡和瓜分中国的图谋。尽管由于时代和阶级的局限性,义和团运动不可避免地存在着种种弱点,例如笼统的排外主义的错误、对帝国主义联合中国封建地主阶级以压迫中国人民的实质认识不清,曾经蒙受清王朝封建统治者的欺骗,存在着许多迷信、落后的倾向,但是一个基本的历史事实不容抹煞:义和团运动在粉碎帝国主义列强瓜分中国的斗争中,发挥了重大的历史作用,沉重地打击了帝国主义瓜分中国的野心,阻止和打乱了帝国主义列强阴谋瓜分中国的狂妄计划。这一点,即使帝国主义分子自己也是不能否认的。外国侵略者从义和团运动中得出结论:"吾人对于中国群众,不能视为已成衰弱或已失德性之人,彼等在实际上,尚含有无限蓬勃生气,更加以备具出人意外之勤俭巧慧诸性。"[1]"无论欧、美、日本各国,皆无此脑力与兵力,可以统治此天下生灵四分之一也。"[2]"瓜分一事,实为下策。"[3]

【课堂提问】历次反侵略战争中国失败的原因何在?

关于历次反侵略战争中国失败的原因,毛泽东有过一段精辟论述:"我国从十九世纪四十年代起,到二十世纪四十年代中期,共计一百零五年时间,全世界几乎一切大中小帝国主义国家都侵略过我国,都打过我们,除了最后一次,即抗日战争,由于国内外各种原因以日本帝国主义投降告终以外,没有一次战争不是以我国失败、签订丧权辱国条约而告终。其原因:一是社会制度腐败,二是经济技术落后。"[4]

影响战争胜负的因素很复杂,涉及时代、国情和国内、国际、客观等各个方面。如果从中国内部来分析,主要是社会制度的腐败和经济技术的落后。

① 瓦德西:《拳乱笔记》,中国近代史资料丛刊《义和团》(三),上海人民出版社,1957 年,第 86~87 页。

② 瓦德西:《拳乱笔记》,中国近代史资料丛刊《义和团》(三),上海人民出版社,1957 年,第 86 页。

③ 《八国联军志》,中国近代史资料丛刊《义和团》(三),上海人民出版社,1957 年,第 244 页。

④ 《毛泽东文集》(第八卷),人民出版社,1999 年,第 340 页。

其中,社会制度的腐败与否直接关系战争胜负。在鸦片战争爆发之前,历代封建王朝由盛而衰的周期性危机已在清王朝再次上演。长期的闭关锁国封闭了中国人的眼睛和心灵,几乎没有中国人意识到中英双方在社会制度和生产力上的差距。清朝道光皇帝和权贵们虚骄自大,缺乏御敌之策,甚至将主张抗英的林则徐、邓廷桢等革职查办,重用主张对敌妥协的琦善等人。但是 1840 年的炮声,无法惊醒清廷统治者的天朝迷梦。鸦片战争结束后,清政府的军政大员弹冠相庆,文恬武嬉,大有雨过忘雷之意。鸦片战争之后,中国一步步沦为丧失独立主权的半殖民地半封建社会。清王朝最终沦为一个对内不能保护国民尊严、对外不能捍卫国家主权的腐朽没落的政府,政治腐败、吏治败坏、贪污成风、贿赂成习、军备废弛,无法组织社会力量进行御侮。在第二次鸦片战争和八国联军侵华战争中,作为最高统治者的皇帝甚至带头逃离京城,将自身的安危置于民族利益之上,在西方侵略势力面前,根本没有勇气与能力捍卫国家权益。一些将帅惧怕洋人,为了私利,不惜出卖国家和民族的利益,他们视人民群众为洪水猛兽,不仅不敢放手发动和依靠人民群众的力量,还常常压制与破坏人民群众的反侵略斗争,认为"防民甚于防寇"。正是腐败的中国半殖民地半封建的社会制度,阻碍了中国人民群众的广泛动员和抵抗,这是近代中国反侵略战争屡遭失败的最重要原因。

近代中国反侵略战争失败的另一个重要原因,是国家综合实力特别是经济技术和作战能力的落后。19 世纪中叶,经过工业革命的西方资本主义强国已经把在封建主义的迟暮中步履蹒跚的中国远远抛在了后面。战争是敌对双方在军事、政治、经济和文化等多方面的综合较量,具体到作战过程及其胜负更取决于军事思想、战略战术、军心士气、组织制度以及武器装备等多种要素。以鸦片战争为例,当时,清朝常备军有 80 万人之众,而当时英国侵华远征军最多时仅 2 万人。但是清朝的武器装备、军队素质、综合实力与英国相比相差悬殊。就武器装备来看,虽然明末清初已引进并使用西方大炮,但后来为了使八旗骑兵弓马的技术特长不致失传,清廷废用大炮等热兵器,恢复大刀、长矛、弓箭等冷兵器,少量的火器不过是用火绳点放的鸟枪、抬枪,水兵仍是帆船。保守落后的清军视西方的长枪大炮、军舰为妖术、怪物。再就军队的素质和战斗力来看,英军训练有素,指挥统一,以海军舰队为主,多兵种协同作战,机动性强,战斗力较强。清军有些将领虽不乏抗敌勇气,却严重缺乏对近代战争的认识,在面对西方列强坚船利炮的挑战时,难以招架。因此,在鸦片战争中,虽然中国军队在总兵力上占优势,但在局部战役、战场上却处于劣势。中国军队的战斗力明显弱于英军。这也是清朝军队在战场上屡遭失败的不可忽视的重要原因。

鸦片战争的情况是这样,其他反侵略战争也有类似的情况。当然,这并不意味着经济落后的中国就不应该进行反侵略斗争或在战争中一定被打败。经济技术水平在战争中的作用是十分重要的,但是决不能把它夸大为决定战争胜负的唯一因素。战争的胜负并不是机械地取决于双方实力的对比,还在很大程度上取决于双方实力发挥得如何。而实力发挥的状况则取决于人心向背、政治领导和军事领导是否正确和强有力等因素。当时的中国,不仅武器装备等很落后,而且反动统治阶级实行错误的方针、政策,并压制人民群众。这样,中国的反侵略战争一再失败,才成为不可避免的了。虚骄自大,不了解世界大势,不懂得御敌之策,是清朝统治集团的痼疾。正如马克思所指出:"一个人口几乎占人类三分之一的大帝国,不顾时势,安于现状,人为地隔绝于世并因此竭力以天朝尽善尽美的幻想自欺。这样一个帝国注定最后要在一场殊死的决斗中被打垮。"①

2.民族意识的觉醒与民族复兴历史任务的提出

外国资本-帝国主义的侵略以及中国反侵略战争的失败,从反面教育了

---

① 《马克思恩格斯选集》(第一卷),人民出版社,1995年,第716页。

中国人民,促进了中国人的思考、探索和奋起。

　　鸦片战争像晴空霹雳,惊破了中国封建统治者以"天朝上国"自居的迷梦。严酷的现实,不能不引起忧国忧民的有识之士的反省。鸦片战争以后,先进的中国人开始注意了解国际形势,研究外国情况,总结战争失败的教训,寻找救国之路和御敌之策。先进的中国人开始了向西方寻找救国救民真理的艰难历程,而林则徐、魏源则是开风气之先的杰出代表。

　　林则徐被称为近代中国睁眼看世界的第一人。鸦片战争以前,林则徐和绝大多数清朝官员一样,对中国以外的世界知之甚少。但是作为具有经世致用思想的官员,他敢于面对现实,逐步改变了传统的观念,开始主动地了解西方,认识西方。他虽然不懂外语,却注意"采访夷情",组织人翻译西方书刊。1841 年,他主持节译了英国人慕瑞的《世界地理大全》,编成《四洲志》一书。林则徐后来把自己收集的资料和《四洲志》书稿交给好友魏源。魏源在 1843 年 1 月编成《海国图志》,其内容除介绍世界各国的历史、地理以外,还有总结鸦片战争经验教训、论述海防战略战术的《筹海篇》及西洋科技船炮图说等。《海国图志》成为第一部由中国人自己编写的、介绍世界各国情况的巨著,是当时人们了解外国历史、地理、军事、科技的一部"百科全书"。魏源提出了"师夷长技以制夷"①的思想,主张学习外国先进的军事和科学技术,以期富国强兵,抵御外国侵略,开创了中国近代向西方学习的新风。

　　鸦片战争以后,中国社会各阶级、各阶层和各种政治力量都曾登上历史舞台,尝试各种救国方案,力图挽救民族危亡。但由于缺乏先进理论的指导,由于对时代特点和资本-帝国主义的本质认识不清,更由于各自的阶级局限性,无论是统治阶级的洋务运动,农民阶级的太平天国和义和团运动,

---

　　①　魏源:《海国图志原叙》,《海国图志》(上册),岳麓书社,1998 年,第 1 页。

还是资产阶级的维新变法,都无一例外地以失败而告终。民族危机激发了中华民族的觉醒。鸦片战争以后,中国只是少数精英人物有了朦胧的民族觉醒意识。到了中日甲午战争以后,中国人开始有了普遍的民族意识的觉醒。中国自古以来的"天下兴亡,匹夫有责"的优良传统,得到了发扬和升华。1895 年,严复写了《救亡决论》一文,响亮地喊出了"救亡"的口号。这一振聋发聩的呐喊表明,先进的中国人在惨痛的事实面前猛醒过来,意识到摆在面前的问题已不是一般地谈论什么"自强""求富",而是要直截了当地起来"救亡"。救亡图存成了时代的主旋律。在甲午战争后,严复翻译了《天演论》(即赫胥黎的《进化论与伦理学》,1898 年正式出版)。在书中,严复宣扬了"物竞天择""适者生存"的社会进化论思想,希望以此让民众认识到改革的必要性和迫切性。严复的思想及其启蒙活动,点燃了中国新思想的火种。

第一个比较完整地给中国人民指出一条新的出路的是孙中山。他最初对清政府抱有很大幻想,曾在 1894 年到天津上书李鸿章,提出"人尽其才,地尽其利,物尽其用,货畅其流"的"改良祖国"的四大主张,遭到李鸿章的拒绝。现实却使孙中山大为失望,面对统治者的颟顸腐败和一败涂地的战局,孙中山痛心疾首,认识到清政府已经无法挽救,和平的方法已经不可使用,只有革命,别无他选。1894 年冬,孙中山组建了中国第一个资产阶级革命团体"兴中会",在他主持起草的该会章程中,第一次喊出了"恢复中华"的口号。兴中会章程用"方今强邻环列,虎视鹰瞵,久垂涎于中华五金之富、物产之饶。蚕食鲸吞,已效尤于接踵;瓜分豆剖,实堪虑于目前"①等尖锐的词句,揭示了民族危机的严重性。民族危机激发了中华民族的觉醒,促使孙中山

---

① 《孙中山全集》(第一卷),中华书局,1981 年,第 19 页。

"大声疾呼,亟拯斯民于水火,切扶大厦之将倾"①。"振兴中华"口号的提出,是中华民族伟大的精神觉醒的重要标志。几乎与此同时,维新派的代表人物也提出了"振兴中国"等类似口号,而更年轻一代的先进分子则提出了"青春中国之再生"的问题。这些表述虽略有差异,但其要害都共同指向了同一个重大问题:中华民族复兴。"振兴中华"这个口号成为20世纪中国的最强音。

【课堂小结】

资本-帝国主义的入侵和封建反动势力的统治,导致了近代中国政治黑暗、经济落后、人民生活贫困。在亡国灭种的危险面前,中国人民已经清醒地认识到,不改变现状,不革命救国,就会面临着被瓜分、灭亡的命运。就这样,反对资本-帝国主义列强的侵略以实现民族独立、反对国内封建势力的统治以实现人民解放,并在此基础上进一步实现国家富强和人民富裕幸福,最终完成凤凰涅槃,实现中华民族伟大复兴的历史使命,一起摆到了中国人民面前。千年中国的盛世与百年衰败的变奏曲,是民族复兴中国梦的重要历史背景。正如习近平总书记讲的:"实现中华民族伟大复兴,就是中华民族近代以来最伟大的梦想。这个梦想,凝聚了几代中国人的夙愿,体现了中华民族和中国人民的整体利益,是每一个中华儿女的共同期盼。"②

【思考题】

1.为什么说实现中华民族伟大复兴是近代以来中华民族最伟大的梦想?

2.如何理解半殖民地半封建社会的基本国情?

3.资本-帝国主义侵略给中国带来了什么?

---

① 《孙中山全集》(第一卷),中华书局,1981年,第19页。
② 《习近平谈治国理政》,外文出版社,2014年,第36页。

4. 中国近代历次反侵略战争失败的根本原因和教训是什么?

三、板书设计

专题二　中华民族伟大复兴的历史任务的提出

一、古代中国的强盛

二、中国封建社会的衰落与世界资本主义的发展

　　1. 中国封建社会由昌盛到衰落

　　2. 世界资本主义的发展与对外扩张

三、中国沦为半殖民地半封建社会

　　1. 中国沦为半殖民地半封建社会的历程

　　2. 资本-帝国主义的侵略对中国社会的深刻影响

　　3. 中国半殖民地半封建社会的基本特征及其主要矛盾

四、中华民族复兴任务的提出

　　1. 抵御外国武装侵略、争取民族独立的斗争

　　2. 民族意识的觉醒与民族复兴历史任务的提出

四、学生阅读书目推荐

1.【经典文献】

(1)毛泽东:《中国革命和中国共产党》(1939 年 12 月),《毛泽东选集》(第二卷),人民出版社,1991 年。

(2)习近平:《实现中华民族伟大复兴是中华民族近代以来最伟大的梦想》,2012 年 11 月 29 日。

2.【延伸阅读】

(1)中共中央宣传部:《习近平新时代中国特色社会主义思想三十讲》

(第三讲《实现中华民族伟大复兴是近代以来中华民族最伟大的梦想》),学习出版社,2018年。

(2)《学习时报》编辑部:《落日的辉煌——17、18世纪全球变局中的"康乾盛世"》,中共中央党校出版社,2001年。

五、习近平总书记相关论述

1.不了解中国历史和文化,尤其是不了解近代以来的中国历史和文化,就很难全面把握当代中国的社会状况,很难全面把握当代中国人民的抱负和梦想,很难全面把握中国人民选择的发展道路。

——习近平:《致第二十二届国际历史科学大会的贺信》,《人民日报》,2015年8月24日。

2.中华民族的昨天,可以说是"雄关漫道真如铁"。近代以后,中华民族遭受的苦难之重、付出的牺牲之大,在世界历史上都是罕见的。但是,中国人民从不屈服,不断奋起抗争,终于掌握了自己的命运,开始了建设自己国家的伟大进程,充分展示了以爱国主义为核心的伟大民族精神。中华民族的今天,正可谓"人间正道是沧桑"。改革开放以来,我们总结历史经验,不断艰辛探索,终于找到了实现中华民族伟大复兴的正确道路,取得了举世瞩目的成果。这条道路就是中国特色社会主义。中华民族的明天,可以说是"长风破浪会有时"。经过鸦片战争以来170多年的持续奋斗,中华民族伟大复兴展现出光明的前景。现在,我们比历史上任何时期都更接近中华民族伟大复兴的目标,比历史上任何时期都更有信心、有能力实现这个目标。

——习近平:《中国梦,复兴路》,选自中共中央文献研究室编《十八大以来重要文献选编(上)》,中央文献出版社,2014年,第83页。

3.我们的民族是伟大的民族。在五千多年的文明发展历程中,中华民族为人类文明进步作出了不可磨灭的贡献。近代以后,我们的民族历经磨难,中华民族到了最危险的时候。自那时以来,为了实现中华民族伟大复兴,无数仁人志士奋起抗争,但一次又一次地失败了。中国共产党成立后,团结带领人民前仆后继、顽强奋斗,把贫穷落后的旧中国变成日益走向繁荣富强的新中国,中华民族伟大复兴展现出前所未有的光明前景。我们的责任,就是要团结带领全党全国各族人民,接过历史的接力棒,继续为实现中华民族伟大复兴而努力奋斗,使中华民族更加坚强有力地自立于世界民族之林,为人类作出新的更大的贡献。

——习近平:《在十八届中央政治局常委同中外记者见面时的讲话》,《人民日报》,2012 年 11 月 16 日。

专题三 / 对国家出路的早期探索

一、教学说明

随着资本-帝国主义的入侵,中国的民族危机和社会危机日益加深,社会各阶级都面临着"怎么办"的问题。农民阶级、地主阶级和资产阶级从各自的阶级立场出发,先后提出了自己的主张和方案,挽救民族危机,实现国家富强。本专题对应教材第二章,主要内容包括农民发动的太平天国运动、地主阶级发动的洋务运动和资产阶级发动的戊戌变法等早期对国家出路的探索。这些探索虽然不同程度地遭受到了挫折并失败,但作为旧民主主义革命的酝酿和准备,为以后的革命积累了宝贵的经验和深刻的教训,成为资产阶级民族民主革命的先声。

(一)教学目标

1. 知识目标

使学生了解农民阶级、地主阶级及资产阶级维新派对国家出路的早期探索;了解太平天国运动、洋务运动、戊戌维新运动的史实及其失败原因、经验教训。

2. 能力与素质目标

使学生明晰无论是单纯的农民战争、地主阶级的洋务新政,还是资产阶级的维新运动,都不能为实现中国的独立和富强真正指明出路,认识这些阶级力量之所以不能肩负起民族独立、实现国家富强的历史使命的原因和经验教训,进一步认识到必须通过革命才能为中国的独立和富强找到出路。

(二)教学重点和难点

1. 教学重点

太平天国农民战争的意义和失败原因,洋务运动的基本内容、历史作用和失败的原因,戊戌维新运动的内容、意义、失败原因和教训。

2. 教学难点

太平天国农民战争为推动社会进步所起的作用以及农民阶级的局限性,洋务运动的进步性与保守性及其本质,戊戌维新运动与日本明治维新的对比。

3. 教学方法

综合运用理论讲授法、案例教学法、讨论式教学法等教学手段。

4. 学时安排

3 学时。

5. 参考资料及教学资源

(1)《"中国近现代史纲要"专题教学指南》(2018 年版·试行)。

(2)牟安世:《洋务运动》(1956 年 12 月)。

(3)视频:纪录片《船政学堂》,第一集《海国图梦》(中央电视台与福建省广播影视集团联合摄制)。

二、教学内容设计

【课程导入】

中国近代史是一部中华民族的苦难史和屈辱史,但并非中华民族的沉沦史,而是一部中国人民用血与火谱写的争取国家独立与民族解放的奋斗史。中国人民从来没有放弃斗争与探索,这才是中国近代史的本质与主流。第一次鸦片战争结束后到 19 世纪末,面对日益加深的民族危机和社会危机,近代中国社会各个阶层的仁人志士为了救亡图存对中国出路进行了怎样的艰苦探索? 提出了哪些主张和方案? 为什么会以失败告终? 留下了哪些教训? 带着这些问题我们开始本专题的学习。

【课程讲授】

(一)太平天国农民起义的意义和失败原因及教训

1851 年 1 月,洪秀全领导的太平天国农民起义爆发于广西桂平县金田村。太平天国农民起义共历时 14 年,席卷 18 个省,攻克 600 多座城市,建立了与清王朝对峙的政权。在太平天国影响下,各地反清斗争风起云涌。1864 年天京失陷后,太平天国余部仍坚持斗争达 4 年之久。

1. 太平天国农民起义积极的历史意义

(1)太平天国起义沉重打击了封建统治阶级,削弱了清王朝的统治基础,加速了清王朝的衰败过程。这次起义前后奋战 14 年,纵横 18 省,并建立了与清王朝对峙的政权。太平军所到之处,猛烈地冲击了封建统治的势力和封建社会秩序,严惩了一批残酷压迫人民群众的豪绅官吏,极大地削弱了清王朝的统治基础。太平天国起义冲击了孔子和儒家经典的正统权威。在进军过程中,太平军毁掉孔庙,砸碎孔丘牌位。太平天国还设立了由洪秀全主持的"删书衙",删改四书五经,这在一定程度上削弱了封建统治的精神支柱。

（2）太平天国起义是中国旧式农民战争的最高峰，并对近代国家出路进行了可贵的探索，体现出不同于以往农民战争的新的历史特点：

第一，在反封建的同时承担了反帝国主义的任务，这是以往农民战争所不具备的。由于其反帝又反封，所以它遭到中外反动势力的联合剿灭。

第二，把西方基督教与中国传统的儒家大同思想、农民平均主义相结合，创立拜上帝教。用宗教形式宣扬反封建思想。

第三，颁布的土地革命纲领——《天朝田亩制度》，明确提出几千年来农民阶级梦寐以求的愿望——平均分配土地。《天朝田亩制度》虽然是一个不切实际的空想纲领，但充分体现了广大农民反对封建土地所有制的要求和建立理想社会的愿望。

第四，颁布了《资政新篇》，这是中国人最早提出的发展资本主义的方案。反映了太平天国领导人洪秀全等在后期试图通过发展资本主义来寻求出路的一种新努力，是超出农民阶级的局限性，符合时代潮流的救国方案。

（3）太平天国起义沉重打击了外国侵略势力。太平天国的领袖们拒绝承认不平等条约，严禁鸦片贸易。由于中外反动派的勾结，太平军不仅要对清军及曾国藩、李鸿章的地主武装作战，还直接和"洋枪队"对垒。在英勇顽强的作战中，太平军杀伤大批敌军，打死法国干涉军头目卜罗德、臭名昭著的美国流氓洋枪队头目华尔、常捷军头目达尔第福，活捉常胜军，副统领法尔思德。表现了中国人民的大无畏精神和捍卫民族独立、国家尊严的决心，显示出农民阶级不仅是反封建的主力军，也是反对帝国主义侵略的主要力量。

（4）太平天国起义是19世纪中叶亚洲民族解放运动的重要组成部分，持续时间最久，规模最大，影响最深。它和其他亚洲国家的民族解放运动汇合在一起，冲击了西方殖民主义者在亚洲的统治。

【课堂讨论】如何评价《天朝田亩制度》?

革命性:从根本上否定了封建社会的基础即封建地主土地所有制,表现了广大农民要求平均分配土地的强烈愿望,是对以往农民战争中"均贫富""等贵贱"和"均平""均田"思想的发展和超越。有力地调动了农民投身革命的积极性,极大地鼓舞了他们的反清斗志,具有进步作用。

落后性:并未超出农民小生产者的狭隘眼界。它所描绘的理想天国,仍然是闭塞的自然经济,将社会生产力停滞在分散的小农经济的水平上,把农业和家庭手工业相结合的自给自足的自然经济理想化、固定化,具有违反社会发展规律的落后性,远远落后于世界资本主义发展潮流。

空想性:要建立一个没有商品交换和绝对平均的社会。这种社会理想,具有不切实际的空想的性质,根本无法实现。《天朝田亩制度》在太平军占领地区从未实行过,也不可能实行。

【课堂提问】先进的中国人最早提出的在中国发展资本主义的方案是什么?

《资政新篇》是太平天国后期颁布的社会发展方案。1859年,洪仁玕被封为干王,总理朝政。他提出了一个统筹全局的改革方案——《资政新篇》。它的主要内容是:在政治方面,主张"禁朋党之弊",加强中央集权,并学习西方,制订法律、制度。在经济方面,主张发展近代工矿、交通、邮政、银行等事业,奖励科技发明和机器制造,尤其是提出"准富者请人雇工",对穷人"宜令作工,以受所值",这就把向西方的学习,从生产力的领域扩展到生产关系的领域,即开始提倡资本主义的雇佣劳动制。在思想文化方面,建议设立新闻官、新闻馆,破除封建迷信和陈规陋俗,提倡兴办学校、医院和社会福利事业。在外交方面,主张同外国平等交往、自由通商,并"与番人竞雄",但严禁鸦片进口,强调外人不得干涉天朝内政。

对《资政新篇》的评价:

洪仁玕从巩固太平天国政权的目的出发,按照西方资本主义的模式提出了反对封建制度,改造中国的设想,为近代中国探索国家出路提供了可贵的思路。反映了鸦片战争后一部分先进的中国人强烈要求在中国发展资本主义的愿望,符合当时中国历史发展的趋势,具有进步意义。《资政新篇》是一个具有鲜明资本主义色彩的方案。但是由于它不是农民战争实践的直接产物,其主张没能同农民运动现实的愿望和要求发生联系和共鸣,特别是没有涉及土地这个根本性的问题,因此《资政新篇》没有在太平天国的军民中产生积极的反响,又限于当时的历史条件,未能付诸实施。太平天国后期日趋危急的军事、政治危机,已经没有给洪仁玕提供施展他的政治理想的机会。

2. 太平天国农民起义失败的原因及教训

客观原因:由于敌人力量的强大,清政府实行"借师助剿"政策,中外反动势力相互勾结,形成封建势力和外国侵略势力的联合阵线,用残酷的手段和先进的武器,共同镇压了太平天国。

主观原因为农民的阶级和历史局限性。首先,农民小生产者的地位,限制了他们的眼界,使其缺乏科学的思想理论作为指导。他们不可能用科学的世界观和革命理论来指导革命运动,而往往用宗教的思想来指导革命。其次,农民阶级受时代和阶级的局限,没有远大的政治眼光,提不出符合中国实际,解决中国社会问题的科学的政治纲领和社会改革方案。最后,农民阶级不是新的生产方式的代表,不可能彻底摧毁封建制度,不能建立一个新的社会制度。

太平天国起义及其失败表明,在半殖民地半封建的中国,农民具有伟大的革命潜力,但它自身不能担负起领导反帝反封建斗争取得胜利的重任。单纯的农民战争不可能完成争取民族独立和人民解放的历史任务。

（二）洋务运动的性质和失败原因、教训

洋务运动又叫"同光新政"，是指 19 世纪 60—90 年代洋务派从事外事交涉、签订条约，购买洋枪、洋炮、轮船、机器，聘请洋匠，生产船炮，雇用外国军官依"洋法"操练军队，用西法开矿、筑路、设厂制造，兴办航运、电报业，以及学习外洋科学技术，兴办船政、水师学堂，派遣留学生等一系列活动。1861 年总理各国事务衙门成立，标志着洋务运动的兴起。1895 年中国在甲午战争中惨遭失败，标志着洋务运动的破产。"洋务派"代表人物在中央有奕䜣、文祥，地方有曾国藩、左宗棠、李鸿章及后起的张之洞等。

1. 洋务运动发生的背景及洋务事业的兴办

洋务运动是在 19 世纪 60 年代初清政府镇压太平天国起义的过程中和第二次鸦片战争结束后兴起的。洋务运动的发生，直接源自第二次鸦片战争的失败和《北京条约》的签订，清王朝统治者和士绅阶层因此受到极大震撼，加之对来自日本威胁的忧患，有关御侮自强思想言论随处可见。洋务运动兴起最直接的契机，是镇压农民起义的需要，置办洋枪洋炮和兵船，首先用于镇压这些农民起义。对洋务派兴办洋务事业的指导思想最先作出比较完整表述的是冯桂芬。他在《校邠庐抗议》一书中说："以中国之伦常名教为原本，辅以诸国富强之术。"①这个思想后来被进一步概括为"中学为体，西学为用"。所谓"中体西用"，就是以中国封建伦理纲常所维护的统治秩序为主体，用西方的近代工业和技术为辅助，并以前者来支配后者。

从 19 世纪 60 年代到 90 年代，洋务派举办的洋务事业归纳起来有三方面：

（1）兴办近代企业

【案例】李鸿章与轮船招商局

1872 年 8 月，李鸿章饬令浙江海运委员、候补知府朱其昂筹办轮船招商

---

① 《采学西议——冯桂芬马建忠集》，辽宁出版社，1994 年，第 84 页。

事宜。朱其昂等拟订《招商章程》二十条，"其大意在于官商合办"，主要内容是：以所领闽沪两局船只作为"官股"，轮船承运漕粮按照江浙沙宁船章程办理，在纳税方面享受外国轮船同等的待遇。但当他奉命赴沪后，发现闽沪两局所造轮船并无商船可领，而"各省在沪股商，或置轮船，或挟资本，向各口装载贸易，向俱依附洋商名下"，于是主张"由官设立商局"，以招徕"各商所有轮船股本"。李鸿章表示同意，认为"目下既无官造商船在内，自无庸官商合办，应仍官督商办。由官总其大纲，察其利弊，而听该商董自立条议，悦服众商，冀为中土开此风气，渐收利权"。同时规定该局平时运输官粮客货，战时装载援兵军火。在经营方面，除官款取息 7 厘、向朝廷报效之外，盈亏全归商人。该局很快受到英、美轮船公司巨大压力，最后于 1893 年和英国在华两大轮船公司订立齐价合同，规定彼此停止竞争，共同垄断沿海和长江航运。中法战争中，该局只悬挂美国旗帜以避险。1885 年轮船招商局从旗昌收回后，面临着严重的经济困难。李鸿章又一次出面支援。1886 年他奏准采取三项措施：一、局船运漕回空载货可免纳北洋三口出口税二成；二、局船由湖北装运帽合茶（一种粗茶）运至天津，每百斤仅纳出口正税六钱，并免交复进口半税；三、局船运漕水脚，应照沙宁船现领之数支给（每石四钱三分一厘），以后"不再区别扣减，亦不扣海运局公费"（《李集》，奏稿，卷五六，第二页）。这些措施虽然不能完全解决招商局的困窘，但多少起了一些补助作用，使之得以维持。1895 年中日战争失败后，李鸿章失势，洋务运动在政治上破产，轮船招商局的历史从而另辟新页。

　　——资料来源：湖滨、李时岳：《李鸿章和轮船招商局》，《历史研究》，1982 年第 4 期

　　【案例分析】洋务运动是清朝封建统治阶级中的洋务派为了维护清朝的封建统治而实行的一场自救改革运动，既有其进步性，也具有落后保守性。洋务运动具有封建性。洋务运动的指导思想是"中学为体，西学为用"，洋务

派企图在不改变中国固有的制度与道德的前提下,以吸取西方近代生产技术为手段,来达到维护和巩固中国封建统治的目的,这就严重限制了洋务运动的发展。洋务企业管理具有腐朽性。洋务企业虽然具有一定的资本主义性质,但其管理却是封建式的,企业内部充斥着营私舞弊、贪污中饱、挥霍浪费等腐败现象。同时对西方列强具有依赖性。西方列强依据种种特权,从政治、经济等各方面加紧对中国的侵略和控制,它们并不希望中国真正富强起来,而洋务派却处处仰赖外国,企图以此来达到自强求富的目的,无异于与虎谋皮。但洋务运动也是中国走向近代化的第一步,洋务运动的失败说明,在不触动封建专制统治、没有摆脱外国资本—帝国主义的侵略与控制的前提下,试图通过局部的枝节改革发展本国资本主义,达到自强求富的目的,是不可能的。

洋务派首先兴办的是军用工业。1890 年以前,在全国各地共创办了 20 多个军工局厂。其中规模较大的有 5 个:1865 年,曾国藩规划、李鸿章筹办的江南机器制造总局,是当时国内最大的兵工厂;同年,李鸿章在南京设立金陵机器局;1866 年,左宗棠在福建创办福州船政局,附设有船政学堂,是当时国内最大的造船厂;次年,崇厚在天津建立天津机器局;1890 年,张之洞在汉阳创办湖北枪炮厂。这些军事企业全部是官办企业,严格地控制在清政府和湘、淮军阀集团手中,严禁商民插手和仿办。

洋务派在创办军事工业中遇到资金奇缺,原料和燃料供应不足,以及交通运输落后等困难,需要加以解决,因此兴办了一些民用企业。从 19 世纪 70 年代到 90 年代,共创办民用企业 20 多个,重点是采矿、冶炼、纺织等工矿业以及航运、铁路、电讯等事业。这些企业除少数采取官办或官商合办方式外,多数都采取官督商办的方式。其中最重要的官督商办企业有轮船招商局、开平矿务局、天津电报局和上海机器织布局,都是李鸿章筹办或控制的。

（2）建立新式海陆军

19世纪60年代,京师和天津、上海、广州、福州等地纷纷成立洋枪队,使用洋枪、洋炮,聘用外国教练。李鸿章的淮军、左宗棠的湘军也是用洋枪装备的军队。1874年,日本派兵侵犯中国台湾,清政府筹办海防、建设海军之议随之兴起。从19世纪70年代到90年代,分别建成福建水师、南洋水师和北洋水师。其中北洋水师是清政府的海军主力,一直归李鸿章管辖。

（3）创办新式学堂,派遣留学生

兴办近代工业、训练新军,要有懂得西方先进技术的专业人才。为此,洋务派创办了新式学堂。从19世纪60年代到90年代的30多年间,创办新式学堂30多所,主要有三种:一为翻译学堂,如京师同文馆,主要培养翻译人才;一为工艺学堂,培养电报、铁路、矿务、西医等专门人才;一为军事学堂,如船政学堂等,培养新式海军人才。在创办新式学堂的同时,还先后派遣赴美幼童及官费赴欧留学生200多人。

2. 洋务运动的历史作用

洋务运动历时30多年,并未使中国富强起来。甲午战争一役,洋务派经营多年的北洋海军全军覆没,标志着以"自强""求富"为目标的洋务运动的失败。洋务运动处于中国近代社会新旧交替的特殊历史阶段,对于近代中国社会的发展既有积极的推动作用,又有消极的不良影响。

【课堂讨论】如何评价洋务运动在中国现代化进程中的作用?

洋务派继承了魏源"师夷长技以制夷"的思想,有抵御外侮的明确目的,使中国迈出了由"传统社会"向"现代社会"转变的第一步,中国现代化的进程从此真正开始。洋务派通过所掌握的国家权力集中力量优先发展军事工业,同时也发展若干民用企业,在客观上对中国的早期工业和民族资本主义的发展起了促进作用。为中国近代工交企业的发展打下了初步的基础,为我国近代工业发展造就了一批技术力量,在客观上为中国资产阶级的形成提供了一定的条件。洋务派兴办的军事工业和民用工业实际上是中国最早的官僚资本主义企业。

洋务运动时期,为了培养通晓洋务的人才,开办了一批新式学堂,派出了最早的官派留学生,这是中国近代教育的开始。与此同时,京师同文馆、江南制造总局附设的翻译馆还翻译了一批西学书籍。虽然其中大部分是有关近代物理、化学、数学、天文、地理的自然科学书籍,内容浅近,但给当时的中国带来了新的知识,使人们打开了眼界。进一步助长了学习西方的风气,为西学的传播和中国科技的发展提供了一定的条件。

洋务运动时期,伴随着资本主义生产方式的出现,传统的"重本抑末""重义轻利"、商为"四民"之末等观念受到冲击,社会风气和价值观念开始变化,工商业者地位上升。西方的各种技术和器物不再被当作"奇技淫巧"受到排斥,而是被视为模仿、学习的对象。"文化系统的器物层面的变异不致于严重威胁到被冲击的社会体制与心理结构,因而遇到最少的情绪上的抵抗。"[①]这一切都有利于资本主义经济的发展,也有利于社会风气的改变。

3. 洋务运动失败的原因及教训

首先,洋务运动具有封建性。洋务运动的指导思想是"中学为体,西学为用",即在当时封建主义思想的指导下,在维持封建的上层建筑、经济基础的条件下发展一些近代企业,为维持清朝的封建统治服务。也就是说,洋务派企图以吸取西方近代生产技术为手段,来达到维护和巩固中国封建统治的目的。这就决定了它必然失败的命运。因为新的生产力是同封建主义的生产关系及其上层建筑不相容的,是不可能在封建主义的外壳中充分地发展起来的。他们既要发展近代企业,却又采取垄断经营、侵吞商股等手段压制民族资本;既想培养洋务人才,又不愿改变封建科举制度。

---

① 　汪澎白:《艰难的转型》,湖南出版社,1991 年,第 131 页。

其次,洋务运动对西方列强具有依赖性。洋务运动进行之时,清政府已与西方列强签订了一批不平等条约,西方列强正是依据种种特权,从政治、经济等各方面加紧对中国的侵略和控制,它们并不希望中国真正富强起来。而洋务派官员却一再主张对外"和戎",其所兴办的企业一切仰赖外国,他们企图依赖外国来达到"自强""求富"的目的,无异与虎谋皮。

最后,洋务企业具有腐朽性。洋务派所创办的新式企业虽然具有一定的资本主义性质,但其管理却仍是封建衙门式的。洋务派所办的军事工业完全由官方控制,经营不讲效益,造出的枪炮轮船质量低下。洋务派创办的新式陆海军和军工企业,有很多腐败的事例。外商们为使李鸿章买自己国家的舰船,不惜贿赂李的幕宾甚至厨师、理发师。官督商办的民用企业,其管理也是由政府"专派大员,用人理财悉听调度",商人并无发言权,往往还要承担企业的亏损。企业内部极其腐败,充斥着徇私舞弊、贪污盗窃、挥霍浪费等官场恶习。大小官员既不懂生产技术,又不懂经营管理,无法维持企业的正常运行。正因为如此,洋务运动不能逃避最终失败的命运。

同时也给我们带来了启示:地主阶级不能担负起中国近代化的历史重任。洋务运动的失败说明,在不触动封建专制统治、没有摆脱外国资本-帝国主义的侵略与控制的前提下,试图通过局部的枝节改革,学习西方的器物技能,以求强求富,是不可能的。

(三)戊戌维新运动的意义和失败原因及教训

【视频】戊戌变法(时长:5分钟)

甲午战争的惨败,造成了新的民族危机,激发了新的民族觉醒。代表民族资本主义发展要求的知识分子把向西方学习推进到一个新的高度,不但要求学习西方的科学技术,而且要求学习西方资本主义的政治制度和思想文化。在这样的历史条件下,资产阶级的改良思想迅速传遍开来,逐步形成变法维新的思潮,并于1898年发展成一场变法维新的政治运动。

1. 戊戌维新运动的过程

1895 年丧权辱国的《马关条约》签订后,在京应试的各省举人发起公车上书,标志着改良主义政治运动的起点。除上书以外,维新派还通过著书立说、介绍外国变法的经验教训、办学会、设学堂、办报纸等方式宣传维新变法思想。在此期间,围绕如下三个问题与顽固派论战:要不要变法;要不要兴民权、设议院,实行君主立宪;要不要废八股、改科举和兴西学。1898 年 6月,光绪帝根据康有为提出的变法建议,颁布了"明定国是"诏书,宣布变法。

政治方面,改革行政机构,裁撤詹事府等闲散重叠机构,撤销湖北、广东、云南三省"督抚同城"的巡抚;裁汰冗员,澄清吏治,提倡廉政;提倡向皇帝上书言事;准许旗人自谋生计,取消他们享有国家供养的特权。

经济方面,保护、奖励农工商业和交通采矿业,中央设立农工商总局与铁路矿务总局,各省设立商务局;提倡开办实业,奖励发明创造;注重农业发展,提倡西法垦殖,建立新式农场;广办邮政,修筑铁路;在上海、汉口等大城市开办商学、商报,设立商会等各类组织;改革财政,编制国家预决算。

军事方面,裁减旧式绿营兵,改练新式陆军;采用西洋兵制,练洋操,习洋枪等。

文化教育方面,创设京师大学堂,各省书院改为高等学堂,在各地设立中、小学堂;提倡西学,废除八股,改试策论,开经济特科;设立译书局,翻译外国书籍,派人出国留学;奖励新著,奖励创办报刊,准许自由组织学会。

百日维新中颁布的各项政令是接受了维新派的建议而制定的,旨在开放一定程度的言论、出版、结社自由,使资产阶级享受一定程度的政治权利,促进资本主义工商业的发展,因此,戊戌维新运动是一场资产阶级性质的改良运动。但是,在光绪皇帝发布的新政诏令中,并没有采纳维新派多次提出的开国会、制宪法等政治主张。这些政令和措施并未触及封建制度的根本,所要推行的是一种十分温和的改良方案。

维新派经过光绪皇帝试图推行的温和的不彻底的改革,遭到了封建守旧势力的激烈反对。光绪皇帝所颁布的新政命令,由于受到中央和地方守旧官僚们的抵制,大多未能付诸实施。守旧势力于 1898 年 9 月 21 日发动政变,慈禧太后以"训政"的名义,重新"垂帘听政",将光绪皇帝囚禁于中南海瀛台,同时下令搜捕维新人士。康有为、梁启超被迫逃亡国外。谭嗣同则拒绝出走日本,坦然表示:"各国变法,无不从流血而成;今日中国未闻有因变法而流血者,此国之所以不昌也。有之,请自嗣同始。"9 月 28 日,谭嗣同、杨锐、林旭、杨深秀、刘光第、康广仁于北京菜市口被杀害,史称"戊戌六君子"。临刑前,谭嗣同引颈高呼:"有心杀贼,无力回天,死得其所,快哉! 快哉!"表现了为改革维新以死相拼、勇往无前的大无畏精神。以慈禧太后为首的保守势力扼杀维新变法的举措,史称"戊戌政变"。1898 年的"百日维新"如同昙花一现,只经历了 103 天就夭折了。除京师大学堂(北京大学的前身)被保留下来以外,其余新政措施大都被废除,戊戌维新运动宣告失败。

2. 戊戌维新运动的意义

第一,戊戌维新运动是一次爱国救亡运动,促进了中华民族的觉醒。面对"中国数千年来未有之变局也"[1]维新派在民族危亡的关键时刻,高举救亡图存的旗帜,要求通过变法,发展资本主义,使中国走上富强的道路。维新派的政治实践和思想理论,不仅贯穿着强烈的爱国主义精神,而且推动了中华民族的觉醒。当时维新派揭露帝国主义企图瓜分中国的阴谋,在朝野上下到处为救亡图存奔走呼号。他们提出近代意义上的民族主义和爱国主义概念,强调国家为国民所有,而非一人一姓的私产,从而使中华民族的觉醒达到更高的水平。

第二,戊戌维新运动是一场资产阶级性质的政治改革运动。正式揭开

---

[1] 康有为:《上清帝第四书》,《戊戌变法》(二),上海人民出版社,2000 年,第 175 页。

了中国政治近代化的序幕。维新派突破洋务派"中体西用"思想的局限,主张改革君主专制制度。他们鼓吹民权并提出开议院的主张,也就是要用君主立宪制取代君主专制制度,虽然未能成功地建立起资本主义的君主立宪制度,其颁布的促进民族资本主义发展的若干措施也未能生效,但在政治、经济等领域一定程度上冲击了封建制度。

第三,戊戌维新运动更是一场思想启蒙运动,推动了人们的思想解放。在维新运动期间,维新派大力传播西方资产阶级的社会政治学说和自然科学知识,宣传天赋人权、自由平等、社会进化观念,批判封建君权和封建纲常伦理,从而把顽固的封建主义思想壁垒打破了一个缺口,有利于民主思想在中国的传播,有利于人们的思想解放。以维新运动为起点,资产阶级新文化开始打破封建文化独占文化阵地的局面。在教育方面,维新派主张采用西方近代教育制度,兴办新式学堂,这对中国近代教育的发展起了积极的推动作用。京师大学堂的创设,更成为中国近代国立高等教育的发端。

维新派不仅在思想启蒙和文化教育方面开创了新的局面,而且在改革社会风习方面也提出了许多新的主张,做了大量工作。如主张革除吸食鸦片及妇女缠足等恶俗陋习,提出"剪辫易服"的主张,倡导讲文明、重卫生、反跪拜等。其移风易俗、开启社会新风的效用不可低估。

3.戊戌维新运动失败的原因及教训

戊戌维新运动的失败,主要是由于维新派所代表的民族资产阶级存在软弱性和妥协性以及遇到了以慈禧太后为首的强大的守旧势力的反对。新旧力量对比悬殊。以慈禧太后为首的守旧势力的力量远远大于维新派。当时民族资本主义经济力量还十分微弱,民族资产阶级的社会基础相当狭窄。而民族资产阶级的政治代表维新派的势力更是非常弱小。

首先,不敢否定封建主义。维新派很多人自身还没有完全摆脱封建士大夫的痕迹,不能也不敢摧毁封建势力。他们在政治上不敢根本否定封建君主制度,只是幻想依靠光绪皇帝通过和平、合法的手段,实现自上而下的改革。在变法步骤上,他们主张渐变、缓变。在经济上,他们虽然要求发展民族资本主义,却未触及封建主义的经济基础——封建土地所有制。在思想上,他们虽然提倡学习西学,却仍要抬出孔子的旗帜,借古代圣贤之名"托古改制"。

其次,对帝国主义抱有幻想。他们虽大声疾呼救亡图存,却又幻想西方列强能帮助自己变法。维新派尖锐地揭露了沙俄侵华的事实,却幻想依靠与英、日结成同盟来抵抗沙俄。有人甚至建议聘请日本前总理大臣伊藤博文来中国任维新的顾问。英、日帝国主义虽然表面上同情维新派,但实质上只是为了乘机扩大在华侵略势力,并寻找在中国的代理人,同时也是为了与沙俄进行争夺。因此,在戊戌政变前夕,维新派分别乞求英、美、日公使的支持,结果都落了空。

最后,害怕人民群众。维新派的活动基本上局限于官僚士大夫和知识分子的小圈子。他们不但脱离人民群众,而且害怕甚至仇视人民群众。康有为在每次上书中,都反复提醒光绪皇帝不要忘记人民反抗的危险,强调如果不实行变法,将有可能再现"金田之役",使皇帝及其大臣们"求为长安布衣而不可得"。正因为没有人民力量作为后盾,所以当他们得悉守旧派要发动军事政变时,只得打算依靠掌有兵权的袁世凯,结果反被袁世凯出卖。而一旦守旧派操刀反击,维新派也就没有丝毫抵抗的能力。谭嗣同慷慨就义前的临终语"有心杀贼,无力回天",正反映了这一点。"回天之力"存在于亿万民众之中,这是维新派的志士们所没有认识到的。

戊戌维新运动虽然以失败告终,但其影响是深远的,对民主革命运动的展开提供了深刻教训。戊戌维新作为中国民族资产阶级登上政治舞台的第一次表演,失败得这么快,不但暴露了这个阶级的软弱性,同时也说明在半殖民地半封建的旧中国,企图通过统治者走自上而下的改良的道路,是根本行不通的。要想争取国家的独立、民主、富强,必须用革命的手段,推翻帝国主义、封建主义联合统治的半殖民地半封建的社会制度。戊戌维新的失败再次暴露出清朝统治集团的腐朽与顽固,"戊戌六君子"血的教训促使一部分人放弃改良主张,开始走上革命的道路。一些维新派后来变为革命派,不少康梁信徒以后成了革命党人,便是明证。孙中山领导的资产阶级民主革命,进一步发展了起来。

【视频】明治维新(时长:4 分钟)

戊戌维新是以日本的明治维新为蓝本来规划中国社会改革方案的。明治维新的主要内容有:实行废除封建制度的措施,废藩置县,加强中央集权;废除封建身份制度和取消武士特权,为封建上层人士从事资本主义工商业创造了条件;改革地税,确保政府财政收入;殖产兴业,大力扶植日本资本主义的成长;文明开化,培养建设资本主义新国家所需要的各种人才;富国强兵,建立起近代的军事警察制度。明治维新使日本由落后的封建社会过渡到资本主义社会,使日本摆脱了沦为西方半殖民地的危机。尽管如此,明治维新仍存在着局限性。这表现在政治、经济和社会意识形态中仍保留了大量封建残余。因此,通过明治维新,日本虽然摆脱了沦为半殖民地的危机,但也迅速走上侵略和压迫其他民族的道路,成为一个新兴的帝国主义国家。

【课堂讨论】中国戊戌变法和日本明治维新有何不同?

领导力量不同。日本明治维新:中下级战士拥有较大的武装力量。通过军队的倒戈,皇帝有了实权,改革的阻力比较小。中国戊戌变法:维新派不能动员群众,希望没有实权的皇帝不能实行一系列的措施。

国际环境不同。日本明治维新:西方列强加紧了对中国的侵略,客观上为日本资本主义的发展提供了有利的国际环境。中国戊戌变法:资本主义进入了帝国主义阶段,迫切需要开发原材料生产区和商品销售市场,掀起了分裂中国的狂潮。

社会背景不同。日本明治维新:人民反抗持续而猛烈,新兴的阶级力量相对较强,统治阶级内部发生较大分化。中国戊戌变法:资本主义发展很不充分,封建统治者与帝国主义勾结,封建势力比较强大。

【课堂小结】

通过本讲的学习,在掌握太平天国农民战争、部分清朝统治者倡行的洋务运动、资产阶级维新派领导的戊戌维新运动的基本史实的基础上,也重点把握了这三个救国方案的不同特点及历史作用,进而深刻认识其历史局限性及最终失败的根本原因。最终使同学们能够站在中国近现代历史发展的大视野上,正确认识太平天国、洋务运动和戊戌变法发生的历史必然及产生的客观历史作用;培养同学们运用辩证唯物主义和历史唯物主义的立场、观点和方法,客观认识太平天国、洋务运动和戊戌变法,牢固树立正确的历史观。

【思考题】

1. 太平天国农民运动有哪些不同于以往农民战争的新的历史特点?

2. 为什么说单纯的农民战争不可能完成民族独立和人民解放的历史任务?

3. 如何评价洋务运动在中国现代化进程中的作用?

4. 如何认识戊戌维新运动的意义和失败的原因、教训?

三、板书设计

专题三 对国家出路的早期探索

一、太平天国农民起义的意义和失败原因及教训

　　1.积极的历史意义

　　2.起义失败的原因及教训

二、洋务运动的性质和失败原因及教训

　　1.洋务运动发生的历史背景及洋务事业的兴办

　　2.洋务运动的历史作用

　　3.洋务运动失败的原因及教训

三、戊戌维新运动的意义和失败原因及教训

　　1.戊戌维新运动的过程

　　2.戊戌维新运动的意义

　　3.戊戌维新运动失败的原因及教训

四、学生阅读书目推荐

1.【经典文献】

(1)习近平:《共圆中华民族伟大复兴的中国梦》,《人民日报》,2014 年 2 月 19 日。

(2)习近平:《在布鲁日欧洲学院的演讲》,《人民日报》,2014 年 4 月 2 日。

2.【延伸阅读】

(1)左玉河:《洋务运动、甲午战争与中国早期现代化的顿挫》,《红旗文稿》,2014 年第 14 期。

（2）李帆：《民国历史教科书中的戊戌维新及康有为》，《广西社会科学》，2018 年第 4 期。

五、习近平总书记相关论述

1. 实现中华民族伟大复兴始终是近代以来中国人民最伟大的梦想。无数志士仁人前仆后继、不懈探索，寻找救国救民道路，却在很长时间内都抱憾而终。太平天国运动、戊戌变法、义和团运动、辛亥革命接连而起，但农民起义、君主立宪、资产阶级共和制等种种救国方案都相继失败了。战乱频仍，民生凋敝，丧权辱国，成了旧中国长期无法消除的病疡。中华民族是一个有志气的民族。为了探求救亡图存的正确道路，中国的先进分子带领中国人民始终坚持在苦难和挫折中求索、在风雨飘摇中前进，敢于挽狂澜于既倒，能够扶大厦之将倾，表现出了百折不挠的英雄气概。

——习近平：《纪念毛泽东同志诞辰 120 周年座谈会上的讲话》（2013 年 12 月 26 日）

2. 1840 年鸦片战争后，中国逐步成为半殖民地半封建社会。那个时代，为了挽救民族危亡、实现民族振兴，中国人民和无数仁人志士孜孜不倦寻找着适合国情的政治制度模式。辛亥革命之前，太平天国运动、洋务运动、戊戌变法、义和团运动、清末新政等都未能取得成功。辛亥革命之后，中国尝试过君主立宪制、帝制复辟、议会制、多党制、总统制等各种形式，各种政治势力及其代表人物纷纷登场，都没能找到正确答案，中国依然是山河破碎、积贫积弱，列强依然在中国横行霸道、攫取利益，中国人民依然生活在苦难和屈辱之中。

事实证明，不触动旧的社会根基的自强运动，各种名目的改良主义，旧式农民战争，资产阶级革命派领导的民主主义革命，照搬西方政治制度模式的各种方案,都不能完成中华民族救亡图存和反帝反封建的历史任务,都不能让中国的政局和社会稳定下来,也都谈不上为中国实现国家富强、人民幸福提供制度保障。

——习近平:《庆祝全国人民代表大会成立 60 周年大会上的讲话》(2014 年 9 月 5 日)

3.纵观近代世界经济发展史,中国和许多国家的经验证明,工业化是一个国家经济发展的必由之路。中国一个半世纪的工业化历程充满艰辛和曲折。早在 19 世纪中叶,中国在列强坚船利炮撞击之下,被迫打开国门,开始了被称为"洋务运动"的早期工业化。改革开放以后,中国驶入工业化的快速路。中国用了短短几十年时间,走过了发达国家几百年的历程,建成了体系完整、产能巨大的工业体系,成为世界制造业第一大国和全球第二大经济体,成功探索出一条符合中国国情的工业化道路。

——习近平:《中非企业家大会上的讲话》(2015 年 12 月 4 日)

4.鸦片战争后,随着列强入侵和国门被打开,我国逐步成为半殖民地半封建国家,西方思想文化和科学知识随之涌入。自那以后,我们的国家和民族经历了刻骨铭心的惨痛历史,中华传统思想文化经历了剧烈变革的阵痛。为了寻求救亡图存之策,林则徐、魏源、严复等人把眼光转向西方,从"师夷长技以制夷"到"中体西用",从洋务运动到新文化运动,西方哲学社会科学被翻译介绍到我国,不少人开始用现代社会科学方法来研究我国社会问题,社会科学各学科在我国逐渐发展起来。

——习近平:《哲学社会科学工作座谈会上的讲话》(2016 年 5 月 17 日)

5.近代以后,我国仁人志士也认识到了这个问题,自戊戌变法和清末修律起,中国人一直在呼吁法治,但在当时的历史条件和政治条件下,仅仅靠法制是不能改变旧中国社会性质和中国人民悲惨命运的。我们党执政 60 多年来,虽历经坎坷但对法治矢志不渝,从"五四宪法"到前不久新修订的宪法;从"社会主义法制"到"社会主义法治";从"有法可依、有法必依、执法必严、违法必究"到"科学立法、严格执法、公正司法、全民守法",我们党越来越深刻认识到,治国理政须臾离不开法治。

　　　　——习近平:《加强党对全面依法治国的领导》(2019 年 2 月 15 日)

专题四 / 辛亥革命的成功与失败

一、教学说明

中华民族背负着八国联军占领北京、被迫签订《辛丑条约》的巨大耻辱，跨进了 20 世纪的门槛。面对深重的民族灾难，以孙中山为代表的资产阶级革命派首次提出推翻腐朽专制的封建王朝的革命目标。辛亥革命及其建立的中华民国是 20 世纪中国发生的第一次历史性巨变。

1. 教学目标

（1）知识目标

让大学生掌握辛亥革命爆发的历史背景、基本过程、历史价值等知识，充分认识这场资产阶级民主革命的必要性、正义性和进步性。使大学生能够客观分析辛亥革命的伟大意义、失败的原因及经验教训，认识资产阶级共和国的道路在中国走不通。

（2）能力与素质目标

组织大学生对辛亥革命的胜利和失败的表象和实质进行探讨，进一步认识中国民主革命的必然历史走向和规律。

2.教学重点和难点

(1)教学重点

了解辛亥革命的必要性、正义性和进步性。

资产阶级民主革命方案的主要内容、历史意义及其局限。

辛亥革命的历史意义及失败的原因和教训。

(2)教学难点

如何评价辛亥革命的成功与失败。

资产阶级共和国的方案在近代中国行不通的原因。

3.教学方法

综合讲解教学法、问题教学法、讨论教学法,运用智慧课堂教学手段。

4.学时安排

4课时。

5.参考资料及教学资源

金冲及:《辛亥革命研究》,上海辞书出版社,2011年。

张磊、张苹:《孙中山传》,人民出版社,2011年。

视频:电视文献纪录片《孙中山》第6集(中央电视台、中国国际电视总公司、北京大学联合摄制)

二、教学内容设计

【课程导入】

如果随着历史的车轮回到20世纪初的中国,你会发现一个触目惊心的悲惨图景:帝国主义的铁蹄已经进入了中国的首都北京,正在肆意地践踏中国人民的自尊;而中国的政府却是懦弱不堪而只知欺压人民的封建清王朝。每一个优秀的中华儿女都开始探索挽救祖国的征程,而这一时期最光辉的一笔由以孙中山为代表的资产阶级革命派写下,他们谱出了辛亥革命这一壮丽篇章。辛亥革命及其建立的中华民国是 20 世纪中国发生的第一次历史性巨变,但这次革命被称为是一场既成功又失败的革命,如何来认识这一问题?

【视频】辛亥革命(时长:5 分 39 秒)

(一)辛亥革命前夜的复杂危机和统治者自救的失败

1. 三大危机,环环相扣

第一,民族危机空前深重,巨额赔款加剧了政府和国民的贫困化,帝国主义各国直接野蛮干涉中国内政,公然布局侵略意图。《辛丑条约》的签订,标志着清政府已沦为"洋人的朝廷",中国半殖民地半封建社会最终形成。帝国主义列强对中国的侵略日益扩大,加强了对清政府的政治控制,多方扩展在华经济势力。帝国主义列强对中国的侵略、控制进一步加深。1904 年至 1905 年,日、俄两国为了争夺在华利益爆发战争,双方在中国领土交战,清政府却宣称"局外中立",胜利后的日本攫取了俄国在中国东北南部所有一切侵略特权。与此同时,英国派兵侵入中国西藏地区,德国则企图将势力延伸到原属英国势力范围的长江流域。辛亥革命前的中国社会经济出现了严重的危机。清政府要每年拿出 2200 万两用来偿付《辛丑条约》的赔款。从1900—1911 年,清政府举外债高达 3.4 亿两,赤字比 1900 年以前增加一倍以上。

第二,社会危机全方位爆发,民变种类繁多、此起彼伏。清政府为了赔款和偿付外债,十多年的时间,其财政开支激增 4 倍之多。为了解决财政困难,清政府不断加捐加税,各种收款项目层出不穷,各级官吏还要从中中饱私囊,人民生活困苦不堪,社会矛盾空前尖锐。在中外反动派的严重压迫下,20 世纪初,各阶层人民的斗争风起云涌,遍及全国。各地掀起了抗捐抗税风暴,据不完全统计,1909 年 149 次,1910 年达到 266 次。除了抗捐税斗争外,辛亥之前 10 年间,由于饥民抢米导致的风潮总数在 150 次以上,单 1910 年就爆发了 50 余起,遍及南北各省。工人阶级也开始发动罢工运动,从 1905 年到 1911 年,规模较大的罢工斗争有 55 次。此外,各地会党起义此起彼伏,少数民族聚居的地区,也是民变迭起,烽火频传。

第三,政治危机,无以缓解。满汉相争、督抚专权,吏治的结构性腐败愈演愈烈,统治效能日益低下,清廷逐渐丧失了统治中国的根基和力量。

2. 十年新政,力图自救

为了摆脱《辛丑条约》后严重的社会危机,清政府于 1901 年 4 月成立督办政务处,宣布实行"新政"。清末十年"新政",大致可以 1906 年为界分为两个阶段。第一阶段,清政府主要是对封建专制体制的修补以自救。如整饬吏治、调整机构、编练新军、修订刑律、变更学制、废止科举等。第二阶段,自救的修补被裹挟进"仿行宪政"的政治漩涡。清政府先后发布"预备仿行宪政"谕旨以及改革官制的上谕,公布《宪法大纲》,并宣布以 9 年为期实行宪政。在民众和立宪派的逼促之下,于 1911 年 5 月出台以皇族成员占多数的责任内阁,因遭强烈反对,不到半年即撤罢。预备立宪并没有能够挽救清王朝,反而加重了清政府的政治危机。清政府立宪的目的,是为了延续其反动统治。正如出洋考察政治的五大臣在回国后的奏折中所说的,立宪有三大利:"皇位永固""外患渐轻""内乱可弭"。而"皇族内阁"的成立表明清政府根本无意实行君主立宪,只是借"立宪"之名集权皇族,抵制革命。皇族内阁的出笼,使得原来对清廷还抱有幻想的社会各阶层的政治态度发生了很大变化,转而同情和支持革命。清政府在政治上分崩离析,已经失去最后的自我革新的机会,陷入了无法照旧统治下去的境地。之后,由于武昌起义的爆发,清王朝与帝制一起覆亡了。

清王朝的统治者专制皇权的政治特质,决定了新政目标的复杂、矛盾,新政措施与目标的悖反。即便从西方和日本搬来宪政模式,推行过程亦变形和举步维艰。旧式封建王朝的统治者无力领导中国完成救亡图存、富强民主的使命。

（二）辛亥革命：一场完整意义的中国资产阶级革命

辛亥革命是中国近代一场完整意义的并取得过胜利的资产阶级革命。它具备资产阶级革命的五大要素：

1. 辛亥革命的领导阶级和领导者

领导阶级是 19 世纪后期逐步成长起来的中国民族资产阶级，领导者则是以孙中山为代表中国资产阶级民主革命派。

19 世纪末 20 世纪初，中国民族资本主义得到了初步的发展。据统计，1895 年至 1911 年间，新设立的民族资本厂矿达 416 家，资本额超过 8 000 万元。随着民族资本主义企业发展数量的增多和规模的扩大，民族资产阶级及与它相联系的社会力量也有较大发展。民族资产阶级为了冲破帝国主义、封建主义的桎梏，发展资本主义，需要自己政治利益的代言人和经济利益的维护者。这正是资产阶级革命派形成的阶级基础。资产阶级革命派的骨干是一批资产阶级、小资产阶级知识分子。这个知识分子群的出现与戊戌维新运动及 20 世纪初清政府兴学堂、派留学生的措施有关。这些青年学生接触到近代西方资本主义的思想文化，开始摸索救国救民的新道路。他们在国外更多地接触到了西方的政治思想，而且对世界大势与民族危机有了更敏锐的认识。这些青年知识分子成为辛亥革命的中坚力量。

毛泽东指出："中国反帝反封建的资产阶级民主革命，正规地说起来，是从孙中山先生开始的。"[①]

【视频】孙中山评价（时长：4 分钟）

学生通过观看中央电视台 2001 年摄制的纪录片《孙中山》片段，了解我

---

① 《毛泽东选集》（第二卷），人民出版社，1991 年，第 563 页。

们党我们国家以及海外学者对孙中山的高度评价,并结合案例引发学生思考:为什么孙中山能够获得如此高的评价?

【案例】孙中山上书李鸿章

孙中山(1866—1925),名文,字逸仙,曾化名中山樵,广东香山县(今中山市)翠亨村人。1878年孙中山赴檀香山,在他哥哥孙眉的资助下,比较系统地接受了西式的近代教育。回国后,逐渐产生了以资产阶级政治方案改造中国的思想。1892年,孙中山毕业于香港西医书院。

在西医书院读书时,孙中山常同陈少白、尤列、杨鹤龄等放言高论,无所忌讳,被称为"清廷之四大寇"。孙中山自己说,这是他的"革命言论之时代"。当然,谈论革命与从事革命,二者之间还有相当大的距离。1893年冬,他和陆皓东、郑士良等八人集会于广州南园抗风轩,提议创设兴中会,但没有真正组织起来。同时,他思想上仍有一些摇摆,总还想尝试一下,推动清政府实行自上而下的改革。正是在这种矛盾的心情下,发生了孙中山北上天津向李鸿章上书的事情。

孙中山在这次上书里,向李鸿章提出了一个在中国解除对民间工商业发展的束缚、全面实现国家工业化和农业机械化、根本改革教育制度和选拔人才制度的理想蓝图。用他自己的话来说,就是要做到:"人能尽其才,地能尽其利,物能尽其用,货能畅其流。"他认为:"此四事者,富强之大经,治国之大本也。"但是,李鸿章的态度却极为冷淡。那时,中日战争正在进行,李鸿章正在芦台督师。得到他的上书,只是随便说了:"打仗完了以后再见吧!"孙中山"听了这句话,知道没有办法,闷闷不乐地回到上海","所有希望完全成泡影。所以到了这个时候,孙先生的志向益发坚决,在檀香山就积极筹备兴中会,找人入会,一定要反抗满洲政府"。

——资料来源:金冲及:《辛亥革命研究》,上海辞书出版社,2011年。

【案例分析】一个人思想的发展,往往需要经历迂回的道路。特别是一种新的社会政治思想的产生,要冲破各种传统思想的束缚,更不可能一开始就走上一条笔直平坦的道路。半年后孙中山对改良救国不再抱有任何幻想转身投向革命,并不是出于对革命的热爱,而是中国的民族矛盾和社会矛盾过于尖锐,已经没有其他道路可走。而反动势力在当时还十分强大,革命在当时属于"造反"大罪,一个知识分子冒着杀头的风险领头革命并非轻而易举。"中国事向来之不振者,非坐于不能行也,实坐于不能知也;及其既知之而又不行者,则误于以知为易、以行为难也。"①孙中山先生既走于国人之前,接触并产生了资产阶级革命的理想;又富有勇气,能以之为自己的行动纲领并为之付出牺牲。

2. 资产阶级革命党人的目标和纲领

以武装革命的形式推翻满清专制,建立民主共和国,是革命派一直坚持的目标。同盟会的政治纲领是"驱除鞑虏,恢复中华,创立民国,平均地权"。1905 年 11 月,在同盟会机关报《民报》发刊词中,孙中山将同盟会的纲领概括为三大主义,即民族主义、民权主义、民生主义,后被称为三民主义。

民族主义包括"驱除鞑虏,恢复中华"两项内容。一是要以革命手段推翻清朝政府,改变它一贯推行的民族歧视和民族压迫政策;二是追求独立,建立"民族独立的国家"。但是,同盟会纲领中的民族主义没有从正面鲜明地提出反对帝国主义的主张。

民权主义的内容是"创立民国",即推翻封建君主专制制度,建立资产阶级民主共和国。这就是孙中山所说的政治革命。不过,民权主义虽然强调了要建立民主共和国,却忽略了广大劳动群众在国家中的地位,因而难以使人民的民主权利得到真正的保证。

民生主义在当时指的是"平均地权",也就是孙中山所说的社会革命。

---

① 张磊主编:《孙中山文萃》,广东人民出版社,2009 年,第 212 页。

孙中山主张核定全国土地的地价,其现有之地价,仍属原主;革命后的增价,则归国家,为国民共享。国家还可按原定地价收买地主的土地。但是,孙中山的"平均地权"的主张,没有正面触及封建土地所有制,不能满足广大农民的土地要求,在革命中难以成为发动广大工农群众的理论武器。

在当时的社会历史条件下,三民主义是一个比较完整而明确的资产阶级民主主义革命纲领,初步描绘出中国还不曾有过的资产阶级共和国方案。它的提出,对推动革命的发展产生了重大而积极的影响。它在与改良派的斗争中,在动员和组织群众推翻清朝统治、建立共和国的斗争中,起了巨大的作用。但同时,它又是一个不彻底的民主革命纲领,不能指出中国革命的出路,不能把民主革命引向胜利。此外,同盟会成员对纲领的态度并不一致。同时,同盟会内部还存在着较为严重的派系斗争。这一切都为日后革命运动的发展留下了隐患。

孙中山的民族、民权、民生的"三民主义",以及行政权、立法权、裁判权、考选权、纠察权分立的"五权宪法",是中国资产阶级革命的纲领和民主革命的旗帜。

3.资产阶级革命党人坚持不懈的斗争

孙中山为首的资产阶级革命派在踏上革命道路之时,就高举起民主革命的旗帜,并选择了以武装起义推翻清王朝统治的斗争方式。在极其艰难困苦的条件下,一批批为了革命理想而走到一起的人们唱响了那个时代的最强音,为辛亥革命的发动做了各方面的必要准备。

第一,思想准备。进入 20 世纪,随着一批新兴知识分子的产生,各种宣传革命的书籍报刊纷纷涌现,民主革命思想得到广泛传播。代表作有 1903 年章炳麟发表的《驳康有为论革命书》、邹容发表的《革命军》和陈天华发表的《猛回头》和《警世钟》。革命派围绕"革命排满"和"建立共和"两大口号,依靠报刊书籍,或小说、戏剧、漫画、音乐等通俗易懂的形式进行宣传,并通过与改良势力的理论论争,宣传民主革命思想。

1905 年至 1907 年间,围绕中国究竟是采用革命手段还是改良方式这个问题,革命派与改良派之间展开了一场激烈的论战。革命派的舆论阵地主要是中国同盟会的机关报——《民报》,主笔有孙中山、章炳麟、陈天华、胡汉民、汪精卫。改良派的舆论阵地主要是《新民丛报》,代表人物有梁启超和康有为。辩论的主要内容有三:

一是要不要以革命手段推翻清王朝。这是双方论战的焦点。改良派认为,革命会引起下层社会暴乱,招致外国的干涉、瓜分,使中国"流血成河""亡国灭种",所以要爱国就不能革命,只能改良、立宪。革命派针锋相对地指出,清政府是帝国主义的"鹰犬",因此爱国必须革命,"欲求免瓜分之祸,舍革命末由"。只有通过革命,才能获得民族解放和社会进步。革命派还进一步驳斥了改良派认为因革命要"杀人流血""破坏一切"而不可革命的说法。他们指出,进行革命,固然会有牺牲,但是,不进行革命,而容忍清王朝在中国的统治,中国人民就有可能免除痛苦和牺牲吗? 恰恰相反,这样做意味着他们将长期地遭受难堪的痛苦和作出更大的牺牲。戊戌变法中牺牲的戊戌六君子,正是表明在愚昧的统治之下,任何进步都是需要付出牺牲的。"革命不免于杀人流血固矣,然不革命则杀人流血之祸可以免乎?""无革命,则亦无平和,腐败而已,苦痛而已。"人们在革命过程中所付出的努力,乃至作出的牺牲,是以换取历史的进步作为补偿的。革命本身正是为了建设,破坏与建设是革命的两个方面。人们在革命过程中所付出的努力,乃至作出的牺牲,是以换取历史的进步作为补偿的。只有革命才能够打破旧的社会,只有革命才能带来新生。

二是要不要推翻帝制,实行共和。改良派认为,中国"国民恶劣""智力低下",没有实行民主共和政治的能力,如果实行,非亡国不可。因此,只能实行君主立宪。梁启超甚至宣称,"与其共和,不如君主立宪;与其君主立宪,还不如开明专制"。只有劝告清政府主动实行开明专制,并进而推行君主立宪,才是中国政治的现实出路。革命派针锋相对地指出,不是"国民恶劣",而是"政府恶劣"。民主共和是大势所趋,人心所向。拯救中国与建设中国都必须取法乎上,直接推行民主制度,而不能以国民素质低劣为借口,搞君主立宪甚或开明专制。只有"兴民权,改民主",才是中国的唯一出路。中国国民自有颠覆专制制度、建立民主共和的能力。

三是要不要进行社会革命。改良派反对土地国有、反对平均地权。他们认为中国社会经济组织优良,土地问题不是中国最重要的问题,不存在社会革命的可能。社会革命只会导致中国的大动乱。改良派的这种论断显然是忽略了中国历史的空谈。在我国历史中,许多农民起义的出现正是由于土地兼并严重,导致农民无法生活,被迫揭竿而起进行反抗。所以土地问题一直是中国难以解决的社会问题之一。革命派强调,当时的中国存在着严重的"地主强权""地权失平"的现象,而"救治之法,惟有实行土地国有之政策"。必须通过平均地权以实现土地国有,在进行政治革命的同时实现社会革命,才能避免贫富不均等社会问题的出现。

这一场持续了三四年之久的大论战,其规模之大、问题之多、时间之长都是前所未有的。经过这次论战,保皇派气势锐减,一些原来支持保皇派的华侨转而支持革命派。一些原来持保守立场的报刊,转而采取同情革命的立场。一些保皇派报刊,在大势已去的情况下难以再维持下去,宣告停刊。为什么革命派能够取得这次辩论的胜利? 著名的革命家、教育家吴玉章,此时还是一个在日本留学的学生,他回忆道:"当《民报》和《新民丛报》笔战方酣的时候,在日本的留学生几乎都卷入了这场论战。记得一九〇六年的冬天,一群四川留日学生在宿舍里展开了争论。绝大多数的人都赞成革命。"①

---

① 吴玉章:《吴玉章回忆录》,中国青年出版社,1978 年,第 41 页。

新文化运动的健将、政治学家高一涵,当时还在内地求学,他回忆说:"我先是总喜欢阅读梁启超主办的刊物,但是看到《民报》后,才认识到国家不强是'政府恶劣',而不是'国民恶劣',应该建立共和,不应该维持专制。"①从这些青年学生的言论能够看出来,梁启超的很多理论确实对他们有一定的吸引,但是革命派的观念更加能够深入他们的内心,所以当时绝大部分的精英分子选择支持革命。

这场论战的实质是用什么手段、建立一种什么样的资本主义制度。论战的双方代表着同一个阶级——资产阶级的利益,是这个阶级政治上的两翼。左翼的革命派希望通过暴力革命的手段,建立资产阶级的民主共和国,而右翼的康有为、梁启超等人则希望通过和平的手段,在中国建立君主立宪的资本主义制度。

这场论战具有重大意义,保皇派气势锐减,革命派以明显的优势占据了思想阵地,通过这场论战,划清了革命与改良的界限,传播了民主革命思想,促进了革命形势的发展,一代新知识分子开始崭露头角,对革命思想起到了很好的宣传作用,使得革命和共和思想开始被越来越多人接受,为即将到来的辛亥革命做好了舆论准备。

这场论战也暴露了革命派在思想理论方面的弱点。比如,他们主张推翻清政府,但对"革命是否会招致帝国主义干涉"的问题不敢作出理直气壮的正面回答,只是希望通过"有秩序的革命"来避免动乱和帝国主义的干涉。他们所说的"国民",主要还是指资产阶级及其知识分子,而不是广大的劳动群众。他们对封建地主土地所有制是否应该改革的问题也是语焉不详,并且反对贫苦农民"夺富人之田为己有"。

---

① 高一涵:《辛亥革命前后安徽青年学生思想转变的概况》,中国人民政治协商会议全国委员会文史资料研究委员会编:《辛亥革命回忆录》(第4集),文史资料出版社,1963年,第434页。

【课堂讨论】告别革命论是否正确？

中国究竟应该选择改良还是革命，这场辩论事实上不仅出现在1905年，当时间的车轮滚向21世纪之后，这场辩论换了一个形式重新出现在世人眼前。在中国近代史的研究中，一个值得注意的问题是否定革命。有人认为，旧民主主义革命、新民主主义革命都是"激进主义思潮"的产物；辛亥革命"搞糟了"，结果"必然军阀混战"。"革命是一种能量的消耗，而改良则是能量的积累。""改良可能成功，革命则一定失败。"中国在20世纪选择革命的方式，是"令人叹息的百年疯狂与幼稚"，于是鼓吹要"告别革命"。

"告别革命论"是近些年社会上一些人宣传的一种历史虚无主义观点。告别革命论的起源是美国杜克大学德里克教授在20世纪90年代发表的一篇题为《革命之后的史学：中国近代史研究中的当代危机》的文章，该文章提出了美国的中国近现代史研究出现的所谓研究"范式"的转换问题。所谓范式，就是进行科学研究所遵循的一种世界观和行为方式。德里克的观点就是要把美国汉学界评价中国历史的一套体系，从正面评价革命，转变为否定革命。认为革命事实上是打断了清末以前一直在进行的朝着现代化方向的发展过程。在德里克的影响下，中国史学界也出现了一些类似的言论。他们竭力渲染革命的弊病，认为革命给中国带来了很深的灾难，而且提出革命和现代化是对立起来的观点。

这些所谓"告别革命"论的观点，和1905年的改良派观点有很多的重合之处。而他们的论点，已经被真正的历史淘汰了。把一场伟大的革命简单归之于某些人物"情绪化"的"激进主义"思想的产物，归之于某些人头脑中的主观意愿和人为因素的结果，显然是不符合历史实际的，是唯心史观。革命不是也不可能只凭少数人一时的情感冲动就能发动起来的，也不是只凭借某个阶级和政党的意志就能发生的。革命的发生除去革命阶级的主观的条件外，必须具有革命形势，革命的社会需要。没有革命的条件，革命时机不成熟,任何人的"情感激流"也制造不出革命来。中国近代史上的革命,都是客观情势的要求,是历史的必然。列宁说过:"要使革命到来,单是'下层不愿'照旧生活下去通常是不够的,还需'上层不能'照旧生活下去。"辛亥革命正是如此。辛亥革命是民族危机严重和社会矛盾激化的产物,是腐朽的清政府不愿意也没有能力抵御外国侵略和领导国内变革的结果。

此外,"告别革命论"真正目的不仅是否定辛亥革命,而是要否定 20 世纪中国所进行的所有的革命,包括中国共产党领导的革命。但是从改良派和革命派的论战就能看出,革命是当时人们的理性选择,是历史的必然。宣扬"告别革命论"的这些人站在回顾的立场上,拿着一个在当时就已经被淘汰的观点,来否定已经成功的革命运动,是根本站不住脚的。

而这种打着"解放思想""范式转换"的旗号,去混淆视听、歪曲历史的言论,称之为"历史虚无主义"。历史虚无主义带有强烈政治倾向和政治意图,否定所有的革命,特别是否定中国共产党领导的中国革命历史,这种观点是需要极其警惕的。

【课堂讨论】如何认识近代中国改良与革命这两种方案、两条道路?

首先,从社会历史的前进运动来看,革命和改良都是推动历史前进的动力。一个国家究竟走革命道路还是改良道路,完全是由当时的历史条件,包括社会政治状况、阶级力量状况等现实国情所决定的。

其次,革命的发生是要有条件的,不是什么人任意制造出来的。只有当社会大变革的内在条件已经足够成熟,暴力才能成为新社会诞生的助生婆。辛亥革命前,中国社会的危机已经为革命的发生创造了充分条件。

最后,在当时的中国,不存在走改良道路的现实可能性。改良一般是在现有体制中进行,其能否成功有赖于现有体制是否允许改良,在于统治者是否有改革的诚意。而当时中国清政府缺乏这样的诚意,其改革的目的不过是为了"皇位永固",革命也就成为历史的必然。

第一,条件准备。革命和改良究竟哪种好,不能抽象地论定。对革命、改良的得失,必须作实事求是的具体地分析,完全抹煞革命,一味颂扬改良,是错误的。当一个国家内部需要革命,而革命条件又完全具备,在这种情况下,鼓吹改良,就不足取,应该予以批评。就近代中国而言,无论是戊戌维新运动还是立宪运动,对中国社会发展都曾不同程度地起过积极推动作用。但他们试图以改良的方式来解决中国问题的尝试,均以失败而告终。

第二,组织准备。在资产阶级革命思想的传播过程中,资产阶级革命团体也在各地次第成立。从 1904 年开始,出现了 10 多个革命团体,其中重要的有华兴会、科学补习所、光复会等。1905 年 8 月 20 日,孙中山和黄兴、宋教仁等人在日本东京成立中国同盟会,孙中山被推选为总理。同盟会以《民报》为机关报,并确定了革命纲领。中国同盟会是近代中国第一个领导资产阶级革命的政党。

第三,军事准备。资产阶级革命派自形成之日起,就谋求以暴力手段推翻清朝的腐朽统治,并为之发动了一次又一次的起义,但是这些起义都失败了。其中影响最大的是 1911 年 4 月 27 日(农历三月二十九日)举行的广州起义。是日,黄兴率敢死队 120 余人在广州举行起义,大部在激战中牺牲。其中七十二烈士的遗骸被葬于黄花岗,故是役史称"黄花岗起义"。武昌起义前,同盟会等革命团体在全国各地组织发动了多次规模和影响力不同的起义。会党和新军是革命党人起义的依靠的主要力量。

4.武昌起义的胜利和全国各地的响应

武昌起义的导火索——四川保路运动。保路运动是在收回权利运动的基础上发展起来的。1911 年 5 月,清政府宣布"铁路干线收归国有",并与四国银行团订立粤汉、川汉铁路借款合同,借"国有"名义把铁路利权出卖给帝国主义,同时借此"劫夺"商股。这激起了湖北、湖南、广东、四川四省的保路风潮,其中以四川为最烈。1911 年 6 月 17 日,川汉铁路公司在成都成立了保路同志会,四川各州县纷纷响应。清政府对四川保路风潮十分恼火,命四川总督赵尔丰严加镇压。清政府的倒行逆施激起了人民的极大愤慨,同盟会借机因势利导,商讨组织武装起义,将保路同志会改为保路同志军。9月7日,赵尔丰枪杀数十名请愿群众,促使保路运动转向反清武装起义。成都附近的同志军率先起义,各地闻讯纷起响应。四川保路运动终于导致了全国革命风暴的到来,清政府不得不抽调大量湖北新军前往四川镇压革命运动,致使武汉空虚。

武汉素称"九省通衢",既是帝国主义在华的重要据点,又是清王朝反动统治的一个中心,因此,社会矛盾十分尖锐。而当时这里又有较好的革命基础,湖北的"文学社"和"共进会"长期在士兵中进行了扎实的工作,并把新军作为革命活动的主要对象。到武昌起义前夕,新军中已有五六千人参加了革命组织,占湖北新军的三分之一。在他们周围还聚集了无数倾向、同情革命的士兵。这就为武昌起义打下了坚实的群众基础。1911 年 10 月 10 日晚,驻武昌的新军工程第八营的革命党人打响了起义的第一枪。城内各处新军闻风而动。革命军奋不顾身,血战通宵,占领了总督衙门、藩库等重要机关,湖广总督瑞澂仓皇逃往停泊在长江的兵舰上。起义军一夜之间占领了武昌城,次日"铁血十八星"旗迎着旭日缓缓升起。"铁血十八星旗",旗面为红色,象征铁血精神;十八颗星代表当时十八个行省,以此代表全国。当红色的旗帜飘扬在武汉上空的时候,也同时预示着一个新时代的到来。

武昌起义吹响了辛亥革命的号角,打开了清王朝统治的缺口。在一个月内,就有 13 个省和上海及其他省的许多州县宣布起义,脱离清政府的统治。腐朽的清王朝迅速土崩瓦解。1912 年 2 月 12 日,清帝被迫退位。在中国延续了两千年的封建帝制终于覆灭。

在武昌起义和各省政权更迭的过程中,资产阶级革命派既表现出了革命性和勇敢精神,又暴露出了软弱性和妥协态度。在一些地方,开始是由革命派发动新军或会党举行武装起义、宣布"独立",可是当反动势力反扑时,他们却不敢发动群众保卫已经夺得的政权,致使政权落到了立宪派和旧官僚、旧军官的手里。例如湖北革命党人起义后,认为非找一个有地位人物出来主持政务不可,于是把原清军协统(旅长)黎元洪硬拉出来当都督。结果,黎元洪与立宪派结合起来把持了湖北军政府的大权。在一些省份,旧官僚和立宪派实际上改头换面地维持着旧政权。有的地方虽是革命党人掌权,但这些人很快蜕变为新军阀、新官僚。这意味着,革命是很快地发展了,但它的基础并不牢固,在它的内部和外部都潜伏着深刻的危机。

5. 创立民国和颁布《临时约法》

辛亥革命成功的最重要标志和历史价值,就是创立中华民国。

1911 年底,孙中山从海外回到上海。"独立"各省的代表在南京选举孙中山为临时大总统。1912 年 1 月 1 日,孙中山在南京宣誓就职,改国号为"中华民国",定 1912 年为民国元年,并成立中华民国临时政府。

南京临时政府是一个资产阶级共和国性质的革命政权。资产阶级革命派在这个政权中占有领导和主体的地位。除孙中山作为临时大总统拥有统治全国和统率海、陆军之权外,陆军、外交等重要部的总长和所有各部的次长全由革命党人担任。临时政府中,也吸收了一些旧官僚、立宪派。在 9 名国务部长中,同盟会员 3 名,他们是陆军总参谋长黄兴,外交部长王宠惠,教育总长蔡元培。其余 6 名国务部长中,有旧官僚 2 名,立宪派 2 名,自由派专家 2 名。在作为国家立法机关的临时参议院中,同盟会会员也占多数。南京临时政府制定的各项政策措施,集中代表和反映了中国民族资产阶级的愿望和利益,在相当程度上也符合广大中国人民的利益。

政府政策:

第一,政治方面:宣布各族人民享有选举、参政等公权;居住、言论、出版、集会、信教等私权;焚毁刑具,停止刑讯;通令保护华侨,禁止贩卖华工;

严禁买卖人口,禁止蓄奴等。

第二,经济方面:鼓励人民兴办实业,鼓励华侨在国内投资;设立实业部,各省成立实业公司,切实经营,废除清朝的一些苛捐杂税等。

第三,社会生活方面:革除历代官场"大人""老爷"等称呼;男女一律剪除发辫,禁止缠足、赌博、严禁种植和吸食鸦片等。

第四,文化教育方面:规定学堂改为学校;各科教科书,必须符合中华民国宗旨,禁用清政府颁发的教科书;一律废除小学读经科,初等小学男女同校;可以为女子设立中学和职业学校等。

1912 年 3 月,临时参议院颁布《中华民国临时约法》。这是中国历史上第一部具有资产阶级共和国宪法性质的法典。

《临时约法》规定,"中华民国之主权,属于国民全体",而"以参议院、临时大总统、国务员、法院行使其统治权"。

《临时约法》规定,增设国务总理,作为政府首脑。内阁辅佐临时大总统,为行政机关,行使行政权;增设法院,行使司法权;参议院为立法机关,行使立法权,参议院还有弹劾大总统和国务员的权利。

《临时约法》还规定,中华民国国民一律平等,享有人身、财产、集会、结社、出版、言论等自由;享有请愿、陈述、考试、选举与被选举等民主权利。

这样,《临时约法》就以根本大法的形式废除了两千年来的封建君主专制制度,确认了资产阶级共和国的政治制度。毛泽东说:"民国元年的《中华民国临时约法》,在那个时期是一个比较好的东西;当然,是不完全的、有缺点的,是资产阶级性的,但它带有革命性、民主性。"

辛亥革命的历史意义:

辛亥革命是资产阶级领导的以反对君主专制制度、建立资产阶级共和国为目的的革命,是一次比较完全意义上的资产阶级民主革命。在近代历史上,辛亥革命是中国人民为救亡图存、振兴中华而奋起革命的一个里程碑,它使中国发生了历史性巨变,具有伟大的历史意义。

第一,辛亥革命推翻了封建势力的政治代表、帝国主义在中国的代理人——清王朝的统治,沉重打击了中外反动势力,使中国反动统治者在政治上乱了阵脚。从此以后,帝国主义和封建势力在中国再也不能建立起比较稳定的统治,从而为中国人民斗争的发展开辟了道路。

第二,辛亥革命结束了中国两千多年的封建君主专制制度,建立了中国历史上第一个资产阶级共和政府,使民主共和的观念开始深入人心,并在中国形成了"敢有帝制自为者,天下共击之"的民主主义观念。正因为如此,当袁世凯、张勋先后复辟帝制时,均受到了社会舆论的强烈谴责和人民群众的坚决反抗。

第三,辛亥革命推动了中国人民的思想解放,激发了人民的爱国热情和民族觉醒,打开了禁锢思想进步的闸门。自古以来,皇帝被看成至高无上、神圣不可侵犯的绝对权威,如今连皇帝都可以被打倒,那么还有什么陈腐的东西不可以被怀疑、不可以被抛弃?

第四,辛亥革命推动了中国社会的变革,促使中国的社会经济、思想习惯和社会风俗等方面发生了新的积极变化。时人将辛亥革命带来的变化概括为:"共和政体成,专制政体灭;中华民国成,清朝灭;总统成,皇帝灭;新内阁成,旧内阁灭;枪炮兴,弓矢灭;新礼服兴,翎顶补服灭;剪发兴,辫子灭;盘云髻兴,堕马髻灭;爱国帽兴,瓜皮帽灭;爱华兜兴,女兜灭;天足兴,纤足灭;放足鞋兴,菱鞋灭;阳历兴,阴历灭;鞠躬礼兴,拜跪礼灭;卡片兴,大名刺灭;马路兴,城垣卷栅灭;律师兴,讼师灭;枪毙兴,斩绞灭;舞台名词兴,茶园名词灭;旅馆名词兴,客栈名词灭。"①

第五,辛亥革命不仅在一定程度上打击了帝国主义的侵略势力,而且推

① 吴冰心:《新陈代谢》,《时报》,1912 年 3 月 5 日。

动了亚洲各国民族解放运动的高涨。列宁指出："中国人民的革命斗争具有世界意义，因为它将给亚洲带来解放并将破坏欧洲资产阶级的统治。"

（三）共和政体的病变与辛亥革命的失败

1. 革命党人交出政权的无奈和抗争的失败

南京临时政府成立后，革命党人掌权和放权同时进行。武昌起义的胜利，引起帝国主义的震惊和仇视。全国革命形势的发展，又使帝国主义感到"恢复旧观，断无可望"，只得在所谓"中立"的幌子下寻求和扶植新的代理人。革命党人受到来自各个方面的压力，被迫交权给袁世凯。孙中山曾提出限制袁世凯专权的设都南京、新总统南京就职、遵守《临时约法》三个条件，但均被袁世凯破坏。1912 年 3 月 10 日，袁世凯在北京正式宣誓就任中华民国临时大总统。南京临时政府只存在了 3 个月便夭折了。辛亥革命以同旧势力妥协而告终。"无数头颅无数血，可怜购得假共和！"代表大地主和买办资产阶级利益的北洋军阀反动政权建立起来，进行了长达 16 年的统治。

2. 政党政治遭强权政治的镇压

辛亥革命失败后，中国资产阶级革命派内部也发生了分化。许多革命党人以为，推翻封建帝制、建成共和政体，革命大功告成，从而丧失了革命意志。他们中有的人热衷于追逐个人的官职和利禄，甚至投靠军阀，迅速蜕化为新的官僚、政客。有的人埋头经营实业，为自身牟取经济利益。有的人热心于搞议会政治和政党内阁。在没有认清袁世凯真实面目的情况下，以宋教仁为代表的一部分同盟会领导人，主张建立"议会政治"和"政党内阁"，分取袁世凯的权力。民国初年曾出现政党政治勃兴的现象，大小政治类团体一时竟有三百多个。革命党人交出政权后，希望通过政党政治来抵制袁世凯的强权专制参与民国的治理，但袁世凯依靠北洋军的军事压力和特务警察的恐怖手段维护其统治权威，通过各种手段，包括收买政党、暗杀宋教仁、镇压"二次革命"等，使政党政治的迅速破产，辛亥革命的失败开始明晰化。

孙中山等革命党人成了袁世凯的通缉要犯,被迫再度流亡海外。

3.袁世凯篡夺辛亥革命成果

北洋军阀政府从政治上、经济上和文化思想上对辛亥革命进行了全面的反攻倒算。中国重新落入了黑暗的深渊。

第一,破坏责任内阁制。处处设障,让责任内阁根本无法行使权利。

第二,破坏国会。国会是中华民国民主政治的象征,是三权分立负责立法的载体。袁世凯先利用国会选举他为正式大总统。之后,当上总统的袁世凯又反过来攻击国会是"暴民专制",妨碍国家统一,于1913年11月下令解散国民党,收缴国民党议员的国会证书、徽章,使国会不足法定人数,无法开会。1914年1月,袁世凯又通过遣散议员和迫使内阁总理辞职等方式,使国会无法开会。辛亥革命所移植的西方的政治成果——国会失去了应有的意义,被袁世凯毁掉了。

第三,帝制自为。袁世凯及亲信煽动国内外舆论,盗用民意,进行"国体投票",并改中华民国为中华帝国,定年号为"洪宪"。1915年5月,为了让日本支持复辟帝制,袁世凯竟然基本接受日本提出的严重损害中国权益的"二十一条"要求。帝制复辟活动遭到举国反对,1915年12月25日,即袁世凯准备"登极"前一周,蔡锷等在云南组织护国军,宣布独立,很快形成席卷半个中国的护国运动。孙中山和中华革命党也开展了反对袁世凯复辟帝制的斗争。袁世凯从1月1日到3月23日只当了83天皇帝就被迫取消帝制。袁世凯不久忧惧而死。由帝国主义支持的军阀各派系,在袁世凯死后形成了割据混战的局面。北洋军阀分裂为以段祺瑞为首的皖系和以冯国璋为首的直系。段祺瑞得到日本的支持,握有中央大权。冯国璋以英美为后台。奉天张作霖为首的奉系控制东北三省,得到日本的扶植,成为皖、直两系以外的一支举足轻重的势力。在北京政府内部,段祺瑞独断专行,排斥总统黎元洪。1917年,黎、段矛盾围绕着对德参战问题而激化,爆发"府院之争"。

前清官僚张勋趁机上演了一出复辟丑剧。1917 年 6 月,张勋率"辫子军"北上,拥废帝溥仪复辟。这一次复辟仅 12 天就在全国人民的声讨中破产了。

帝制复辟的出现说明,辛亥革命虽然建立了民国,但并没有扫清封建专制政治的统治基础,形形色色的旧式人物,诸如旧军阀、旧官僚和王公贵族、封建遗老们构成了封建复辟的社会基础。但是,复辟的短暂和失败也表明,主导历史前进的,是人民的心理和向背,民主共和的观念已经深入人心,人民是不允许历史再走回头路的。

尽管以孙中山为代表的资产阶级革命派继续奋斗,组建"中华革命党",发起"护国战争",使"洪宪帝制"三个月即走向末路,但统一的、民主共和的中华民国无论在形式上还是在内涵上,已然不复存在。段祺瑞掌握北洋政府,变本加厉地推行独裁卖国的反动统治,拒绝恢复《临时约法》和国会。在这种局面下,孙中山举起了"护法"的旗帜。但"护法"的口号在群众中缺少号召力。由于孙中山既没有足够的实力,也不掌握军队,遂不得不依靠与皖系军阀有矛盾的西南军阀。而西南军阀则企图利用孙中山的声望对抗北洋军阀,扩大自己的实力。1917 年 9 月,在广州成立以孙中山为大元帅的护法军政府,并出师北伐。不久,西南军阀与直系军阀,擅自实行停战,并且排挤孙中山,改组军政府。1918 年 5 月 21 日,孙中山愤然离开广州去上海。护法运动的失败,使他认识到"南与北如一丘之貉",想依靠南方军阀来反对北洋军阀,是行不通的。

孙中山并没有找到中国的真正出路。中国民族资产阶级领导的旧民主主义革命已经陷入绝境,中国民族资产阶级再也不能领导中国革命前进了。

在北洋军阀统治时期,民主共和制度一步步地被破坏,辛亥革命胜利果实被篡夺,革命派建设一个独立、民主的资产阶级共和国的理想彻底破灭。中国重新陷入黑暗的深渊。

（四）辛亥革命失败的原因

毛泽东指出,辛亥革命"有它胜利的地方,也有它失败的地方。你们看,辛亥革命把皇帝赶跑,这不是胜利了吗？说它失败,是说辛亥革命只把一个皇帝赶跑,中国仍旧在帝国主义和封建主义的压迫之下,反帝反封建的革命任务并没有完成"①。

【课堂提问】辛亥革命失败的原因有哪些？

辛亥革命的失败,从客观上说,是因其发生于帝国主义时代,而帝国主义决不容许中国建立一个独立、富强的资产阶级共和国,从而使自己失去中国这个占世界人口1/4的剥削、奴役的对象。因此,它们用政治、外交、军事、经济、财政等各种手段来破坏、干涉中国革命,扶植并支持它们的代理人袁世凯夺取政权。帝国主义与以袁世凯为代表的大地主大买办势力以及旧官僚、立宪派一齐勾结起来,从外部和内部绞杀了这场革命。

从主观方面来说,这场革命失败的根本原因,在于它的领导者资产阶级革命派本身存在着许多弱点和错误。主要是：

第一,没有提出彻底的反帝反封建的革命纲领。他们没有明确提出反帝的口号,甚至幻想以妥协退让来换取帝国主义对中国革命的承认和支持。他们只强调反满和建立共和政体,并没有认识到必须反对整个封建统治阶级,致使一些汉族旧官僚、旧军官也混入革命的营垒。受当时政治局势的左右和妥协退让思想的支配,革命党人最后甚至还把政权拱手让给了袁世凯。后来,孙中山在回顾辛亥革命的历程并总结有关教训时说过："曾几何时,已为情势所迫,不得已而与反革命的专制阶级谋妥协。此种妥协,实间接与帝国主义相调和。遂为革命第一次失败之根源。""夫袁世凯者,北洋军阀之首领,时与列强相勾结,一切反革命的专制阶级如武人官僚辈,皆依附之以求

---

① 毛泽东:《青年运动的方向》,《毛泽东选集》(第二卷),人民出版社,1991年,第564页。

生存;而革命党人乃以政权让渡于彼,其致失败,又何待言!"①

第二,不能充分发动和依靠人民群众。由于中国民族资产阶级同封建势力有千丝万缕的联系,因而不敢依靠反封建的主力军农民群众。在革命的过程中,资产阶级革命派虽然也曾经联合新军和会党,从而在一定程度上动员了群众的力量,但在清政府被推翻之后,他们便把群众抛弃了。正因为中国民主革命的主力军农民没有被动员起来,这个革命的根基就显得相当单薄。

第三,不能建立坚强的革命政党,作为团结一切革命力量的强有力的核心。同盟会内部的组织比较松懈,派系纷杂,缺乏一个统一和稳定的领导核心。甚至有人主张"革命军起,革命党消"。有的还另建党派,自立山头。孙中山指出,辛亥革命之所以失败,"非袁氏兵力之强,乃同党人心之涣散"。

资产阶级革命派的这些弱点、错误,根源于中国民族资产阶级的软弱性和妥协性。正因为如此,辛亥革命仅仅赶跑了一个皇帝,却没有能够改变封建主义和军阀官僚政治的统治基础,无法完成反帝反封建的根本任务。

就历史发展的趋势来看,辛亥革命是中国历史上一个重要的分水岭:它一方面结束了中国的传统社会,另一方面开辟了中国历史的新纪元。随着时间的推移,辛亥革命在后一个方面的意义也越来越突出。但是辛亥革命在中国历史上毕竟是前无古人的伟大事业,没有成果和经验可以凭借,所以其客观效果与主观意图每每严重背离,而客观效果的不佳又给 20 世纪的中国投下了许多阴影。所以人们有理由怀疑,资产阶级的共和革命是否符合中国国情? 资产阶级的民主政治在中国是否有其发展前途? 辛亥革命失败的结果表明:资产阶级共和国的方案没有能够救中国,先进的中国人需要进

---

① 孙中山:《中国国民党第一次全国代表大会宣言》,张磊主编:《孙中山文萃》(下),广东人民出版社,2009 年,第 639 页。

行新的探索,为中国谋求新的出路。中国资产阶级民主革命,已判定不能经过资产阶级的领导,而必须经过无产阶级的领导,才能完成。

"辛亥革命以民国取代帝国,诚然来得过于急骤,无论从思想上还是政治上、组织上都缺乏充分的准备,但却是合乎世界政治现代化运动的主流和方向的。"①辛亥革命推翻了延续两千多年的封建帝制,建立了近代民主共和制度,使民主主义成为正统,而帝王由天子、君父变成了人民公敌。正如梁启超所说:"任凭你像尧、舜那么贤胜,像秦始皇、明太祖那样强暴,像曹操、司马懿那样狡猾,再要想做中国皇帝,乃永远没有人答应。"②这是中国政治现代化进程中的一个质的飞跃。

以孙中山为代表的中国民主革命的先驱者的业绩和不屈不挠的奋斗精神,也永远是中国近代革命史上光辉的一页。经过辛亥革命,民主共和的思想从此流传广远,人们对革命的继续追求绵延不绝。"早期的共产党人在思想上几乎都受过辛亥革命风暴的洗礼和激励,成为他们投身中国近代民族民主革命的起点。随后,又从辛亥革命的失败中接受了教训,看到它存在的严重弱点,认识到在中国的历史条件下建立资产阶级共和国是不可能的,必须寻找新的救国救民的道路,继续向前走。"③

1956 年 11 月 12 日,中共中央主席毛泽东为纪念孙中山诞辰九十周年而写的《纪念孙中山先生》一文之中,称孙中山是"伟大的革命先行者",这句话至今一直是中国共产党对孙中山的正式结论。毛泽东说:"现代中国人,除了一小撮反动分子之外,都是孙先生革命事业的继承者。"习近平总书记《在纪念孙中山先生诞辰 150 周年大会上的讲话》(2016 年 11 月 11 日)中指

---

① 左玉河:《辛亥革命的成功与失败》,《红旗文稿》,2011 年第 6 期。

② 梁启超:《五十年中国进化概论》,刘东、翟奎凤选编:《梁启超文存》,江苏人民出版社,2012 年,第 253 页。

③ 金冲及:《辛亥革命研究》,上海辞书出版社,2011 年,第 198 页。

出："中国共产党人是孙中山先生革命事业最坚定的支持者、最忠诚的合作者、最忠实的继承者。"

【课堂小结】

辛亥革命是近代中国比较完全意义上的民族民主革命。它在政治上、思想上给中国人民带来了不可低估的解放作用。辛亥革命开创了完全意义上的近代民族民主革命，推翻了统治中国几千年的君主专制制度，建立起共和政体。传播了民主共和理念，极大地推动了中华民族思想解放，以巨大的震撼力和影响力推动了中国社会变革。辛亥革命曾经的成功，昭示着中国社会的挣脱封建统治，迈向现代化的历史走向；而辛亥革命的失败，也预示着，中国革命必须有新的阶级、新的政党领导，必须有新的理论引领，开始新的征程。

【思考题】

1.革命派在与改良派论战中是如何论述革命的必要性、正义性、进步性的？

2.为什么说孙中山领导的辛亥革命引起了近代中国的历史性巨大变化？

3.辛亥革命为什么会失败？它的失败说明了什么？

三、板书设计

专题四　为什么说辛亥革命既成功了又失败了？

一、为什么说辛亥革命是成功的？

1.结束了封建君主专制制度,建立了中国历史上第一个资产阶级共和政府

2.打击了中外反动势力　3.推动了中国人民的思想解放

4.推动了中国的社会变革　5.推动了亚洲各国民族解放运动的高涨

二、为什么说辛亥革命失败了？

1.失败的表现:革命成果被窃取,封建军阀专制统治形成

2.失败的原因:(1)根本原因:资本主义建国方案在中国行不通

(2)主观原因:没有彻底的反帝反封建的革命纲领

不能充分发动和依靠人民群众;不能建立坚强的革命政党

四、学生阅读书目推荐

1.【经典文献】

(1)列宁:《亚洲的觉醒》,《列宁选集》(第二卷),人民出版社,1995年。

(2)毛泽东:《纪念孙中山先生》,《毛泽东文集》(第七卷),人民出版社,1999年。

(3)习近平:《在纪念孙中山先生诞辰150周年大会上的讲话》,2016年11月11日。

2.【延伸阅读】

(1)张海鹏:《"告别革命"说错在哪里?》,《当代中国史研究》,1996年第6期。

3.【相关视频】

(1)《复兴之路》第一集 千年局变

五、习近平总书记相关论述

1.历史不会忘记,100多年前,中国民主革命的伟大先行者孙中山先生,以当时留日中国学生等为骨干组建中国同盟会,毅然发动和领导辛亥革命,推翻了统治中国几千年的君主专制制度,打开了中国进步的闸门,点燃了振兴中华的希望。

——习近平:《欧美同学会成立100周年庆祝大会上的讲话》(2013年10月21日)

2.1911年,孙中山先生领导的辛亥革命,推翻了统治中国几千年的君主专制制度。旧的制度推翻了,中国向何处去? 中国人苦苦寻找适合中国国情的道路。君主立宪制、复辟帝制、议会制、多党制、总统制都想过了、试过了,结果都行不通。最后,中国选择了社会主义道路。

——习近平:《布鲁日欧洲学院的演讲》(2014年4月1日)

3.辛亥革命之前,太平天国运动、洋务运动、戊戌变法、义和团运动、清末新政等都未能取得成功。辛亥革命之后,中国尝试过君主立宪制、帝制复辟、议会制、多党制、总统制等各种形式,各种政治势力及其代表人物纷纷登场,都没能找到正确答案,中国依然是山河破碎、积贫积弱,列强依然在中国横行霸道、攫取利益,中国人民依然生活在苦难和屈辱之中。

事实证明,不触动旧的社会根基的自强运动,各种名目的改良主义,旧式农民战争,资产阶级革命派领导的民主主义革命,照搬西方政治制度模式的各种方案,都不能完成中华民族救亡图存和反帝反封建的历史任务,都不能让中国的政局和社会稳定下来,也都谈不上为中国实现国家富强、人民幸福提供制度保障。

——习近平:《庆祝全国人民代表大会成立 60 周年大会上的讲话》（2014 年 9 月 5 日）

4. 孙中山先生是伟大的民族英雄、伟大的爱国主义者、中国民主革命的伟大先驱，一生以革命为己任，立志救国救民，为中华民族作出了彪炳史册的贡献。

中国共产党人是孙中山先生革命事业最坚定的支持者、最忠诚的合作者、最忠实的继承者。在他生前，中国共产党人坚定支持孙中山先生的事业。在他身后，中国共产党人忠实继承孙中山先生的遗志，团结带领全国各族人民英勇奋斗、继续前进，付出巨大牺牲，完成了孙中山先生的未竟事业，取得新民主主义革命胜利，建立了人民当家作主的中华人民共和国，实现了民族独立、人民解放。在这个基础上，中国共产党人团结带领中国人民继续奋斗，完成了社会主义革命，确立了社会主义制度。

——习近平:《纪念孙中山先生诞辰 150 周年大会上的讲话》（2016 年 11 月 11 日）

专题五 / 中国的先进分子高举起马克思主义的旗帜

十月革命一声炮响，给我们送来了马克思列宁主义。以李大钊等为代表的中国先进知识分子，从俄国十月革命的胜利中领悟到了马克思主义的真理性和人民性，开始接受马克思主义，并热情地歌颂和宣传马克思主义。在李大钊等一批先进知识分子的努力下，马克思主义在中国得到了广泛的传播，并最终促成了中国共产党的诞生。

一、教学说明

本专题对应教材第四章。本专题共包括三个问题，介绍十月革命推动中国的先进分子从资产阶级民主主义转向社会主义、中国早期信仰马克思主义的群体的类型以及早期马克思主义思想运动的特点、中国先进分子选择马克思主义的历史必然性。中国先进分子选择和接受马克思主义，深受俄国十月革命的影响。十月革命如何推动了中国先进分子去关注、研究马克思主义，这是本章节教学的逻辑起点。五四运动是中国新民主主义革命的开端，推动马克思主义与中国工人运动相结合。五四运动以后，社会主义思潮在中国蓬勃兴起，马克思主义开始在知识界中得到传播，在马克思主义传播过程中，中国先进分子逐步划清了资产阶级民主主义和无产阶级社会主义、科学社会主义和其他社会主义流派的界限,走上了马克思主义的道路。

1. 教学目标

(1)知识目标

通过学习,让大学生了解20世纪一二十年代,中国先进分子怎样在比较中选择了马克思主义,深刻认识历史和人民选择马克思主义的必然性,进一步增强接受马克思主义指导的自觉性。

(2)能力与素质目标

使大学生正确认识马克思主义在中国大地的传播过程,通过比较分析,懂得历史和人民为什么选择马克思主义,深刻认识马克思主义的科学性和真理性,坚定当代大学生的马克思主义信仰。

2. 教学重点和难点

(1)教学重点

中国先进分子选择马克思主义的历史必然性。

(2)教学难点

中国的先进分子如何在反复比较中从资产阶级民主主义转向社会主义。

3. 教学方法

综合运用理论教授法、案例教学法、翻转课堂及智慧教学工具。

4. 学时安排

2学时。

5. 参考资料及教学资源

①《"中国近现代史纲要"专题教学指南》(2018年版·试行)。

②朱志敏:《马克思主义中国化的理论与实践》,北京师范大学出版社,2010年。

二、教学内容设计

【课程导入】

梁启超先生说："信仰是神圣的,信仰在一个人为一个人的元气,在一个社会为一个社会的元气。"他认为,当时中国社会最大的病根是没有信仰,因而改革"最要紧的是确立信仰"。近代以来,中华民族面临两大历史任务,一个是求得民族独立和人民解放;一个是实现国家富强和人民富裕。哪种理论能够对这两个历史课题做出正确回答,它就会成为中国人民的信仰;哪条道路能够引导中国人民完成这两大任务,它就能够成为中国人民的历史选择;哪种政治力量能够带领人民实现这两大任务,它就能够成为掌握中国历史发展前进方向的领导力量。中国选择了马克思主义信仰是历史的选择、人民的选择。近代中国先进知识分子选择马克思主义有其深刻的历史逻辑、理论逻辑和现实逻辑。旧民主主义革命的失败为选择马克思主义提供了重要的历史教训和因由,近代中国思想启蒙运动的发展为选择马克思主义提供了深厚的思想基础,十月革命的胜利为先进知识分子选择马克思主义提供了重要的历史契机,五四时期工人阶级的成长壮大为先进知识分子选择马克思主义提供了坚实的阶级力量,中国传统文化与马克思主义的契合,成为了他们自觉接受马克思主义的文化根源,而马克思主义本身的科学性、人民性、实践性和开放性是中国先进知识分子最终选择马克思主义的根本动因。

【课程讲授】

(一)十月革命推动中国的先进分子从资产阶级民主主义转向社会主义。

在第一次世界大战期间,随着中国资本主义的发展,工人阶级进一步成长壮大起来,传播马克思主义的阶级基础初步具备了。而1917年在俄国爆发的十月社会主义革命,则直接推动中国的先进分子把自己的目光从西方转向了东方,从资本主义转向了社会主义。

中国的先进分子走上马克思主义指引的道路,是他们经过长期的、艰苦的探索之后所作出的选择。马克思主义学说在19世纪40年代创立以后,在长时间里,其影响主要限于欧洲。十月革命前,人们对马克思和马克思主义的了解是一种碎片化的状态,对马克思主义的传播也是一种零星式介绍。当时的资产阶级改良派和革命派都曾参与到对马克思主义的介绍中来,甚至于孙中山也对社会主义思想心有向之。对于当时的这一现状,毛泽东1945年5月在党的七大结论讲话中曾经做过如此的评价:"以前有人如梁启超、朱执信,也曾提过一下马克思主义。……朱执信是国民党员,这样看来,讲马克思主义倒还是国民党在先。不过以前在中国并没有人真正知道马克思主义的共产主义。十月革命一声炮响,比飞机飞得还快。……因为它走得这样快,所以一九一九年中国人民的精神面貌就不同了,五四运动以后,很快就晓得了打倒帝国主义、打倒封建势力的口号。"①

十月革命是一个具有划时代意义的世界性的历史事件。十月革命之所以能够推动中国先进分子的思想方向发生根本性的转变,主要有以下几方面原因:

首先,十月革命发生在其国情与中国相同或近似的俄国,因而对中国的先进分子具有特殊的吸引力。

其次,十月革命诞生的社会主义俄国号召反对帝国主义,并以新的平等的态度对待中国,引起人们很大的震动,有力地推动了社会主义思想在中国的传播,一些人由此产生了对于社会主义的向往。

---

① 《毛泽东文集》(第三卷),人民出版社,1996年,第290页。

最后，十月革命中俄国人民群众的广泛发动并由此赢得胜利的事实，给予中国的先进分子以新的革命方法的启示，使他们认识到，无产阶级和其他劳动群众一旦觉醒起来、组织起来，完全可以依靠自身的力量创造出维护绝大多数人利益的崭新的社会制度，这也推动他们去研究十月革命所遵循的主义。

十月革命后，苏俄政府出于世界革命的目的，开始有意识地、系统地向落后东方国家传播马克思主义。十月革命逐渐赢得了中国民众的广泛好感，并且诱导着中国的先进人物尤其是知识分子去了解、学习和研究马克思主义。正如蔡元培所说，"俄国广义派政府成立以后，介绍马克思学说的人多起来了"①。

于是，在中国出现了第一批共产主义知识分子。正是这些知识分子肩负起了学习、研究、传播、宣传和实践马克思主义的重任。李大钊、陈独秀先后在《新青年》《每周评论》等杂志上撰文介绍、研究、宣传马克思主义。在他们的倡导下，涌现出了毛泽东、蔡和森、周恩来、马骏、恽代英、林育南等一批马克思主义者，他们在各地通过各种方式传播马克思主义，在北京、长沙、天津、湖北等地出现了马克思主义研究会、新民学会、觉悟社、互助社、利群书社和共存社等一批进步社团。他们越是学习和研究马克思主义，越是相信马克思主义的正确性，越是认为中国应当走十月革命开辟的道路。

【课堂讨论】为什么十月革命后中国先进知识分子在多种理论思潮的比较、筛选中接受并选择了马克思主义？

1. 审视资本主义的新视角

中国先进分子对西方资本主义的方案产生了怀疑。从社会思潮方面看，十月革命以前，中国先进分子大多对西方资本主义方案充满渴望，但是，

---

① 林代昭、潘国华：《马克思主义在中国》(下册)，清华大学出版社，1983 年，第 99 页。

第一次世界大战以极端的形式进一步暴露了现实资本主义的严重危机,暴露了资本主义制度本身固有的矛盾。看到战后欧洲的满目疮痍和西方物质文明的堕落,科学的进步非但不能制止大战,反而加剧了战争的残酷性和危害性,许多中国人,特别是"放眼看世界"的知识分子,转而对资本主义文明深感失望、惶惑和愤慨,"西方资产阶级的文明,资产阶级的民主主义,资产阶级共和国的方案,在中国人民的心目中,一齐破了产"①。由于中国的先进分子对西方资本主义方案产生了避害意识,因此就用新的视角来审视过去向往的资本主义。

2.学习方向的新视角

即从"西学东渐"转向"以俄为师"。鸦片战争以后,中国人学习的方向一直是西方,但始终没能改变中华民族在风雨中飘摇的命运。"那时,求进步的中国人,只要是西方的新道理,什么书也看。向日本、英国、美国、法国、德国派遣留学生之多,达到了惊人的程度。国内废科举,兴学校,好像雨后春笋,努力学习西方。""帝国主义的侵略打破了中国人学西方的迷梦。很奇怪,为什么先生老是侵略学生呢? 中国人向西方学得很不少,但是行不通,理想总是不能实现。多次奋斗,包括辛亥革命那样全国规模的运动,都失败了。国家的情况一天一天坏,环境迫使人们活不下去。怀疑产生了,增长了,发展了。""就是这样,西方资产阶级的文明,资产阶级的民主主义,资产阶级共和国的方案,在中国人民的心目中,一齐破了产。"②这就为中国人选择马克思主义提供了现实的土壤。

3.解决中国问题的新视角

十月革命之前,中国学习资本主义走进了死胡同。正当中国人民在苦

---

① 《毛泽东选集》(第四卷),人民出版社,1991 年,第 1471 页。
② 《毛泽东选集》(第四卷),人民出版社,1991 年,第 1469、1470、1471 页。

闷中摸索,在黑暗里苦斗的时候,十月革命爆发了,左右碰壁的中国知识分子,蓦然发现,原来这种高于资本主义文明的"第三种文明",就是马克思主义。这使陷于彷徨和苦闷之中的中国先进分子看到了民族解放的新希望。俄国十月革命,就给中国树立了一个社会主义由理论转化为实践、由理想转化为现实的可操作的榜样。时隔30年后,在1949年6月30日革命胜利前夕,毛泽东在《论人民民主专政》中再次重申新民主主义革命的胜利,是十月革命的胜利,是马克思主义的胜利。他讲道:"中国人找到马克思主义,是经过俄国人介绍的。在十月革命以前,中国人不但不知道列宁、斯大林,也不知道马克思、恩格斯。十月革命一声炮响,给我们送来了马克思列宁主义。十月革命帮助了全世界的也帮助了中国的先进分子,用无产阶级的宇宙观作为观察国家命运的工具,重新考虑自己的问题。走俄国人的路——这就是结论。"[1]可见,在第一代中国共产党人心中,新民主主义革命胜利恰恰是十月革命道路胜利的继续。

4.进行革命方法的新视角

十月革命给中国的先进分子以新的革命方法的启示,即组织民众,采取暴力革命,实行无产阶级专政。十月革命促使先进的中国人开始创建中国的马克思主义政党。列宁领导的布尔什维克始终坚持一种"世界革命"的眼光。1919年3月4日,共产国际在莫斯科成立,30个国家的共产党或左派社会团体的代表出席了大会。共产国际的宗旨就是要指导其他国家尤其是亚非拉殖民地半殖民地国家开展社会主义运动。也正是在这种目的的指引下,苏俄政府在建立伊始便通过多种方式向中国输出革命,直接推动了中国马克思主义组织的建立。共产国际通过其下属机构推动中国共产主义小组的建立,共产国际代表维经斯基的来华加快了这一进程。到1921年6月,全

---

[1]　《毛泽东选集》(第四卷),人民出版社,1991年,第1470～1471页。

国共建立了 8 个中国共产党小组。在此基础上,维经斯基和李大钊、陈独秀多次讨论中共建党问题,与共产国际代表马林一起帮助筹划和推动召开了中共的一大,在中国共产党创立过程中发挥了独特的作用。

(二)中国早期信仰马克思主义群体的类型以及早期马克思主义思想运动的特点

1. 中国早期信仰马克思主义群体的类型

中国早期信仰马克思主义群体的类型主要有三种:一是五四运动以前的新文化运动的精神领袖,其代表人物除李大钊以外,就是陈独秀;二是五四运动的左翼骨干,其代表人物为毛泽东、周恩来等;三是一部分原中国同盟会会员、辛亥革命时期的活动家,其代表人物如董必武等。这三类人中,李大钊和陈独秀是擎旗人。作为中国共产主义运动的先驱,李大钊最早在中国传播马克思主义,为中国共产党的建立准备了思想条件。他初步运用马克思主义,正确说明中国社会和中国革命面临的基本问题,指明帝国主义是中国革命的主要敌人、无产阶级是中国革命的先锋、农民群众是伟大的革命力量、中国社会问题要"根本解决"以及指出了中国革命发展的社会主义前途。李大钊"铁肩担道义、妙手著文章"的革命精神及其丰富的思想理论著述和斗争实践,体现了十月革命对中国深刻影响和导向作用的历史轨迹。

五四青年运动的左翼骨干是信仰马克思主义的主体部分,他们的杰出代表就包括青年周恩来。

【案例】青年周恩来共产主义信仰的确立

五四运动前,周恩来在留学日本时,已经初步接触了马克思主义。五四运动爆发时,他是天津学生运动的积极分子。1920 年 1 月 29 日,天津各校五六千人奔赴直隶省公署请愿,遭到军警的阻拦和镇压,周恩来等被捕囚禁。在被羁押的半年时间里,他重新思考了许多问题,如他在一封信中所说,理想信念的"思想是颤动于狱中"的。出狱后,他即赴欧洲勤工俭学,经过实地考察，最终确立了马克思主义的信仰，并成为中国共产党的早期党员。

镜头一："一种爱国热忱，似已达于沸点"

周恩来12岁那年，伯父把他接到沈阳读书。老师很开明，常给他们讲述时事，讲述民族英雄的故事，他正是从此养成天天读报的习惯。当时的《盛京日报》，周恩来几乎每天必读。一次，老师问学生们：读书为的是什么？有的回答是为了帮助家里记账，有的又说是为了将来个人的前途，他却脱口而出："为了中华之崛起！"

1913年8月，抱着寻求新知和真知的渴望，周恩来开始负笈求学天津南开中学。面对"国破山河在，城春草木深"的严酷现实，他呼吁同学们"鼓其斩钉截铁之精神，奋其破釜沉舟之勇气"，为拯救国家、振兴民族而学习。资产阶级民主派办的《民权报》《民主报》和《大公报》，还有西方启蒙思想家卢梭的《民约论》、孟德斯鸠的《法意》、赫胥黎的《天演论》等，这些带有鲜明资产阶级民主革命色彩和进步思想的报刊书籍对青年周恩来接受资产阶级民主主义革命新思想，产生了直接影响，使他逐步成长为一名革命民主主义者。面对袁世凯的投敌卖国和日本亡我中华的狼子野心，他发动和建立了爱国进步学生组成的"敬业乐群会"，在作文中周恩来大声疾呼"一种爱国热忱，似已达于沸点"。

中学时代的周恩来，是一个富有革命激情的民主主义者，他怀揣救亡图存的志向，积极投入革命的洪流之中，初步培育了科学和民主精神，认识到群众力量的伟大，这些都为周恩来后来接受马克思主义，由信仰资产阶级民主主义转变为信仰马克思主义奠定了良好的基础。

镜头二："二十年华识真理，于今虽晚尚未迟"

1917年9月，周恩来由天津乘轮船赴日本，并赋诗一首："大江歌罢掉头东，邃密群科济世穷。面壁十年图破壁，难酬蹈海亦英雄。"诗意豪迈遒劲，表明东渡日本留学,研习各种学问是为了"济世"救国,十年苦读为的是成就救国救民的大业,这是他的理想和誓言。

在日本,周恩来一如往常地关心时政,关心民族的存亡兴衰。他每天看报都要细心研究日本国情,从而发现,日本军国主义是"有强权无公理"的制度,对外侵略扩张,弱肉强食,欺凌霸道。他由此感悟:"我从前所想'军国''贤人政治'这两种主义可以救中国,现在想想实在是大错了。"

正当感到迷茫之际"一线阳光穿云出",十月革命的胜利使马克思主义和各种社会思潮如潮水般涌入日本。此时,周恩来热切地拜读了河上肇教授著述的《贫乏物语》和主编的《社会问题研究》等,开始倾向于马克思主义真理,一种信仰马克思主义和社会主义的革命意识,在他的思想上孕育和发展,在由革命民主主义者向马克思主义者的转变中,迈出了第一步。当时的中国国内,尚没有一本完整的马恩列著作的完整译文,列宁的作品甚至一篇也没有。对于不懂英文和日文的中国人来说,要想接触马恩列,语言的困难就是最大的障碍。他已能直接阅读英、日文著作,比较起国内同年龄段的年轻的知识分子,他无疑更早更多地接触到了马克思主义。他在日记中写道:"二十年华识真理,于今虽晚尚未迟。"

镜头三:"思想是颤动于狱中"

五四运动时,周恩来积极参加天津爱国组织觉悟社的工作,成为天津五四学生运动的骨干。1920年1月,因为抗议学生联合会查封,负责指挥运动的周恩来被捕。囚禁之中,周恩来给同学们讲了世界工业革命史,然后又分5次作了马克思主义学说的讲演。据当时编写的《检厅日录》记载,讲演的内容有唯物史观、阶级斗争史、剩余劳动、剩余价值等。这些知识来自他在日本的学习和研究。为了进一步探求革命真理,找到一条正确的前进道路,出狱后周恩来决定赴欧勤工俭学。旅欧期间,是周恩来科学信仰得以确立的关键期。来到欧洲后,他开始潜心研读马克思主义,周恩来比较系统地阅读了英文版《共产党宣言》《社会主义从空想到科学的发展》《国家与革命》等。

在经历了五四运动和英、法国的实地考察，在对各种主义和思潮进行推求和比较后，他终于接受阶级斗争和无产阶级专政的理论，确立了共产主义的信仰。1922年3月，他在给觉悟社朋友的信中说："我认清Communism确比你们晚，一来因为天性富于调和性，二来我求真的心又极盛，所以直迟到去年秋后才定妥了我的目标。"

在留学期间，他非常注重社会调查研究工作，尤其是注意调查那里工人运动的发展和动向，同时他与蔡和森、赵世炎等人发动了几次大的请愿斗争，以争取生存权和求学权，在斗争中，周恩来充分运用马克思主义的阶级斗争理论，将原则的坚定性与策略的灵活性巧妙地结合起来，开展有理有节有据的斗争。除此之外，他还创建了党团组织，用马克思主义科学理论教育和武装党员、团员，特别重视引导他们参加当地的实际斗争，宣传马克思主义的革命思想。

总而言之，青年时代的周恩来经过艰辛的学习、艰难的斗争、艰苦的探索，实现了思想上质的飞跃，真正成长为一名坚定的马克思主义信仰者，正如他入党誓词所说的："我信仰的主义一定是不变了，并且很坚决的要为它宣传奔走。"周恩来的这个决定，绝不是轻易做出的，他在日本时就接触到马克思主义，以后经过五四运动风暴的洗礼和半年狱中的沉思，又到欧洲进行实际考察和对各种新思潮进行比较推求，前后经过三年左右的深思熟虑。正是因为周恩来把对马克思主义信仰的确认建立在如此时间之久的一种审慎的态度基础上，所以在此之后他便再也没有出现过任何的游移和反复。

这是周恩来的信仰，周恩来的追求。他一生鞠躬尽瘁，死而后已，身体力行的正是年轻时确立的理想信仰。

——资料来源：张家康：《青年周恩来共产主义信仰的确立》，《文史春秋》，2019年第4期。

【案例分析】任何一个人信仰的真正确立,都是主客观因素作用的结果。青年周恩来马克思主义信仰的确立是他内在责任担当意识和外在革命实践斗争相结合的产物。

周恩来的青少年时代,正是处于 19 世纪末 20 世纪初,中国处于由旧民主主义社会向新民主主义社会转变的重大历史时期。封建专制制度统治下的古老中国即将破晓,迎来晨曦地平线上的第一缕曙光,而周恩来信仰的抉择正是处在这样一个特殊的历史时期,尽管信仰选择的历程充满了波折和挑战,终归青少年时代所怀有的历史担当意识促使他最终选择了马克思主义信仰。这正如他在新中国成立后与农村大学生聊起自己的成长经历时所谈到的:"人总是由落后到进步的。我在年轻的时候,比你们还落后,后面拖了一根长长的辫子,脑子里全盘封建,那时还没有资产阶级东西,后来到了南开中学读书,才加进资产阶级东西,后来由于'五四运动'的影响,才接受了社会主义思想,追求马列主义。"[①]进入东北学堂的周恩来,正赶上军阀割据混战、帝国主义列强争相蚕食中国的时期,而对国事衰微、亡国灭种的巨大危机,周恩来毅然举起"为中华之崛起"的大旗,作为一名身怀远大抱负的有志青年,他自觉担当起那个时代所赋予的历史责任和使命,即安天下苍生之大计。随着革命形势的发展和年龄的增长,中学时代的周恩来继续举起救亡图存的大旗。留学日本后,他带着"面壁十年图破壁,难酬蹈海亦英雄"的宏伟壮志和铮铮誓言,继续肩负着救国兴邦的重任在曲折道路上探索着、实践着。之后他继续肩扛报国济世、拯救万民之重任,多次身先士卒,带头参加赴京请愿斗争,以及领导工人运动等,在探索救国救民的道路上,富有担当意识和责任感的周恩来从形形色色的社会思潮中选择了马克思主义,并最终确立为一生的信仰。

---

① 《刘少奇 周恩来 朱德同志在群众中》,人民出版社,1958 年,第 22 页。

青年周恩来之所以能最终认定马克思主义是一生的信仰,不仅在于坚持不懈的理论学习和宣传确立了他的信仰,更在于长期广泛的革命斗争坚定了他的马克思主义信仰。青年周恩来确立马克思主义信仰的过程,代表了那一代中国先进青年集体求索的道路,他们是在反复的比较中,在斗争的实践中认识到了马克思主义的真理性和科学性,并把它确立为自己的信仰,开始用马克思主义来解决中国问题,为中国引出一条光明的道路。

2. 早期马克思主义思想运动的特点

早期马克思主义者适应中国社会发展和革命发展的需要,在中国掀起了一场研究、传播马克思主义的思想运动。这个运动一开始就具有以下几个特点:

第一,重视对马克思主义基本理论的学习,明确地同第二国际的社会民主主义划清界限。中国的马克思主义思想运动一开始就坚持了马克思主义的革命原则和正确方向。

第二,注意从中国的实际出发,学习、运用马克思主义的理论。中国早期的马克思主义者已经在实际上初步形成了马克思主义应当与中国实际相结合的思想,尽管当时还没有这样明确地提出这个命题。

第三,开始提出知识分子应当同劳动群众相结合的思想。预示了先进的知识分子应当遵循的新方向和应当走的新道路。人民群众是历史的创造者,这是马克思主义的一个基本观点。

在中国早期马克思主义者的推动下,中国掀起了一场翻天覆地的伟大的社会变革,开创了无产阶级领导中国革命的新局面。

(三)中国先进分子选择马克思主义的历史必然性

【视频】我们为什么选择马克思主义(3分钟)

中国封建主义的盲目自信在强势西方文明的冲击下破产,西方资本主义也因其自身固有的弊病而丧失其吸引力。寻求超越封建主义和资本主义的方案,已经成为中国先进分子自觉的价值追求。而马克思主义内在地具有超越封建主义和资本主义的科学品质,因而成为中国先进分子"双重超越"的自觉选择。

1. 在争取民族解放和实现国家富强的过程中反复探索的结果

鸦片战争打破了清政府"天朝上国"的迷梦,西方列强用大炮掀开了近代中国历史的第一页,中国社会开启了大变局,也陷入了严重的价值缺失和精神迷茫之中。从此,中国的有识之士开始了寻求救亡图存道路的征程,也开启了重新寻找和确立中国价值的进程。鸦片战争的炮火已经证明传统的儒家思想不能御辱富民,为了争取民族独立、人民解放,必须运用新的思想武器。为了挽救国家危亡,中国的先进分子历尽千辛万苦,向西方国家寻找真理。但是中国人学习西方的努力在实践中却一而再、再而三地碰壁,尤其是辛亥革命的失败,使得人们陷入了深深的绝望、苦闷和彷徨之中。历史表明,资产阶级民主主义思想,不能指导中国人民的斗争走向胜利。因为外国帝国主义不允许中国成为独立的资本主义国家;中国民族资产阶级的力量过于软弱,它没有能力带领人民扫除在中国发展资本主义的主要障碍。正因为如此,在当时的先进分子中,有的人在宣传西方式的资产阶级民主主义时,就已经开始对它有所怀疑和保留了。这种对资产阶级民主主义的怀疑,推动了他们去探索挽救危亡的新途径,为他们后来接受马克思主义准备了适宜的思想土壤。

2. 在各种社会思潮充分激荡中筛选的结果

俄国十月革命后,中国先进分子经过比较、探求、论战,选择了马克思主义。在俄国十月革命以后、五四运动前后的中国思想界,就产生了一批赞成俄国十月社会主义革命、具有初步共产主义思想的知识分子。社会主义开始在中国成为一股有相当影响的思想潮流。不过,在开始时,人们对社会主义还只是一种朦胧的向往。各种社会主义流派的观点,在各种报刊上纷然杂陈。

中国先进知识分子是在各种社会思潮交锋论战中,逐渐进行筛选,最终确定马克思主义作为自己的信仰。从新文化运动到俄国十月革命的影响再到五四运动,马克思主义在国内的传播从崭露头角到形成宣传社会主义的高潮。马克思主义与改良派、无政府主义之间的三次大论战,使马克思主义在我国社会上的影响力较论战前有了巨大进步,为中国共产党的成立做好了思想理论和队伍的准备。

马克思主义,作为无产阶级批判旧世界、创造新世界的精神武器,是在激烈的斗争中产生和发展起来的。正如列宁所说,马克思主义"在其生命的途程中每走一步都得经过战斗",而且每次战斗,"都使它获得了新的证明和新的胜利"①。综观马克思主义在中国的发展史,其轨迹也正是如此。

五四运动时期,传入中国的社会思潮,除了马克思主义的科学社会主义外,还有各种各样的打着"社会主义"旗号的非马克思主义思潮。这些形形色色的社会思潮,在知识界有相当的影响。其中,影响最大的就是无政府主义。

无政府主义是一种小资产阶级的社会思潮,在当时的中国,其代表人物主要是黄凌霜、区声白。他们把马克思主义曲解为"集产主义",认为无产阶级专政"压制个人自由",主张祛除一切强权,由平民组织建立各种团体会社,实行"各尽所能,各取所需"的原则。针对无政府主义者反对无产阶级专政的错误思想,陈独秀、李达、蔡和森等发表文章进行了认真的剖析和有力的批判。

中国早期的马克思主义者还同以胡适为代表的实用主义、改良主义和以张东荪、梁启超为代表的基尔特社会主义等非马克思主义思潮展开了论

---

① 《列宁全集》(第23卷),人民出版社,1990年,第4页。

战,宣传马克思主义的科学性和革命性,旗帜鲜明地指出,马克思主义是我们时代的真理,是"拯救中国的导星"。① 通过论战,澄清了先进知识分子对社会主义的一些错误认识,扩大了马克思主义的影响,确立了马克思主义在中国思想文化界的主要地位,使越来越多的人走上了马克思主义的道路,为马克思主义在中国进一步广泛传播开辟了道路,为中国共产党的建立奠定了思想基础。

3. 是马克思主义理论的真理性所决定的

马克思主义不仅为人类提供了正确认识世界和改造世界的科学理论和方法,也为解决中国社会问题提供了现实的途径和方法。马克思主义拥有的这种其他主义所没有的真理力量,是中国先进分子选择接受马克思主义的一大理性因素。正如习近平在纪念马克思诞辰200周年大会上的讲话所指出的,马克思主义是科学的理论,创造性地揭示了人类社会发展规律;马克思主义是人民的理论,第一次创立了人民实现自身解放的思想体系;马克思主义是实践的理论,指引着人民改造世界的行动;马克思主义是不断发展的开放的理论,始终站在时代前沿。②

4. 是由中国文化传统底蕴与马克思主义理论精神的相契性决定的

中华民族在五千多年的文明历史演进中所创造和积累起来的优秀传统文化,源远流长,博大精深,对中华民族的延续与昌盛,对中华民族精神的形成和发展,对中华民族给人类文明的贡献,都曾产生过巨大影响,是中华民族极其宝贵的精神财富。中国传统文化为马克思主义的传播和发展提供了良好的土壤。俄国十月革命后,比较全面而系统的马列主义传到中国,因为它和中国传统文化在许多重大方面有相通点和契合点,所以更容易被当时

---

① 《每周评论》第 35 号。
② 《习近平在纪念马克思诞辰 200 周年大会上的讲话》,《人民日报》,2018 年 5 月 5 日。

的中国先进分子所认同、接受。这也是马克思主义能够在中国得到广泛传播的一个重要原因。

第一，马克思主义对资本主义的批判，弥补了近代以来中国社会文化自信的严重缺失。第二，尽管马克思主义诞生的文化背景，同以农耕文明为基础的中国传统文化之间有着很大差异，但二者在社会理想方面的确存在许多相通之处，这在客观上有利于马克思主义为中国先进分子所认同和接纳。第三，在文化思维方式上，中国传统的思想文化中有朴素的唯物主义和辩证法底蕴，这使得中国先进分子比较容易接受和体会马克思主义的辩证唯物主义和历史唯物主义哲学。第四，中国传统文化就其本身形成发展的历史进程而言，它与中国统一的多民族国家形成发展的历史实践是一个同步的过程，因而具有兼收并蓄、以变制变的文化精神。

5. 受到世界历史潮流的影响

近代中国先进分子的显著特征之一是他们具有宏阔的世界眼光。五四时期的先进人物更是这样，他们的世界意识更加突出，更加自觉。一方面有这些先驱者的倡导影响，另一方面受世界风云的激荡，五四时期涌现出来的一批先进青年，在世界眼光和全球意识这个基点上，也已获得相同的认识。

选择铸就命运。毛泽东指出："自从中国人学会了马克思列宁主义以后，中国人在精神上就由被动转入主动。从这时起，近代世界历史上那种看不起中国人，看不起中国文化的时代应当完结了。"①习近平指出："马克思主义不仅深刻改变了世界，也深刻改变了中国。"②实践证明，马克思主义的命运早已同中国共产党的命运、中国人民的命运、中华民族的命运紧紧连在一起，它的科学性和真理性在中国得到了充分检验；它的人民性和实践性在中

---

① 《毛泽东选集》（第四卷），人民出版社，1991 年，第 1516 页。
② 《习近平在纪念马克思诞辰 200 周年大会上的讲话》，《人民日报》，2018 年 5 月 5 日。

国得到了充分贯彻;它的开放性和时代性在中国得到了充分彰显。实践还证明,马克思主义为中国革命、建设、改革提供了强大思想武器,使中国这个古老的东方大国创造了人类历史上前所未有的发展奇迹。

【课堂小结】

近代的中国面临着严重的民族危机,中国人在向西方学习的道路上,遇到了许多的坎坷,经历了一次又一次的失败,最终在反复的比较中,选择了马克思主义。中国之所以选择马克思主义不是偶然的。中国近现代历史表明,选择马克思主义是中国革命发展和中国社会发展的必然要求,是中国历史和中国人民的自觉性选择,它不是某个人的主观愿望所能决定的,也不是几个伟大人物、几起历史事件所能左右的,从根本上来说,它遵循了中国社会发展的客观规律,解决了当时中国社会最紧迫的问题,是中国人民在经受了各种挫折和失败后所作出的最终选择。历史已经证明并将继续证明,这个选择是完全正确的。

【思考题】

1. 俄国十月革命如何推动中国先进分子选择马克思主义?

2. 为什么说中国先进分子选择马克思主义是历史的必然?

三、板书设计

专题五　中国的先进分子高举起马克思主义的旗帜

一、俄国十月革命推动中国的先进分子从资产阶级民主主义转向社会主义

二、中国早期信仰马克思主义的群体的类型以及早期马克思主义思想运动的特点

三、中国先进分子选择马克思主义的历史必然性

四、学生阅读书目推荐

1.【经典文献】

(1)习近平:《在纪念五四运动 100 周年大会上的讲话》,2019 年 4 月 30 日。

(2)习近平:《在纪念马克思诞辰 200 周年大会上的讲话》,2018 年 5 月 5 日。

2.【延伸阅读】

(1)李大钊:《我的马克思主义观》,1919 年 9 月。

(2)张德旺:《道路与选择》,天地出版社,2019 年。

3.【相关视频】

(1)《重生》第一集:使命

五、习近平总书记相关论述

1. 五四运动前后,我国一批先进知识分子和革命青年,在追求真理中传播新思想新文化,勇于打破封建思想的桎梏,猛烈冲击了几千年来的封建旧礼教、旧道德、旧思想、旧文化。五四运动改变了以往只有觉悟的革命者而缺少觉醒的人民大众的斗争状况,实现了中国人民和中华民族自鸦片战争以来第一次全面觉醒。经过五四运动洗礼,越来越多中国先进分子集合在马克思主义旗帜下,1921 年中国共产党宣告正式成立,中国历史掀开了崭新一页。

——习近平:《纪念五四运动 100 周年大会上的讲话》(2019 年 4 月 30 日)

2. 马克思主义不仅深刻改变了世界,也深刻改变了中国。

——习近平:《纪念马克思诞辰 200 周年大会上的讲话》(2018 年 5 月 4 日)

3. 中国共产党人是马克思主义者,坚持马克思主义的科学学说,坚持和发展中国特色社会主义,但中国共产党人不是历史虚无主义者,也不是文化虚无主义者。我们从来认为,马克思主义基本原理必须同中国具体实际紧密结合起来,应该科学对待民族传统文化,科学对待世界各国文化,用人类创造的一切优秀思想文化成果武装自己。

——习近平:《纪念孔子诞辰 2565 周年国际学术研讨会暨国际儒学联合会第五届会员大会开幕会上的讲话》(2014 年 9 月 24 日)

4. 要抓好马克思主义理论教育,深化学生对马克思主义历史必然性和科学真理性、理论意义和现实意义的认识,教育他们学会运用马克思主义立场观点方法观察世界、分析世界,真正搞懂面临的时代课题,深刻把握世界发展走向,认清中国和世界发展大势,让学生深刻感悟马克思主义真理力量,为学生成长成才打下科学思想基础。

——习近平:《北京大学师生座谈会上的讲话》(2018 年 5 月 2 日)

5. 马克思是马克思主义的主要创始人,马克思主义是人类历史上的伟大创造。在人类思想史上,就科学性、真理性、影响力、传播面而言,没有一种思想理论能达到马克思主义的高度,也没有一种学说能像马克思主义那样对世界产生了如此巨大的影响。

——习近平:《向各国共产党赴华参加纪念马克思诞辰 200 周年专题研讨会致贺信》(2018 年 5 月 28 日)

专题六 / 中国共产党的成立是开天辟地的大事变

一、教学说明

本专题对应教材第四章节内容,共包括三个小节,即新文化运动和五四运动、马克思主义进一步传播与中国共产党诞生以及中国革命的新局面,主要围绕知识分子历经艰苦求索最终选择了马克思主义,成立中国共产党这一主线展开,讲述了中国先进分子接受和传播马克思主义、创立马克思主义政党及其初步运用马克思主义开辟中国革命新局面的历史。在课程教学中,本专题分为20世纪初中国先进分子接受马克思主义的历史背景、马克思主义在中国的广泛传播和工人运动的结合、中国共产党的成立及其对民主革命的初步探索以及第一次国共合作的形成与国民革命的兴起与失败四个问题进行讲授。通过讲授,进而使学生全面了解中国共产党为中国革命指明了斗争的目标和走向胜利的道路,给灾难深重的中国人民带来了光明和希望,使中国革命的面貌焕然一新。

1. 教学目标

(1)知识目标

通过本专题的讲授,使学生明确新文化运动的内容、意义和五四运动爆发的必然性及其在中国近代革命中的重要地位,认识五四运动与中国共产党及中国革命运动的深刻关系;认识中国共产党的成立,是中国社会发展和革命发展的客观要求,是近代中国政治经济文化发展的必然产物;了解中国共产党成立后中国革命的新面貌;掌握第一次国共合作与国民革命的兴起及其失败过程、原因;认识革命统一战线中坚持无产阶级领导权的重要性。

(2)能力与素质目标

帮助大学生深刻理解中国共产党的诞生是开天辟地的大事变,是中国历史和人民做出的正确选择,从而增强大学生拥护党的领导、接受马克思主义指导和坚定走社会主义道路的自觉性。

2.教学重点和难点

(1)教学重点

新文化运动和五四运动的历史背景、主要内容及其历史意义;中国共产党成立的意义。

(2)教学难点

如何理解中国共产党的成立是开天辟地的大事变。

3.教学方法

综合运用理论讲授法、案例分析法以及讨论式教学法进行本专题内容讲授。

4.学时安排

3学时。

5.参考资料及教学资源

(1)《"中国近现代史纲要"专题教学指南》(2018年版·试行)。

(2)纪录片:《筑梦中国——中华民族复兴之路》,第二集《中流击水》(中央组织部、中央宣传部、中央电视台、国家博物馆联合摄制)。

二、教学内容设计

【课程导入】

我们通过对前面章节的学习,了解到近代以来伴随着西方殖民者的侵略,中国民族危机和社会危机逐渐加深,由独立的封建社会一步步沦为半殖民地半封建社会。农民阶级、地主阶级洋务派、资产阶级维新派和革命派都纷纷对国家出路进行探索,提出救国方案。然而历史的发展证明,从以洪秀全为代表的农民阶级到以孙中山为代表的资产阶级革命派,从《天朝田亩制度》到《中华民国临时约法》都没能找到一条挽救中国社会危机的正确道路。就在民族危亡的关键时期,俄国十月革命一声炮响为中国人民送来了马克思主义,中国的探索者在漫漫的黑夜中看到了国家发展的曙光。本章,我们就将重点学习马克思主义在中国的传播与发展,了解中国共产党成立后国际、国内两个时局所发生的重大变化,为中国革命带来的全新面貌。

【课程讲授】

(一)20 世纪初中国先进分子接受马克思主义的历史背景

1. 新文化运动与思想解放的潮流

新文化运动是从 1915 年 9 月陈独秀在上海创办《青年杂志》(1916 年更名为《新青年》)开始的。

【课堂提问】新文化运动的主要内容有哪些?

五四运动以前的新文化运动的主要内容包括:

第一,提倡民主和科学,反对封建专制、愚昧和迷信。新文化运动时期的民主,既是指资产阶级民主主义的制度,也是指资产阶级民主主义的思想。提倡个性解放,摆脱奴隶地位,成为自主、自由的人;提倡民治,反对封建专制,要使国民成为社会的主人。新文化运动时期的科学,"狭义的是指自然科学而言,广义是指社会科学而言"。强调要用自然科学一样的科学精神和科学方法来研究社会,反对迷信、盲从、武断,反对神权。

第二,提倡个性解放,反对封建伦理道德。这时的思想家们把攻击的矛头集中指向封建主义的正统思想——孔学,对孔孟之道进行无情的鞭挞,喊出"打倒旧礼教"的口号。他们以进化论观点与个性解放思想为主要武器,猛烈抨击以孔子为代表的"往圣前贤",大力提倡新道德,反对旧道德。

第三,提倡新文学,反对旧文学。胡适提倡文学改良,主张用白话代替文言。胡适在《新青年》上发表《文学改良刍议》,被认为是中国文学革命吹响了第一声进军的号角。陈独秀接着提出"文学革命"的口号,把文化革新的形式与思想革命的内容联系到了一起。

五四以前的新文化运动,是资产阶级民主主义的新文化反对封建主义的旧文化的斗争,有着重大的历史意义。新文化运动是辛亥革命在思想领域中的继续。这些启蒙思想家,是敢于向两千年来神圣不可侵犯的封建礼教进行自觉挑战的第一批不妥协的战士。他们把西方民主思想和科学的精神引进到中国,打破了中国社会万马齐喑的沉闷状态,用民主的思想,唤起了人们民主意识的觉醒,用科学的精神,荡涤着人们头脑中的愚昧无知,民主与科学从此逐渐深入人心,这对以后一些进步力量继续去追求科学与民主,继续进行民主革命,无疑在思想上产生了一种较大的影响。

五四以前的新文化运动也存在着一些弱点和局限性:

第一,新文化运动的倡导者使用的思想武器是资产阶级民主主义,并不能有效地对中国社会进行改造。

第二,他们把改造国民性置于优先的地位。但是离开改造产生封建思想的社会环境的革命实践,依靠有限的宣传手段,要根本改造国民性,是不可能的。

第三,他们使用的方法,一般还是资产阶级的方法,存在着明显的片面化、绝对化等倾向。

值得注意的是,在当时的先进分子中,有的人在宣传西方资产阶级民主主义文明时,就已经开始对它有所怀疑和保留了。这种怀疑,推动着他们去探索挽救危亡的新的途径,为他们以后接受马克思主义准备了合宜的土壤。

2. 俄国十月革命与马克思主义在中国的传播

世界大战的爆发及其残酷的程度,使中国的先进分子对学习西方的道路发生了动摇和质疑直至否定。1917 年的俄国十月社会主义革命,又昭示了一种新的方向。马克思列宁主义成为五四运动中和五四运动后的热点,逐步形成潮流,这不仅是人们的主观选择,也是时代变化在中国的必然反应,是中华民族复兴的需要。这样,在十月革命以后的中国思想界,就产生了一批赞成俄国十月革命、具有初步共产主义思想的知识分子。第一个向中国人民歌颂俄国十月社会主义革命伟大胜利的,就是李大钊。他在中国大地上率先举起马克思主义旗帜。不过,在开始时,人们对社会主义还只是一种朦胧的向往。五四运动前,信仰马克思主义的,还只是李大钊这样个别的人物。马克思主义是在五四运动的推动下,才在中国广泛传播开来的。

【视频】李大钊:中国共产主义运动的先驱(时长:1 分 45 秒)

(二)马克思主义在中国的广泛传播和与工人运动的结合

中国共产党是马克思列宁主义与中国工人运动相结合的产物,因此必须学习了解中国共产党创立的思想基础,阶级基础以及两者的结合,具有初步共产主义思想的知识分子的作用。

1. 五四运动与马克思列宁主义的广泛传播

五四运动发生的基本原因是中国社会的基本矛盾日趋激化以及帝国主义加紧侵略所引起的空前民族危机。直接导火线是巴黎和会上中国外交的失败。

【案例】巴黎和会:五四运动的导火索

1918 年 11 月,第一次世界大战结束。次年 1 月 18 日,巴黎和会开幕。在参加巴黎和会的 27 个国家的代表中,美、英、法、意、日五国首脑和外长组成了巴黎和会初期的最高决策机构"十人会",其中美、英、法、意四大巨头掌控着会议的话语权。

中国作为第一次世界大战战胜国之一,特派陆征祥、王正廷、施肇基、顾维钧、魏宸组 5 人为全权代表,组成代表团参加巴黎和会。巴黎和会尚未召开,中国代表团即接到通知,原定给予中国 5 个席位被减至两席。巴黎和会召开之前,美国总统威尔逊曾提出了各国相互保证政治独立及领土完整、国无大小强弱一律享有同等权利等和平条款,即著名的《十四条宣言》。中国参会之初,以为可以借此谋求某种程度的公平待遇,进而废除一系列不平等条约。然而事实并非如此。

1919 年 1 月 27 日上午,日本政府代表在"十人会"上无耻地提出"德国在山东权益应无条件让与日本"。中国代表团对此无任何准备,次日,顾维钧在会上慷慨陈词,舌战日本代表,据理阐明胶州租借地和胶济铁路以及其他一切权益应直接交还中国的理由。他说:"三千六百万之山东人民,有史以来为中国民族,操中国语言,奉中国宗教","山东为孔孟降生之地,即中国人民所视为神圣之地","该地之交还中国,实为应得之权利"。顾维钧的滔滔雄辩,在会场上引起强烈反响,各国首脑纷纷表示赞同,日方代表一时哑口无言。此后,"四人会议"就山东问题进行了多次讨论。美国提出了将山东暂交英、法、日、意、美五国共管的方案,遭到日本拒绝。日本代表还要挟,如果山东问题得不到满足,将退出巴黎和会。为了各自的利益,英、美、法三国对山东问题作出最后裁决:德国在山东的一切权益均让与日本,并强迫中国无条件接受。至此,中国在巴黎和会上就山东问题的交涉完全失败。

巴黎和会关于山东问题的无理决定,打破了中国人民对帝国主义的幻想。5 月 2 日,《晨报》《国闻周报》等全国各大报纸分别发表文章,疾呼:"胶州亡矣! 山东亡矣! 国不国矣! ……国亡无日,愿合我四万万众誓死图之!"全国为之震动。4 日,北京 3000 多名学生示威游行,要求"外争国权,内惩国贼"。随即,全国工商各界宣布支持学生的爱国行动,各界人士纷纷致电北洋政府及参加巴黎和会的中国政府代表,要求拒绝在《巴黎和约》上签字。5 日,山东省议会致电大总统、国务院:"务恳大总统、总理,坚持初议,迅电专使拒绝署名。"6 月底,上海万人集会游行,要求"不认签字,取消密约"。

在国内舆论的强大压力下,5 月 4 日,参加巴黎和会的中国代表团向英、美、法"三人团"提出抗议,表示中国以美国总统威尔逊的《十四条宣言》为原则,但结果却"实为痛切失望"。北洋政府迫于压力,指示代表团在《巴黎和约》上签字时对有关山东问题的条款提出保留意见,但遭到了列强的拒绝。《巴黎和会关于胶澳问题交涉纪要》中记载:中国代表"最初主张(把保留意见)注入约内,不允,改附约后,又不允,改在约外,又不允,改为仅用声明不用保留字,又不允,不得已改为临时分函声明,不能因签字而有妨将来之提请重议云云,又完全被拒"。6 月 28 日是巴黎和会对德条约签字的日子,中国代表最终作出了一致的决定:拒绝前往会场签字,并发表宣言,严正指出,"大会对于山东问题的解决办法不公道","若再隐忍签字,中国前途将更无外交之可言"。

——资料来源:夏军:《巴黎和会:五四运动的导火索》,《中国档案报》,2019 年 5 月 3 日。

【案例分析】"苟利国家生死以,岂因祸福避趋之",对于外交官来说,祖国高于一切,使命重于泰山,顾维钧在巴黎和会上的表现堪称外交官的典范。面对列强逼中国签约,中国内部又四分五裂的危机局面,顾维钧始终保持清醒的头脑,他认识到了民心不可侮,民意不可违,中国要求自由、独立和解放是历史发展的必然趋势,因此在和会谈判过程中,他始终站在爱国主义和民族主义立场上,用外交手段维护国家利益,最终选择了拒签。回顾近代历史,中国外交留给列强的印象多是"始争终让"地"保全和局"的思维定式,巴黎和会是中国第一次在帝国主义列强面前敢于说不,既捍卫了国家尊严,又保全了国家利益。中国在巴黎和会上的外交失败,拉开了五四运动的序幕,激起了以青年群体为代表的广大民众的爱国主义精神,在中国近代史上具有重要意义。

1919 年 5 月爆发的五四运动,是中国近代史上的一个划时代事件。这个运动是在新的时代条件和社会历史条件下发生的。

首先,是新的社会力量的成长、壮大。在 1914 年至 1918 年世界大战期间,中国的资本主义经济得到了相当迅速的发展。中国资产阶级和工人阶级的力量也进一步成长起来。五四运动前夕,中国产业工人已经达到 200 余万人。这样,五四运动就获得了比以往的革命斗争更加广泛的群众基础。

其次,是新文化运动掀起的思想解放的潮流。受到这个潮流影响的年轻一代知识界,尤其是那些具有初步共产主义思想的知识分子,为五四运动准备了最初的群众队伍和骨干力量。

最后,是俄国十月革命对中国的影响。在当时,陈独秀就说,俄国十月革命以后,"中国人也受了两个教训:一是无论南北,凡军阀都不应当存在;一是人民有直接行动的希望。五四运动遂应运而生"。毛泽东也说,俄罗斯以民众大联合打倒贵族、驱逐富人的事实,使"全世界为之震动"。革命浪潮风起云涌,"异军特起,更有中华长城渤海之间,发生了'五四'运动"。

由于五四运动是在新的社会历史条件下发生的,它具有旧民主主义革命所不具备的一些特点。主要是:

第一,五四运动表现了反帝反封建的彻底性。在这场运动中,提出了"改造强盗世界,不认秘密外交,实行民族自决"和"另起炉灶,组织新政府"这样的口号。表明中国人民反帝反封建的斗争提升到一个新的水平线上了。

第二，五四运动是一次真正的群众运动。五四运动突破了知识分子的狭小范围，成为有工人阶级、小资产阶级和资产阶级参加的群众性的革命运动。原来处于被统治状态下的各种社会力量直接行动起来，干预政治，这在中国历史上还是第一次。

第三，五四运动促进了马克思主义在中国的传播及其与中国工人运动的结合，"这些初步具有共产主义信仰的先进知识分子，在五四运动中看到了工人阶级力量的强大，所以在运动结束后主动深入工人群众中宣传马克思主义"①，为中国共产党的成立作了思想上和干部上的准备。

【课堂提问】为什么说五四运动是中国新民主主义革命的开端?

五四运动是中国新民主主义革命的开端。这是因为：

首先，从革命领导权看，新民主主义革命和旧民主主义革命的根本区别，在于革命的领导权不同。五四运动以前，中国革命是由农民阶级和民族资产阶级领导的。但在五四运动中，中国工人阶级第一次作为独立的政治力量登上了中国的历史舞台，发挥了重要的作用。这也是五四运动胜利的决定因素。五四运动后，无产阶级成为中国革命的领导阶级。

其次，从时代背景看，五四运动发生在俄国十月革命之后，是在十月革命的影响下发生的。由于俄国十月革命开辟了世界无产阶级革命的新纪元，因此在俄国十月革命以后，任何殖民地半殖民地国家，如果发生了反帝反封建的民主革命，就不再是旧的资产阶级和资本主义的世界革命的一部分，而是无产阶级社会主义世界革命的一部分了。

最后，从革命的彻底性来看，五四运动杰出的历史意义，在于它带着为辛亥革命还不曾有的姿态，这就是彻底地不妥协地反对帝国主义和彻底地

---

① 刘焕明：《早期中国共产党人从五四运动中吸取的经验教训及其启示——纪念五四运动 100 周年》，《毛泽东邓小平理论研究》，2019 年第 4 期。

不妥协地反对封建主义。

【课堂讨论】从 1919 年五四运动至 1949 年新中国成立是新民主主义革命时期,新民主主义革命相比旧民主主义革命到底"新"在哪里?

近代中国半殖民地半封建社会的性质和中国革命反帝、反封建的历史任务,决定了中国革命的性质不是无产阶级社会主义革命,而是资产阶级民主主义革命。但是中国革命已不是旧式的、一般的资产阶级民主主义的革命,而是新的民主主义革命。新民主主义革命是新式、特殊的资产阶级民主革命,与旧民主主义革命相比有其新的内容和特点:

第一,中国革命处于世界无产阶级社会主义革命的时代,是世界无产阶级社会主义革命的一部分。第一次世界大战和第一次胜利的俄国社会主义十月革命,改变了整个世界历史的前进方向,开始无产阶级革命的新时代。在这之前,中国的资产阶级民主革命属于旧的世界资产阶级民主革命的一部分;在这之后,中国的资产阶级民主革命,则属于世界无产阶级社会主义革命的一部分。新民主主义革命发生在俄国十月革命之后,属于世界无产阶级革命的范畴。

第二,革命的领导力量是中国无产阶级及其先锋队——中国共产党。五四运动之前,中国资产阶级民主革命的政治领导者是中国的资产阶级、小资产阶级及其知识分子。这时,中国无产阶级是作为资产阶级、小资产阶级的追随者参加革命的。五四运动后,中国民主革命的政治领导权,已经属于中国无产阶级了。中国无产阶级已经迅速成长为一支独立的政治力量,并登上了历史舞台,随后组建了共产党,提出了彻底的反帝反封建的纲领,成为中国民主革命的领导者。无产阶级的领导权是中国革命的中心问题,也是新民主主义革命理论的核心问题。区别新旧两种不同范畴的民主主义革命,根本的标志是革命的领导权掌握在无产阶级手中还是掌握在资产阶级手中。

第三,革命的指导思想是马克思列宁主义。在五四运动前,中国的资产阶级革命、改良或其他形式反侵略反封建斗争的指导思想都是欧美资产阶级民主思想。五四运动之后,马克思主义成为新民主主义革命的理论武器。

第四,革命的前途是社会主义而不是资本主义。旧民主革命争取的前途是建立资产阶级专政的资本主义制度。新民主主义革命胜利后,不走资本主义道路,但也不是立即建立社会主义,而是在无产阶级领导下建立人民民主专政的国家,经过新民主主义逐步过渡到社会主义。

2. 中国工人阶级的成长

中国工人阶级的成长,为中国共产党的成立奠定了坚实的阶级基础。

近代中国诞生的新兴的被压迫阶级是工人阶级。它的来源主要是城乡破产失业的农民、手工业者和城市贫民。中国工人阶级最早出现于19世纪40至50年代外国资本主义在华企业中。因此,它是先于中国的资产阶级而产生的。在19世纪60年代后洋务派创办的大型军用工业和民用企业以及70年代以后的中国民族企业中,又雇佣了一批工人。早期中国工人阶级人数不多,却是中国新生产力的代表。它身受帝国主义、封建势力、资产阶级三重压迫,工资低、劳动时间长、劳动条件恶劣,受剥削最深,革命性最强,而且它还有组织纪律性强、集中、团结、与广大农民有着天然联系等优点,因此是近代中国最革命的阶级。在1914年至1918年世界大战期间,中国的资本主义经济得到了相当迅速的发展。中国资产阶级和工人阶级的力量也进一步成长起来。五四运动前夕,中国产业工人已经达到200余万人。在五四运动中,工人阶级显示了伟大的力量。中国工人阶级开始以独立的姿态登上历史舞台。

3. 具有初步共产主义思想的知识分子在马克思列宁主义广泛传播中的作用

自发的工人运动不能产生科学社会主义,而只能产生工联主义。马克思列宁主义与中国工人运动的结合,具有初步共产主义思想的知识分子起到了桥梁和媒介的作用。工人在斗争中发挥决定性的作用这个事实,给予先进的知识分子以真切的教育。他们在五四运动中主动深入工人中去,采取各种形式宣传马克思列宁主义,启发工人的阶级觉悟,把马克思列宁主义灌到工人队伍中去,在工人中产生了信仰马克思列宁主义的先进分子,使得中国共产党成立的历史条件基本具备,党的诞生瓜熟蒂落、水到渠成。随着中国工人阶级开始作为独立的政治力量登上历史舞台和马克思主义在中国逐步传播,建立一个以马克思主义理论为指导的工人阶级政党的任务被提上了日程。

中国共产党早期组织成立以后,着重进行了以下几方面的工作:

第一,研究和宣传马克思主义。共产党早期组织的成员开始着重从马克思、恩格斯的原著来学习马克思主义,同时也开始学习列宁的著作。他们在《新青年》杂志(此时成了上海党的早期组织的机关刊物)、《共产党》(月刊)以及《民国日报》等报刊上发表文章,宣传马克思主义和俄国革命的经验。

第二,到工人中去进行宣传和组织工作。共产党早期组织的成员认识到,组织共产党,"离开工界不行"。"我们都是知识分子出身,与工人阶级的距离很大。因此,首先应当同他们加强内部联系。"为此,他们提出了"请钻进工场去罢"的口号。

第三,进行关于建党问题的讨论和实际组织工作。1920 年 11 月,党的发起组制定了《中国共产党宣言》,阐述共产主义者的理想、共产主义者的目的和阶级斗争的最近状态。这个宣言没有向外发表,不过以此作为收纳党员的标准。

在中国建立共产党组织,共产国际予以了大力支持和帮助,但这并不是说党的创建只有在苏俄和共产国际的帮助下才会实现。事实上,在五四运动前后,在共产国际触角尚未到达的地方,也有创建中国共产党的活动。有确切史料记载的共产党组织在中国就有五六个之多。除教材上以恽代英的"波社"为例外,再如五四期间姚作宾等人组织的"中国共产党",之后还有胡鄂公(即胡南湖)等人创立的"共产主义同志会",以及吴玉章在四川成立的"中国青年共产党"等。

(三)中国共产党的成立及其对民主革命的初步探索

中国工人运动的发展,迫切需要从马克思主义那里找到理论武器,马克思主义在中国的传播,也迫切需要从工人运动那里找到物质力量,在两者相结合的历史过程中,中国共产党应运而生。

1. 中国共产党的创立

1921 年 7 月 23 日,中国共产党第一次全国代表大会在上海法租界望志路 106 号举行。参加大会的有 12 名代表,他们来自 7 个地方,代表 50 多名党员。他们是:李达、李汉俊(上海)、张国焘、刘仁静(北京)、毛泽东、何叔衡(长沙)、董必武、陈潭秋(武汉)、王尽美、邓恩铭(济南)、陈公博(广州)、周佛海(日本东京)。陈独秀、李大钊因分别在广州和北京有事,未出席会议。包惠僧受陈独秀派遣,出席了会议。出席会议的还有共产国际代表马林和尼科尔斯基。大会选举产生了党的领导机构——中央局,陈独秀虽然未能出席会议,但鉴于他是当时很有影响的社会主义宣传者和党的创始人之一,大会仍选举他担任中央局书记,李达任宣传主任,张国焘任组织主任。

党的一大明确以实现社会主义、共产主义为党的奋斗目标,表明中国共产党从一诞生就同一切资产阶级政党及其他非无产阶级政党有着根本的区别。大会确定中国共产党应该完全按照俄国布尔什维克党的榜样,按照列宁主义的原则来建立。这就是说,首先,中国共产党必须是工人阶级最先进最有觉悟的部分,是由工人阶级和劳动群众中最优秀的分子组成的,是用马克思列宁主义的革命理论武装起来的先锋队。其次,中国共产党根据民主集中制的原则,把全体党员组成一个统一意志、统一行动和统一纪律的战斗整体,而且必须与广大工人阶级和广大劳动群众保持最紧密的联系。再次,中国共产党从诞生之日起,就划清了与第二国际社会民主主义、修正主义党的关系,没有受到第二国际的任何影响。大会讨论了当时的政治形势、党的基本任务、党的组织原则和组织机构等问题,通过了中国共产党的第一个纲领。确定党的名称为"中国共产党";规定党的奋斗目标是以无产阶级的革命军队推翻资产阶级,建立无产阶级专政,废除私有制,直至消灭阶级差别;确定党内实行民主集中制的组织原则,还规定了党的纪律。大会还通过了关于当前实际工作的决议,确定党成立后的中心任务是组织工人阶级,领导工人运动。

中国共产党第一次全国代表大会的召开宣告了中国共产党的成立。中国共产党是在特定的社会历史条件下成立的。一方面,它成立于俄国十月革命取得胜利,第二国际社会民主主义、修正主义遭到破产之后。它所接受的,是没有被修正主义阉割的马克思主义的完整的科学世界观和社会革命论,是在帝国主义和无产阶级革命时代发展了的马克思主义即列宁主义,是在斗争中同资产阶级、小资产阶级社会主义划清了界限的科学社会主义。另一方面,它是在半殖民地半封建中国的工人运动的基础上产生的。中国工人阶级身受帝国主义者、本国资产阶级和封建势力的三重压迫,具有坚强的革命性。在这个阶级中,不存在欧洲那种工人贵族阶层,没有社会改良主义的基础。而且在半殖民地的中国,工人阶级根本不可能进行和平的议会斗争,他们不可能对资产阶级民主制度抱有期望。所以,中国共产党一开始就是一个以马克思列宁主义理论为基础的党,是一个区别于第二国际旧式社会改良党的新型工人阶级革命政党。

2. 中国共产党成立的历史意义

中国共产党的成立,是中华民族发展史上一个开天辟地的大事变。"从此,我国出现了以马克思主义理论武装的、统一的无产阶级政党,开辟了我国革命历史的崭新的一页。"①中国革命和中国人民至此有了坚强的领导核心,灾难深重的中国人民有了可以依赖的组织者和领导者,中国革命从此不断向前发展。中国共产党一经成立,就把实现共产主义作为党的最高理想,肩负起实现中华民族伟大复兴的历史使命。中国共产党的初心和使命,就是为中国人民谋幸福,为中华民族谋复兴,这个初心和使命是激励一代又一代中国共产党人不断前进的根本动力。中国共产党的成立,深刻改变了近代以后中华民族发展的方向和进程,深刻改变了中国人民和中华民族的前途和命运,深刻改变了世界发展的趋势和格局。中国共产党以马克思主义为指导思想,把马克思主义和中国革命的具体实践相结合,制定了正确的革命纲领和斗争策略,代表了中国社会发展的正确方向,代表了中国无产阶级和其他广大劳动人民的根本利益,为中国人民指明了斗争的目标和走向胜利的道路。"中国革命的面貌从此焕然一新。"

3. 中国共产党民主革命纲领的提出及其领导下的工人运动高潮

中国共产党成立初期,运用马克思主义的唯物史观和辩证唯物主义的方法论,正确分析了中国社会的特点,把握了中国社会的基本性质,提出了符合中国实际的革命纲领,并积极投身到工人运动的实践中,开始从事农民运动,为国民大革命积累了宝贵的实践经验。新生的中国共产党,人数不多,但中国共产党人不忘初心、牢记使命,在革命斗争中显示出强大的活力和影响力,昭示了中国共产党的远大前程,给中华民族的伟大复兴带来了前所未有的希望。

1922 年 7 月 16 日至 23 日,中国共产党第二次全国代表大会在上海召

---

① 李梁:《为什么说中国共产党的成立是"开天辟地的大事变"?》,《教学与研究》,2020 年第6 期。

开,制定了党的最高纲领和最低纲领。大会提出了在目前历史条件下的最低纲领,是:消除内乱,打倒军阀,建设国内和平;推翻国际帝国主义的压迫,达到中华民族完全独立;统一中国为真正的民主共和国。民主革命纲领的提出,无论在中国共产党的历史上还是在中国革命的历史上,都具有重大而深远的影响。它为中国各民族人民的革命斗争指明了方向。这个纲领一经提出,立即成为中国共产党团结广大人民群众的一面战斗旗帜,为后来轰轰烈烈的大革命作了准备。

中国共产党开始采取民族资产阶级、小资产阶级的政党和政治派别没有采取过、也不可能采取的革命方法,即群众路线的方法。从1922年1月到1923年2月,中国掀起了第一次工人运动高潮。在此期间,全国发生了大小罢工100余次,参加者在30万人以上。

【案例】京汉铁路工人大罢工

中国共产党的二大之后,成立了领导工人运动的中国劳动组合书记部。从1922年1月到1923年2月,掀起了中国工人运动的第一个高潮。在持续13个月的时间里,全国发生大小罢工100余次,参加人数达到了30万以上。其中,京汉铁路工人大罢工上演了最为壮烈的一幕。

京汉铁路纵贯河北、河南和湖北三省,是连接华北和华中的交通命脉,有重要的经济、政治和军事意义。京汉铁路的运营收入是军阀吴佩孚军饷的主要来源之一。

1923年2月1日,党领导下的京汉铁路总工会筹备会决定在郑州召开成立大会。参加大会的代表和各铁路工会代表、汉冶萍总工会代表、武汉30多个工会的代表,以及北京和武汉等地的学生代表近300人齐聚郑州。中共中央对这次大会非常重视,派出了张国焘、陈潭秋、罗章龙、包惠僧、林育南等人出席大会。

2月1日上午,军阀吴佩孚派出大批荷枪实弹的军警在郑州全城戒严,下令禁止召开京汉铁路总工会成立大会。但是参加会议的工人代表不顾生死，冲破军警的重重包围，高呼"京汉铁路总工会万岁""劳动阶级胜利万岁"等口号，在郑州普乐园剧场举行大会，宣布京汉铁路总工会成立。

当天，全副武装的军警严密地包围了会场，强行解散会议，捣毁总工会和郑州分会会所，并驱赶代表。当晚，京汉铁路总工会执委会秘密召开会议，决定将总工会临时总办公处转移到汉口江岸，并决定全路自2月4日起举行总罢工。

2月4日，全路两万多工人举行大罢工，1200公里铁路顿时瘫痪。中国共产党领导这次罢工的主要负责人是张国焘、项英、罗章龙、林育南等。京汉铁路工人大罢工引起了帝国主义和反动军阀的恐慌。在帝国主义支持下，吴佩孚2万多军警在京汉铁路沿线镇压罢工工人，制造了震惊中外的二七惨案。

在汉口，2月7日当夜，天降大雪，反动军警把京汉铁路总工会江汉分会委员长、共产党员林祥谦绑在江岸车站站台的木桩上，让他下令复工，遭到断然拒绝。林祥谦英勇就义。在武昌，共产党员、武汉工团联合会法律顾问施洋被杀害。大罢工中，工人52人牺牲，300余人受伤。

京汉铁路工人大罢工是中国共产党领导的第一次工人运动高潮的顶点。它进一步显示了中国工人阶级的力量，扩大了党在全国人民中的影响。罢工虽然失败了，但是工人的生命和鲜血进一步唤醒了中国人民，使他们更加清楚地认识到帝国主义和封建军阀是中国人民的敌人，必须与之斗争到底，才能获得真正的自由和解放。

——资料来源：《京汉铁路工人大罢工》，《源流》，2011年第11期

【案例分析】是否相信群众、依靠群众，这是关系革命成败的重要问题。以往的斗争之所以成效甚少，一个重要的原因就在于未能充分地发动群众。中国共产党在中共二大就指出："我们既然是为无产群众奋斗的政党，我们

便要'到群众中去',要组成一个大的'群众党'。"京汉铁路工人大罢工是中国共产党领导的第一次工人运动高潮的顶点,它进一步显示了中国工人阶级的力量,扩大了党在全国人民中的影响。罢工虽然失败了,但是工人的生命和鲜血进一步唤醒了中国人民,使他们更加清楚地认识到帝国主义和封建军阀是中国人民的敌人,必须与之斗争到底,才能获得真正的自由和解放。通过领导工人的斗争,中国共产党也在运动中密切了同工人阶级的联系,党的自身建设也由此得到了加强,工人阶级中的许多骨干也加入了中国共产党的队伍,成为党的骨干。

1921年9月,经过共产党人的努力,浙江萧山县衙前村成立了中国第一个农民协会。

(四)第一次国共合作的形成与国民革命的兴起与失败

中共二大确定了反帝反封建的民主革命任务以后,中国共产党对开展国民革命的必要性和可能性,进行了深入的探索。开始寻找政治盟友,尝试组成革命统一战线(联合战线)的可能。同时,共产国际在与中国多种政治力量接触之后,也建议并努力促成国共合作,开展反帝反封建的国民革命。

1. 中国共产党关于国民革命的理论探索与国共合作的革命统一战线的提出

"二七"大罢工的失败,联合战线理论的提出,使得中国共产党对国民革命的必要性与重要性有了更深入、更具体的认识,迅速把工作重点由工人运动转向国民革命。共产国际和苏俄经过与中国多方政治势力的接触,最后确定了与国民党结盟的政策,同时要求中国共产党员以个人身份加入国民党的形式,实现国共合作,建立革命统一战线。处于困境,迫切需要帮助的孙中山,诚挚欢迎苏俄的帮助,决定以俄为师,同意建立国共合作的革命统一战线。

2. 国共合作的革命统一战线的建立

1924 年 1 月 20 日至 30 日,中国国民党第一次全国代表大会在孙中山主持下在广州举行。国民党"一大"的召开,标志着第一次国共合作的形成和革命统一战线的正式建立。从此,中国国民党基本上成为工人、农民、城市小资产阶级和民族资产阶级的革命联盟,是以国共合作为基础的革命统一战线的组织形式。会议重新解释了三民主义,确立了联俄、联共、扶助农工三大政策,使国民党有了明确的反帝反军阀的政治方向。从此开始了国民大革命时期。新三民主义成为国共两党合作的政治基础。

以五卅运动为标志,国民革命的高潮到来。省港大罢工有力地推动了革命形势的向前发展,支持了广东革命根据地的统一。农民运动形成规模,来势迅猛,充分彰显了农民阶级作为革命主力军的深厚力量。同时,围绕着迅速发展的革命形势和统一战线内部围绕领导权问题日益激烈的斗争,中国共产党人对有关中国革命的基本问题进行了初步但极有价值的探讨,对日后形成中共有关新民主主义革命的系统理论做出了贡献。

3. 北伐战争的顺利进行及工农运动的迅速发展

工农运动的迅猛发展,交相辉映,有力地支持了北伐战争。1924 年至 1927 年中国反帝反封建的革命,比以往任何一次革命,包括辛亥革命和五四运动,群众的动员程度更为广泛,斗争的规模更加宏伟,革命的社会内涵更加深刻,因此被称作大革命。

大革命是在国共合作的条件下进行的。在这场革命中,中国共产党起着独特的、不可代替的作用:

第一,从政治上看,大革命是在反对帝国主义、反对军阀的政治口号下进行的。"打倒列强,除军阀"的歌声从珠江唱到长江,从城市传遍乡间。而提出这个口号的,正是中国共产党。这场战争是由国共两党共同发动和领导的一场反帝、反封建的正义战争,自始至终得到了全国人民的支持和援助。

第二,大革命是在以国共合作为基础的统一战线的组织形式下进行的,而中国共产党正是国共合作的倡导者和统一战线的组织者。为了达成与国民党的合作,中国共产党接受了"党外合作"的形式。

第三,大革命是近代中国历史上空前广泛而深刻的群众运动,而中国共产党正是人民群众的主要发动者和组织者,为国民革命的发展、广东战争和北伐战争的胜利奠定了群众基础。

第四,大革命的主要斗争形式是革命战争,共产党人不仅帮助和推动了国民革命军的建立,而且在军队中进行了卓有成效的政治工作,共产党员、共青团员在北伐军中充分发挥了先锋模范作用。在北伐军的 8 个军中,就有 4 个军的党代表或副党代表是共产党员。由共产党直接领导的、共产党员叶挺任团长的第四军独立团,北伐中战功卓著,使第四军赢得了"铁军"的称号。

4.统一战线内部激烈的斗争与蒋介石篡夺革命领导权的活动

由国共两党首次合作,以北伐战争为主要内容的第一次大革命运动,在中华民族 20 世纪的革命史上,留下了辉煌的篇章。但是国共合作的实现并不等于阶级矛盾的消失。随着革命运动的发展,统一战线中无产阶级和资产阶级争夺领导权的斗争也日益尖锐。统一战线中围绕领导权问题的斗争未曾止息。西山会议派的活动、"戴季陶主义"的出现、蒋介石势力的崛起等,直至"中山舰事件"的发生和国民党二届二中全会上所谓《整理党务案》的出笼。中国共产党对国民党右派篡夺领导权的活动虽然进行过斗争,但在共产国际的要求和共产国际代表的直接指导下,右倾妥协每占上风。从客观上讲,这也是反动力量总体上大于革命力量的一种表现。1927 年 4 月,"四一二"反革命政变发生,蒋介石背叛革命,向中国共产党人和革命群众举起屠刀。"七一五"反革命政变,武汉政府背叛革命,国共合作全面破裂,国民革命失败。

5.国民革命的历史意义与经验教训

大革命失败的原因,从客观方面来讲,是由于反革命力量的强大,是由于资产阶级发生严重的动摇、统一战线出现剧烈的分化,是由于蒋介石集团、汪精卫集团先后被帝国主义势力和地主阶级、买办资产阶级拉进反革命营垒里去了。从主观方面来说,是由于中国共产党在大革命的后期犯了以陈独秀为代表的右倾机会主义的错误,放弃了无产阶级对于民主革命的领导权,尤其是武装力量的领导权。当时的中国共产党还处在幼年时期,缺乏对中国社会和中国革命基本问题的深刻认识,还不善于将马克思列宁主义的基本原理和中国革命的实践结合起来,还难以摆脱共产国际的那些错误的指导思想。

大革命的失败使中国共产党逐渐认识到,要领导人民取得革命的胜利,就必须支持无产阶级对革命的领导权,进行土地革命,必须掌握革命的武装,坚持武装斗争。

大革命虽然失败了,它的历史意义仍然是不可磨灭的。它沉重打击了帝国主义和封建主义在中国的统治。正是由于经历了这场大革命,中国人民的觉悟程度和组织程度有了明显的提高,旧有统治秩序和社会结构受到巨大冲击。中国共产党扩大了在群众中的政治影响,开始探索马克思主义中国化的途径,初步提出了新民主主义革命的基本思想,并且从大革命的失败中汲取了严重的历史教训,开始懂得进行土地革命和武装斗争的重要性。所有这些,为把中国革命推进到土地革命战争的新阶段准备了必要的条件。

【课堂小结】

本章我们学习了新文化运动、五四运动等历史事件,重点学习了马克思主义在中国的传播以及中国共产党的成立是开天辟地的大事变等相关内容。历史选择了马克思主义和中国共产党,也选择了其作为中国革命的指导思想和领导力量。大革命失败后,中国共产党人开始探索符合中国国情的革命道路,逐渐认识到要领导人民取得革命胜利就必须支持无产阶级对革命的领导权,进行土地革命,必须掌握革命的武装,坚持武装斗争!

【思考题】

1. 当代大学生该如何弘扬五四精神?

2. 中国共产党成立后,中国革命发生了哪些变化?

3. 大革命的历史意义及失败的原因和经验教训有哪些?

三、板书设计

专题六　中国共产党的成立是开天辟地的大事变

一、20 世纪初中国先进分子接受马克思主义的历史背景

　　1. 新文化运动与思想解放的潮流

　　2. 俄国十月革命与马克思主义在中国的传播

二、马克思主义在中国的广泛传播和与工人运动的结合

　　1. 五四运动与马克思列宁主义的广泛传播

　　2. 中国工人阶级的成长

　　3. 具有初步共产主义思想的知识分子在马克思列宁主义广泛传播中的作用

三、中国共产党的成立及其对民主革命的初步探索

　　1. 中国共产党的创立

　　2. 中国共产党成立的历史意义

　　3. 中国共产党民主革命纲领的提出及领导下的工运高潮

四、第一次国共合作的形成与国民革命的兴起与失败

　　1. 中国共产党关于国民革命的理论探索与国共合作的革命统一战线的提出

　　2. 国共合作的革命统一战线的建立

　　3. 北伐战争的顺利进行及工农运动的迅速发展

　　4. 统一战线内部激烈的斗争与蒋介石篡夺革命领导权的活动

　　5. 国民革命的历史意义与经验教训

四、资源链接

1.【经典文献】

(1)毛泽东:《新民主主义论》,1940 年 1 月。

(2)习近平:《在庆祝中国共产党成立 95 周年大会上的讲话》,《人民日

报》,2016 年 7 月 2 日。

(3)习近平:《在纪念五四运动 100 周年大会上的讲话》,《党建》,2019年第 5 期。

2.【延伸阅读】

(1)张鸣:《发扬伟大五四精神 坚定中国特色社会主义文化自信》,《科学社会主义》,2019 年第 4 期。

(2)王建敏:《五四精神的当代价值》,《红旗文稿》,2019 年第 18 期。

五、习近平总书记相关论述

1. 中国共产党沿着红船的航向,以开天辟地、敢为人先的首创精神,始终站在历史和时代发展的潮头。上世纪 20 年代的旧中国,是一个半封建半殖民地的社会。"十月革命"一声炮响给我们送来马克思列宁主义,"五四"运动中工人阶级登上政治舞台,这都为中国共产党的诞生作了思想和组织上的准备。中国共产党正是顺应求民族独立、谋人民解放的历史使命,勇立社会历史发展的潮头,在南湖红船上宣告成立,从此使中国革命的历史翻开了崭新的一页。对此,毛泽东同志称之为"开天辟地的大事变"。董必武同志在故地重游中欣然命笔:"烟雨楼台革命萌生,此间曾著星星火;风云世界逢春蛰起,到处皆闻殷殷雷。"南湖红船点燃的星星之火,形成了中国革命的燎原之势,使四海翻腾,五岳震荡。我们党从这里走向井冈山,走向延安,走向西柏坡,由一个领导人民为夺取政权而奋斗的党,成为领导人民掌握政权并长期执政的党。

——习近平:《弘扬"红船精神" 走在时代前列》(2005 年 6 月 21 日)

2. 从革命斗争的这种失误教训中,毛泽东同志深刻认识到,面对中国的特殊国情,面对压在中国人民头上的三座大山,中国革命将是一个长期过程,不能以教条主义的观点对待马克思列宁主义,必须从中国实际出发,实现马克思主义中国化。毛泽东同志创造性地解决了马克思列宁主义基本原理同中国实际相结合的一系列重大问题,深刻分析中国社会形态和阶级状况,经过不懈探索,弄清了中国革命的性质、对象、任务、动力,提出通过新民主主义革命走向社会主义的两步走战略,制定了新民主主义革命总路线,开辟了以农村包围城市、最后夺取全国胜利的革命道路。毛泽东同志创造性地解决了在中国这种特殊的社会历史条件下建设马克思主义政党的一系列重大问题,建成一支具有一往无前精神、能压倒一切敌人而决不被敌人所屈服的新型人民军队。毛泽东同志创造性地解决了团结全民族最大多数人共同奋斗的革命统一战线的一系列重大问题,为党和人民事业凝聚了一支最广大的同盟军。毛泽东同志带领我们党创造性地提出和实施了一系列正确的战略策略,及时解决了中国革命进程中一道道极为复杂的难题,引导中国革命航船不断乘风破浪前进。

——习近平:《纪念毛泽东同志诞辰 120 周年座谈会上的讲话》(2013 年 12 月 26 日)

3. 中国产生了共产党,这是开天辟地的大事变。这一开天辟地的大事变,深刻改变了近代以后中华民族发展的方向和进程,深刻改变了中国人民和中华民族的前途和命运,深刻改变了世界发展的趋势和格局。

——习近平:《庆祝中国共产党成立 95 周年大会上的讲话》(2016 年 7 月 1 日)

4. 近代以后,争取民族独立、人民解放和实现国家富强、人民幸福就成为中国人民的历史任务。在旧式的农民战争走到尽头,不触动封建根基的自强运动和改良主义屡屡碰壁,资产阶级革命派领导的革命和西方资本主义的其他种种方案纷纷破产的情况下,十月革命一声炮响,为中国送来了马克思列宁主义,给苦苦探寻救亡图存出路的中国人民指明了前进方向、提供了全新选择。

——习近平:《纪念马克思诞辰200周年大会上的讲话》(2018年5月4日)

5. 五四运动,以彻底反帝反封建的革命性、追求救国强国真理的进步性、各族各界群众积极参与的广泛性,推动了中国社会进步,促进了马克思主义在中国的传播,促进了马克思主义同中国工人运动的结合,为中国共产党成立做了思想上、干部上的准备,为新的革命力量、革命文化、革命斗争登上历史舞台创造了条件,是中国旧民主主义革命走向新民主主义革命的转折点,在近代以来中华民族追求民族独立和发展进步的历史进程中具有里程碑意义。

——习近平:《纪念五四运动100周年大会上的讲话》(2019年4月30日)

专题七 中国革命的新道路

一、教学说明

1927 年国民革命失败后,中国革命进入土地革命战争时期,代表人民利益的中国共产党人与国民党新军阀进行了一场长达十年的艰苦战争。中国共产党经过艰苦探索与努力,克服了党内盛行的"左"倾错误,找到了符合中国实际的革命新道路,创立了农村包围城市、武装夺取全国政权的理论,为中国革命带来了新的希望。在这条中国革命新道路的曲折探索中,以毛泽东为代表的中国共产党人作出了巨大贡献,下面本章将对这条新道路的艰辛探索历程进行详细讲述。

1. 教学目标

(1)知识目标

让大学生了解国民党政权的性质、内外政策及其统治下的社会政治经济状况,懂得进行土地革命战争的必要性、正义性和进步性;了解中国共产党开创农村包围城市、武装夺取政权的革命新道路的历史背景和艰难历程。

(2)能力与素质目标

让大学生了解中国革命在探索中曲折发展的历程,认识中国革命的长期性、曲折性和不平衡性,领会把马克思主义普遍原理同中国革命具体实践相结合的极端重要性,提升理论与实际相结合分析问题、解决问题的能力,通过长征的学习,帮助自己树立坚定的理想信念和远大的人生目标。

2. 教学重点和难点

(1)教学重点

国民革命失败后,国民党建立的南京国民政府的性质

中国共产党在大革命失败后对中国革命新道路的探索

土地革命战争时期,中国共产党三次"左"倾错误的表现及其根源

(2)教学难点

遵义会议的历史地位和长征精神

中国革命战略重心从城市转向农村的原因

3. 教学方法

采用线上与线下学习相结合,具体运用案例式教学、访谈式教学、体验式教学等教学方法及智慧课堂等教学手段。

4. 学时安排

2 学时。

5. 参考资料及教学资源

(1)《"中国近现代史纲要"专题教学指南》(2018 年版·试行)。

(2)习近平:《在纪念中国工农红军长征胜利 80 周年大会上的讲话》,人民出版社,2018 年。

(3)视频:《恰同学少年》《长征》《中国出了个毛泽东》百家讲坛:《王树增讲长征》。

二、教学过程设计

【课程导入】

中国共产党诞生以后,中国革命的面貌焕然一新,工农运动高潮迭起,沉重打击了中外反动势力。但轰轰烈烈的大革命运动最终失败了,中国共产党面临着敢不敢革命、怎样进行革命以及走什么革命道路的选择。在艰难困苦的环境之中,中国共产党高举革命的大旗,结合中国革命实际,走出了一条属于中国的革命新道路,推动中国革命走向复兴。那么这条新道路是怎么来的呢,下面我们一起探寻其来龙去脉。

【课程讲授】

(一)国民党政权在全国统治地位的确立

国民革命失败后,国民党建立并巩固了在全国的统治地位,中国革命陷入低潮。中国共产党制定了武装反抗国民党反动派和开展土地革命的总方针,对革命新道路进行了艰苦探索。然而此时以蒋介石为代表的国民党在南京建立了国民政府,形式上统一了全国。

【课堂提问】国民党在全国统治地位确立后,建立的政权性质是怎样的?

1927 年,国民党建立了南京政权。1928 年 12 月 29 日,张学良发出通告,宣布"遵守三民主义,服从国民政府,改易旗帜"。至此,经历了北洋军阀时期十数年的分裂之后,中国重新获得名义上的统一,国民党在全国范围内建立了自己的统治。

南京国民党政权建立后,首先建立和控制金融机构,实行金融垄断,迈开了经济垄断的第一步。"四行二局"(四行是中国银行、交通银行、中国农民银行、中央银行,二局为邮政储金汇业局和中央信托局)成为四大家族控制金融、积累资本的主要机构,直接操纵着全国的经济,官僚资本集团还利用国家政权的力量对工商业实行垄断性的掠夺。

国民党政府代表的是帝国主义和地主、买办资产阶级的利益,同广大人民处于尖锐对立的地位,因此它所实行的是残酷的反革命军事独裁统治。

首先,国民党的军队是国民党反动统治的支柱。据1929年3月南京政府官方材料的统计,全国军队有200万人,常备军队数量之多,在当时世界各国亦是少见的。

其次,建立了庞大的全国性特务系统,使全国人民处于法西斯特务的监视之下。

再次,大力推行保甲制度,控制广大人民。

最后,为了控制舆论,剥夺人民的言论和出版自由,国民党还厉行文化专制主义。

国民党建立的政权对外与帝国主义妥协,对内实行专制独裁,已经成为这一时期中国革命的直接目标。中国人民要争得国家独立和自身解放,就必须同这个反动统治作坚决的斗争。

(二)土地革命战争的兴起

1927年国民党反动集团背叛革命后,对革命人民进行残暴的屠杀,使共产党数量从中共五大时的近6万人急剧减少到1万多人,白色恐怖笼罩着全国。

在极端恶劣的白色恐怖中,成千上万的中国共产党人不惧任何困难,始终将革命坚持到底。下面请同学们阅读案例"英勇的共产党人夏明翰",体会一下中国共产党人在极端困难的环境中,体现了怎样的革命精神?

【案例】英勇的共产党人夏明翰

1928年春天,夏明翰化装成商人,秘密地来到武汉进行工作。当时,正是白色恐怖十分严重的时候。蒋介石和汪精卫勾结在一起,大肆屠杀共产党人和革命人民。由于叛徒告密,夏明翰被捕了。

敌人把夏明翰关进监狱，先是劝他"投降"，说什么只要他放弃信仰共产主义，就一定亏待不了他。夏明翰毫不含糊地回答说："我可以牺牲我的生命，决不放弃我的信仰！"

于是敌人又对他来硬的，用尽各种刑罚，直把他折磨得遍体鳞伤，血肉模糊。可是，对于胸怀共产主义理想的夏明翰，皮肉的痛苦不能动摇他革命的坚强意志。

敌人对夏明翰实在没有办法，决定杀害他。在杀害之前，敌人又对他进行一次审问。

一个杀气腾腾的反动军官问夏明翰："你姓什么？"

夏明翰镇定地回答："我姓冬。"

那个反动军官一听，生气地说："什么，你明明姓夏，为什么说姓冬？"

夏明翰冷冷一笑说："这是跟你们学来的。你们从来都是把黑的说成白的，把卖国说成爱国。照你们的做法，我姓夏当然应该说成姓冬。"

那个反动军官气得要死，但他还不死心，又问夏明翰："你多大年岁？"

夏明翰白了他一眼，回答说："我是共产党，共产党万万岁！"

那个反动军官又问："你的家在哪里？"

夏明翰的声音越来越高，说："革命者四海为家，我的家在全世界！"

"我在问你，你们的人都在哪里？"

夏明翰听了，狠狠地盯了那个反动军官一眼，斩钉截铁地回答："我们的人都在我心里。"说完，把嘴一闭，再也不说一个字。

敌人把夏明翰押到刑场的时候，夏明翰昂着头，挺着胸，一边大步往前迈，一边高唱《国际歌》。敌人急了，问他："你还有什么话要说？"

夏明翰大声说："给我拿纸来！"

夏明翰接过纸笔。略一深思，随即昂然一笑，抓起笔就写了一首诗："砍头不要紧，只要主义真。杀了夏明翰，还有后来人。"然后用力把笔往地下一扔,就英勇就义了。

【案例分析】在国民党反动派残酷的屠刀之下,以夏明翰为突出代表的中国共产党人并没有被吓倒、被征服、被杀绝。他们从地下爬起来,揩干身上的血迹,掩埋好同伴的尸首,又继续投入了战斗。中国革命的成功,正是一代又一代革命的中国共产党人抛头颅、洒热血铸就的。

1927年8月1日,在以周恩来为首的中共前敌委员会领导下,贺龙、叶挺、朱德、刘伯承等率领我党直接掌握和影响下的军队2万余人,举行南昌起义,打响了武装反抗国民党反动派的第一枪。南昌起义虽然失败了,但它宣告了中国共产党独立领导革命战争、创建人民军队、武装夺取政权的开始。

【视频】八一南昌起义(时长:1分21秒)

8月7日,中共中央在汉口召开紧急会议,清算了大革命后期的陈独秀右倾机会主义错误,选出了以瞿秋白为书记的中央临时政治局,确定了进行土地革命和武装反抗国民党统治的总方针,同时决定在湘、鄂、赣、粤四省农民运动基础较好的地方发动秋收起义。八七会议是中国共产党历史上由大革命失败到土地革命战争兴起过程中一次具有转折意义的会议,为挽救中国共产党和中国革命做出了重大贡献。

【视频】八七会议(时长:1分15秒)

1927年9月9日,毛泽东等领导的湘赣边界秋收起义爆发。起义军公开打出了"工农革命军"的旗帜;在攻打长沙遭遇严重挫折后,起义部队决定向敌人控制比较薄弱的井冈山地区转移。湘赣边界秋收起义和向井冈山进军是将革命的退却和进攻结合起来的典范,也是把党的工作重心转到农村的开始。这是一种新的进攻,进攻方向由城市转向敌人力量比较薄弱的农村,由此开始了中国共产党以土地革命为开端的对中国革命新道路的伟大探索。

秋收起义是土地革命战争时期,中国共产党领导下发动的一次具有代表性的武装起义,也是中国共产党开始向农村转移的重要起点,下面,我们通过一个简单的案例来了解一下秋收起义。

【案例】秋收起义总指挥卢德铭

1927年9月25日,毛泽东率领的秋收起义部队在萍乡芦溪遭到江西国民党军队的袭击。为了掩护部队撤退,总指挥卢德铭英勇牺牲。这位年轻将才的牺牲,使毛泽东痛惜不已:"还我卢德铭!"

卢德铭,又名继雄,字邦鼎,号又新,四川宜宾人,生于1905年6月9日。1921年,卢德铭考入成都公学。中学学习期间,卢德铭开始接触《新青年》等进步书刊,接受马克思主义。面对帝国主义瓜分中国,军阀连年混战,卢德铭决心学习军事,以武力打倒列强和军阀。1924年初,卢德铭到广州投考黄埔军校,因路途遥远错过考期,通过老同盟会员李筱亭推荐,见到了孙中山。孙中山看到李筱亭写给他的举荐信,直接出考题"当今国民革命之首要任务"。卢德铭即席应试,文章激情飞扬,有理有据,忠胆毕露。孙中山阅后满意之极,当即推荐入学并提点他务必言行一致。最终,卢德铭被破格批准入黄埔军校第二期步兵队,同年加入中国共产党。

1926年5月,时任叶挺独立团第二营第四连连长的卢德铭,作为北伐先锋挺进湖南。在北伐战争中,由于作战勇敢,卢德铭先后升任独立团第一营营长、第七十三团参谋长、第四集团军第二方面军总指挥部警卫团(即武汉国民政府警卫团)团长。

1927年8月2日,卢德铭率警卫团前往南昌参加起义。因南昌起义部队已南下,他遂率警卫团进驻修水县城。9月9日,卢德铭率警卫团参加毛泽东领导的湘赣边界秋收起义,并任起义部队总指挥。起义受挫后,在9月19日的文家市前委会议上,毛泽东主张放弃攻打长沙,把起义军转移到敌人统治力量薄弱的农村山区。师长余洒渡(后脱党)顽固坚持"取浏阳直攻长沙"的错误意见。卢德铭坚决支持毛泽东的主张,认为再攻长沙就有全军覆没的危险。卢德铭支持毛泽东的意见,对于会议统一思想,起了重要作用。会议经过激烈争论,最后通过了毛泽东的正确主张。

20日,中国工农革命军在毛泽东领导下,由浏阳文家市出发,向井冈山进军,经桐木、小枧,22日到达萍乡芦溪宿营。

23日拂晓,部队从芦溪更田村宿营地出发,江西军阀朱培德部队江保定保安特务营和江西第四保安团从萍乡赶来尾随追击,部队行进在离开芦溪15华里的山口岩时,后卫第3团遭敌军数路夹击,部队损失严重。

为掩护部队前进,卢德铭挺身而出,从前队折回,带领一个连抢占高地阻击特务营和保安团,同时指挥被打散的第3团官兵向前卫部队靠拢,在此过程中被一颗子弹击中右胸,壮烈牺牲,年仅22岁。

毛泽东在他牺牲后赞道:"德铭同志为革命保留了火种,他是一名出色的军事指挥员,他的一生是革命的一生,是战斗的一生。"

2009年9月14日,卢德铭被评为100位为新中国成立作出突出贡献的英雄模范之一。

【案例分析】革命前辈的无畏、智慧、在危难时刻挺身而出的精神,是后人应该不断传承下去的红色价值观。正如焦裕禄同志教育党员干部所说:"革命者要在困难面前逞英雄""越是困难的时候,干部越要振奋精神,挺身而出,给群众做个榜样。"

(三)中国革命新道路的开辟

以农村为工作重点,到农村去发动农民,开展武装斗争,建设根据地,进行土地革命,这是1927年以后中国革命发展的客观规律所要求的。但是农村包围城市、武装夺取政权这条革命新道路的开辟,并不是一帆风顺的,它凝结中国共产党人的艰苦探索,依靠了党和人民的集体奋斗,凝聚了党和人民的集体智慧。而毛泽东是成功地把党的工作重心由城市转入农村,在农村保存、恢复和发展革命力量的主要代表。在中国革命的严重转折关头,他不仅表现了政治上的极大坚定性，而且显示了巨大的理论勇气和杰出的创造才能，坚持实事求是的思想路线，深刻地总结了党和人民奋斗的经验，正确地揭示了中国革命发展的特殊规律，为开辟中国革命新道路作出了巨大贡献。

【课堂提问】以毛泽东为主要代表的中国共产党人是怎样探索和开辟中国革命新道路的？

第一，在实践上，毛泽东率先自觉地把武装斗争的攻击方向首先指向了农村。

早在1927年大革命失败以前，毛泽东就已经明确指出无产阶级领导农民斗争的极端重要性以及在这个问题上的右倾危险。在大革命失败的前夜，1927年6月中旬，毛泽东即同李立三、郭亮召集马日事变后湖南来武汉向国民政府请愿惩办许克祥的共产党员和积极分子开会。他要求大家回到原来的工作岗位，长沙站不住，城市站不住，就到农村去，下乡组织农民。要发动群众，恢复工作，山区的人上山，湖滨的人上船，拿起枪杆子进行斗争，武装保卫革命。7月初，他在中共中央常委会上指出，"上山可造成军事势力的基础"，"不保存武力则将来一到事变我们即无办法"。① 以上事实说明，毛泽东后来集中力量到农村去搞武装割据，是经过深思熟虑的。八七会议后，毛泽东受命以中共中央特派员身份回湖南发动和组织湘东赣西的秋收起义。在秋收起义部队进攻长沙的计划受挫之后，毛泽东否定了"取浏阳直攻长沙"的主张，率起义部队进军井冈山，开始了中国革命重心的伟大转移。1927年10月7日，毛泽东率领工农革命军到达井冈山北麓宁冈县茅坪，开始了创建井冈山革命根据地的斗争。1928年2月，工农革命军先后攻克茶陵、遂川、宁冈3个县城，成立了县工农兵政府。这样，以宁冈为中心的湘赣

---

① 《毛泽东年谱（1893—1949）》（上卷），中央文献出版社，1993年，第205页。

边界革命根据地初步形成。1928年4月,朱德、陈毅率领的南昌起义军余部转战到达井冈山,两军胜利会师。这样,工农革命军的力量由2000人增加到1万多人,大大增强了井冈山革命根据地的实力。

第二,在理论上,毛泽东阐明了武装斗争的极端重要性和农村应当成为党的工作中心的思想。

在八七会议上,毛泽东总结大革命失败的历史教训,提出"从前我们骂中山专做军事运动,我们则恰恰相反,不做军事运动专做民众运动。蒋、唐都是拿枪杆子起的,我们独不管……湖南这次失败,可说完全由于书生主观的错误,以后要非常注意军事。须知政权是由枪杆子中取得的"[①]。在1927年8月18日中共湖南省委讨论秋收暴动问题的会议上,毛泽东进一步指出:"我们党从前的错误,就是忽略了军事。现在应以百分之六十的精力注意军事运动,实行在枪杆子上夺取政权,建设政权。"[②]

毛泽东在1928年5月召开的中共湘赣边界第一次代表大会上所作的报告,总结了创建井冈山根据地的经验,批评了右倾悲观思想,反对逃跑主义,重申建设罗霄山脉中段政权的方针,提出深入土地革命、加强革命根据地政权建设、军队建设和党组织建设的任务,初步回答了一些人提出的"红旗到底打得多久"这一关系到中国革命根据地和红军能不能存在和发展的基本问题。1928年10月,中共湘赣边界第二次代表大会通过了毛泽东起草的决议案(《中国的红色政权为什么能够存在?》是其中的一部分),决议案对"中国的红色政权为什么能够存在"的条件进行了比较详细、充分的论证。同年11月,毛泽东在《井冈山的斗争》一文中阐明了共产党领导的土地革命、武装斗争与根据地建设这三者之间的辩证统一关系,进一步论证了"工农武装割

---

① 《毛泽东文集》(第一卷),人民出版社,1993年,第47页。

② 《毛泽东文集》(第一卷),人民出版社,1993年,第48页。

据"的思想。毛泽东在 1930 年 1 月 5 日致林彪的信（即《星星之火,可以燎原》一文）中,分析了半殖民地中国的特殊国情,明确指出"红军、游击队和红色区域的建立和发展,是半殖民地中国在无产阶级领导之下的农民斗争的最高形式,和半殖民地农民斗争发展的必然结果;并且无疑义地是促进全国革命高潮的最重要因素"①。1930 年 5 月,毛泽东在《反对本本主义》一文中,阐明了坚持辩证唯物主义的思想路线的极端重要性,提出了"中国革命斗争的胜利要靠中国同志了解中国情况"②等重要思想,表现了毛泽东开辟新道路、创造新理论的革命首创精神。

　　此外,在实际工作中,毛泽东运用马克思主义的立场、观点、方法,总结群众斗争的经验,创造性地解决了在分散的农村游击战争的环境下,如何加强无产阶级政党的建设以及人民军队的建设、如何开展土地革命、如何进行根据地的各方面建设等为坚持和发展农村根据地所必须解决的一系列根本问题。尽管当时毛泽东在组织上并不是全党的领袖,但他所领导的斗争和他所概括的经验还是在广大范围内发生了极其深刻的影响。

　　在中国革命新道路的开辟过程中,毛泽东做出了极大的贡献,下面我们通过一个简单的案例"八角楼的灯光"感受一下毛泽东在为中国革命新道路开辟进程中所做的努力。

　　【案例】八角楼的灯光

　　说到八角楼,可能不少人会想到那首耳熟能详的红歌《八角楼的灯光》:"天上的北斗星最明亮,茅坪河的水啊闪银光,井冈山的人哎,抬头望哎,八角楼的灯光哎照四方,我们的毛委员在灯光下写文章,革命风雷笔下起,五洲四海红旗扬……"

―――――――――――――

　　① 《毛泽东选集》(第一卷),人民出版社,1991 年,第 98 页。
　　② 《毛泽东选集》(第一卷),人民出版社,1991 年,第 115 页。

毛泽东主席与八角楼可谓有着不解之缘。自 1927 年 10 月 7 日,毛泽东引兵井冈山后,在八角楼上办公和居住的时间最长。期间,为了厉行节约,毛泽东向全军宣布了一个关于使用油灯的规定:团、营、连部晚上办公时用一盏灯,可点三根灯芯,办完公要熄掉,连部留一盏灯作带班、查哨用,只准点一根灯芯。

按规定,毛泽东是党和军队的领导人,可以使用三根灯芯,但自从宣布规定那天起,每当夜幕降临,八角楼上便经常只亮着一盏燃着一根灯芯的青油灯,毛泽东就在这盏如豆的油灯下工作至深夜。

这天夜里,因为下了入冬以来的第一场雪,让人感到格外寒冷。住在楼下的警卫员担心毛委员受冻着凉,设法搞到了一个火笼,想送给毛委员御寒。谁知毛泽东却拒绝他:"小鬼啊,你看我身上都披着线毯了,不会有冷的。你把火笼送给感冒了的谭秘书(谭政)吧。"见警卫员站着不动,毛泽东只好接过火笼自己来到了前委秘书们的住处,将火笼送了过去。见毛泽东下楼去了,警卫员只好磨蹭着往回走。当看到毛泽东房间实在太暗了,就情不自禁地往油灯里多拨了一根灯芯。

毛泽东回到房间后,见灯变得亮多了,皱了一下眉,重新把添加的一根灯芯拨开,并继续在昏暗的油灯下奋笔疾书。

寒夜中的毛泽东虽然在八角楼上彻夜未眠,却始终保持着昂扬的斗志。他披着一方薄毯,用一根灯芯点亮了八角楼上的夜夜光辉,写出了《红色政权为什么能够存在》《井冈山的斗争》两篇文章,打消了上至中央下到军民关于"红旗到底打得多久?"的疑问,照亮了井冈山根据地的前程。

【案例分析】八角楼灯光下,诞生了指导中国革命的多部光辉著作,体现了毛泽东善于从实践中总结经验,升华理论,敢为人先。这启示我们,在任何时候都要实事求是,善于从实践中发现问题,总结经验,勇闯新路。

随着革命新道路的开辟,中国革命开始走向复兴。到 1930 年初,共产党领导人民群众建立了大小十几块农村根据地,红军发展到 7 万人。红军的壮大和革命根据地的发展,使国民党统治当局感到震惊和恐慌。从 1930 年 10 月起,蒋介石集中重兵,向南方各根据地的红军发动大规模的"围剿"。从 1930 年 10 月到 1931 年 7 月,红一方面军在毛泽东、朱德等指挥下,贯彻积极防御的方针,运用"诱敌深入""避敌主力、打其虚弱"等一整套行之有效的灵活机动的战术,集中优势兵力打歼灭战,连续粉碎了国民党军队的三次"围剿"。1932 年底,又取得了第四次反"围剿"战争的胜利。

在大革命失败、白色恐怖极其严重的条件下,中国革命之所以能够得到坚持和发展,根本的原因,就在于中国共产党领导农民进行了土地革命,为农民利益而认真奋斗,从而赢得了中国革命的主力军——农民的拥护与支持。

【课堂讨论】怎样才能从根本上发动农民,调动农民的革命积极性呢?最根本的就是要满足人民的土地需求,请同学们观看视频"土地问题",并结合课本,了解一下中国共产党是如何进行土地革命的,并思考进行土地革命的意义是什么?

【视频】土地问题(时长:1 分 14 秒)

1928 年 12 月,毛泽东在井冈山主持制定了中国共产党历史上第一个土地法,以立法的形式,首次肯定了广大农民以革命的手段获得土地的权利。由于缺乏经验,这个土地法关于没收一切土地归苏维埃政府所有等方面的规定,并不适合中国农村的实际。1929 年 4 月,毛泽东在赣南发布第二个土地法,将"没收一切土地"改为"没收一切公共土地及地主阶级的土地"。1931 年 2 月,在进一步总结根据地土地革命的经验基础上,毛泽东还和邓子恢等一起制定了土地革命中的阶级路线和土地分配方法:坚定地依靠贫农、雇农,联合中农,限制富农,保护中小工商业者,消灭地主阶级;以乡为单位,按人口平分土地,在原耕地的基础上,实行抽多补少、抽肥补瘦。至此,中国共产党在中国历史上第一个制定了可以付诸实施的比较完整的土地革命纲领和路线。

进行土地革命,使广大农民在真正意义上获得土地的所有权,是中国共产党取得农民支持的重要原因,井冈山时期,以毛泽东为代表的中国共产党人在井冈山等地区开展了大范围的土地革命运动,满足了中国几千年来农民对土地的需求与渴望。下面我们通过一个简单的案例"井冈山农民首次喊出了'共产党万岁'",来了解一下土地革命带来的重要意义。

【案例】井冈山农民首次喊出了"共产党万岁"

秋收起义迭受挫折后的毛泽东放弃攻打中心城市长沙的原定计划,于1927年10月起,引兵湖南、江西两省交界处的井冈山,亲手领导创建了中共第一个农村革命根据地,不仅形成了伟大的井冈山精神,而且开展了伟大的井冈山土地革命。1928年5月,湘赣边区政府采取"全部没收,平均分配"的方法,按田的好坏平均分配给农民。同年7月,根据地的分田基本结束,农民终于获得了梦寐以求的土地,种田的积极性极大高涨。这一年,粮食增产了一倍多,加之又不要交苛捐杂税,收成粒粒归自己,不但能吃饱,而且还有结余。这年冬天,第一次解决了温饱的农民聚集在乡工农政府的大祠堂门前,七嘴八舌地议论着怎样来表达对为农民谋幸福之红色政权的感激。桐木岭农民邱启山有些见识,他说:"过去老百姓称皇帝为万岁,毛委员救了我们穷苦人,他是共产党的代表,我们穷苦人就喊共产党万岁。"大家都认为邱启山讲得很有道理,要他喊一喊。邱启山便站在祠堂前,举起手高呼:"共产党万岁!"在场的农民也跟着振臂呼喊起来。从此,这个口号就在井冈山革命根据地内传开了。

【案例分析】土地是农民的命根子,要赢得农民,就要解决农民的土地问题,因此边界政府从实际出发,开展了土地革命,因为这是唤起工农,发动群众最重要的手段。由此,我们要认识到,维护和发展了人民群众的根本利益,就能广泛发动群众、赢得群众。我们要永远牢记为人民服务的根本宗旨。

在中国共产党的土地革命纲领和路线的指引下,根据地开展了热火朝天的"打土豪,分田地"的斗争,带来了一场轰轰烈烈的农村社会大变动。广大贫苦农民分得了祖祖辈辈梦寐以求的土地。广大贫苦农民从分得土地这个活生生的事实中,看清了红军确实是为他们的利益奋斗的,就从各方面全力支持红军和根据地的发展。为根据地红军的成长壮大,奠定了重要的基础。

【课堂提问】开展土地革命的意义是什么?

第一,农村阶级关系发生了剧烈的变动,被压迫的贫苦农民在政治上翻了身。

第二,广大无地少地农民分得土地后,生产积极性高涨,推动了生产力的发展,改善了生活。

第三,最重要的是广大农民在政治、经济上的翻身,激发了他们的革命积极性,为武装斗争和根据地建设奠定了雄厚的群众基础。

第四,在大革命失败、白色恐怖极其严重的条件下,中国革命之所以能够得到坚持和发展,根本的原因,就在于中国共产党紧紧地依靠了农民,领导农民进行了土地制度的革命。

(四)土地革命战争的发展及其挫折

1931 年 11 月,中华苏维埃第一次全国代表大会在江西省瑞金县叶坪村举行。大会通过了《中华苏维埃共和国宪法大纲》以及土地法令、劳动法等法律文件;选举产生了中华苏维埃共和国中央执行委员会;成立了中华苏维埃共和国临时中央政府,毛泽东当选为中央执行委员会主席。在苏维埃政府的领导下,根据地的经济建设、文化建设等都取得了很大成就,根据地呈现出生机勃勃的景象。

但是中国革命的复兴和发展并不是一帆风顺的。大革命失败后,在纠正陈独秀右倾机会主义错误的同时,中国共产党内开始滋长一种"左"的急躁情绪。从1927年7月大革命失败到1935年1月遵义会议召开之前,"左"倾错误先后三次在党中央的领导机关取得了统治地位。

【课堂提问】中国共产党早期在探索中国革命道路上所经历的三次"左"倾错误是什么?

第一次是1927年11月至1928年4月的以瞿秋白为代表的"左"倾盲动错误,认为革命形势在不断高涨,盲目"创造总暴动的局面"。这是在革命遭受严重挫折时产生的,带有浓厚拼命色彩的蛮干。

第二次是1930年6月至9月以李立三为代表的"左"倾冒险主义,错误地认为中国革命乃至世界革命进入高潮,盲目要求举行全国暴动和集中红军力量攻打中心城市。这是在革命重新走向复兴时,由于对革命发展的有利形势做出夸大的估计而产生的急性病式的冒险行动。

第三次是1931年1月至1935年1月以陈绍禹(王明)为代表的"左"倾教条主义。其主要错误是:在革命性质和统一战线问题上,混淆民主革命与社会主义革命的界限,将反帝反封建与反资产阶级并列,将民族资产阶级视为中国革命最危险的敌人,一味排斥和打击中间势力。在革命道路问题上,继续坚持以城市为中心,将准备城市工人的总同盟罢工和武装起义作为共产党最主要的任务;指令根据地的红军采取"积极进攻的策略",配合攻打中心城市。在土地革命问题上,提出坚决打击富农和"地主不分田,富农分坏田"的主张。在军事斗争问题上,实行进攻中的冒险主义、防御中的保守主义、退却中的逃跑主义。在党内斗争和组织问题上,推行宗派主义和"残酷斗争,无情打击"的方针。

王明"左"倾教条主义错误,对中国革命造成的最大恶果,就是使红军在第五次反"围剿"作战中遭到失败,不得不退出南方根据地实行战略转移——长征。这次错误使红军和根据地损失了90%,国民党统治区党的力量几乎损失了100%,中国革命受到严重挫折,其教训是极其惨痛而又深刻的。

【课堂讨论】中国共产党这一时期屡次出现"左"倾错误的原因是什么?

在20世纪20年代后期、30年代前期,中国共产党内屡次出现"左"倾错误,而且一次比一次严重,这种现象的出现,绝不是偶然的,有着深刻的政治根源和社会历史根源。其原因主要有:

第一,社会原因。处于半殖民地半封建社会的中国共产党是在小资产阶级包围之中,并且在党内,小资产阶级出身的党员也占着很大的比重。小资产阶级表现为观察问题时的主观性和片面性,党内出现只重书本知识不注重实际的教条主义,只重感性知识而轻视理论的经验主义。因此,这些思想比较容易反映到党内来,影响党的思想和路线、政策。王明等人按照主观主义的思想路线办事,就不能不在实践中碰壁。

第二,主观原因。那时,全党的马克思主义理论准备不足,理论素养不高,实践经验也很缺乏,对于中国社会的性质、中国革命的特点和规律不了解,还不善于把马克思列宁主义与中国实际全面地、正确地结合起来。

第三,八七会议以后,党内一直存在着的浓厚的"左"倾情绪始终没有得到认真的清理。

第四,共产国际对中国共产党内部事务的错误干预和瞎指挥。王明等"左"倾教条主义打着马列主义的旗号,得到共产国际的支持,具有很大的欺骗性。

(五)中国革命的历史性转折

由于王明"左"倾错误的严重干扰,全国红军和根据地遭到严重破坏,中央红军被迫进行战略大转移。1934年10月中旬,中共中央机关和中央红军(又称红一方面军)8.6万人撤离根据地,从福建长汀、宁化和江西瑞金、于都等地出发,向西突围转移,开始长征。

1935 年 1 月初红军强渡乌江,攻下了黔北重镇遵义城。1 月 15 日至 17 日,中共中央在这里召开了政治局扩大会议,这就是著名的遵义会议。

【课堂提问】遵义会议是中国共产党历史上一次伟大的转折,那么请同学们观看视频"遵义会议",并结合课本,思考遵义会议的历史地位和历史作用是什么?

【视频】遵义会议(时长:1 分 45 秒)

遵义会议集中解决了当时具有决定意义的军事问题和组织问题,会议通过决定,增选毛泽东为中央政治局常委;指定张闻天起草《中央关于反对敌人五次"围剿"的总结的决议》(即遵义会议决议);由最高军事首长朱德、周恩来为军事指挥者,而周恩来是党内委托的对于指挥军事上下最后决定的负责者。

遵义会议结束了王明"左"倾冒险主义在党中央的统治,确立了毛泽东在红军和党中央的领导地位,使党的路线开始转到了把马克思列宁主义普遍真理同中国革命实际相结合的正确轨道上来,从而在极其危急的情况下挽救了中国共产党、挽救了中国工农红军、挽救了中国革命,成为中国共产党历史上一个生死攸关的转折点,也是中国共产党从幼年的党走上成熟的党的重要标志。

遵义会议以后,由周恩来、毛泽东、王稼祥组成的"三人军事指挥小组"全权负责指挥红军的军事行动。在当时的战争环境中,这是党中央最重要的领导机构。这个"新三人团"名义上以周恩来为首,实际上是以毛泽东为核心。中央红军在以毛泽东为代表的中共中央的正确指挥下,采取机动灵活的运动战,红军转危为安。

1936 年 10 月,红二、四方面军先后同红一方面军在甘肃会宁、静宁将台堡(今属宁夏回族自治区)会师。至此,三大主力红军的长征胜利结束。

【视频】外国人看长征(时长:1分31秒)

【课堂讨论】中国工农红军长征胜利的重要历史意义是什么?

中国工农红军两万五千里长征,是中外历史纪录上的第一次,是最伟大的人间奇迹。长征是宣言书,它向全世界宣告,帝国主义和蒋介石围追堵截的破产。长征又是宣传队,它向广大人民宣布,只有红军的道路才是解放他们的道路。长征又是播种机,它散布的革命种子,必将发芽、长叶、开花、结果。

中国工农红军的长征是一部伟大的革命英雄主义的史诗。它向全中国和全世界宣告,中国共产党及其领导的人民军队,是一支不可战胜的力量。共产党员和红军指战员在长征中所表现出来的坚定的共产主义理想、革命必胜的信念、艰苦奋斗的精神和一往无前、不怕牺牲的英雄气概,构成了伟大的长征精神,它永远激励着中国共产党人、中国人民和人民军队奋勇向前。

红军长征胜利,开创了中国革命的新局面。长征的磨难和考验,锻炼了中国革命力量,为党的队伍和革命力量的壮大、为革命事业的发展培养了基本骨干。红军长征实现了中国共产党北上抗日的战略方针,推动了抗日民族统一战线的形成。红军长征胜利,为中国人民夺取抗日战争胜利、进而夺取新民主主义革命胜利打下了坚实基础。

在长征途中,中国共产党人经历千难万险,但始终铭记初心,为民服务,深刻的人民情怀体现于长征途中的方方面面。下面我们从一个简单的案例来了解一下中国共产党人深切的人民情怀:

【案例】半条被子

1934年11月5日,中央和军委纵队及红军主力分三路,从湖南汝城南出发,沿大坪、新桥、界头、延寿等乡村进军宜章。这三路进军路线都在崇山峻岭中,沿途一山更比一山高,一山更比一山难。

红军面临的形势非常严峻。当时，蒋介石已经基本弄清中央红军主力突围的大方向是西进，与湘西贺龙领导的红军会合。因此，任命湘军头子何健为"追剿"总司令，指挥湘军和蒋系薛岳、周浑元部 16 个师，专门追击红军。红军在汝城遭到敌军的顽抗，迫于形势只好放弃汝城，翻过大山向宜章进军。汝城有一个文明乡，过去叫文明司。11 月 6 日，红军先头部队进入文明司。11 月 11 日，中央军委主席朱德给在文明司担任卫戍司令的李维汉发电，命令他率部继续钳制敌人，掩护中央军委纵队前进。红军就是这时经过了一个叫沙洲的村子。

11 月 6 日，三位女红军住进村里的妇女徐解秀家里。当天晚上她们四人一块睡在厢房里，盖的是她床上的一块烂棉絮和一条红军的被子。第二天下午，女红军要走了。为了感谢徐解秀，她们把仅有的一条被子剪了一半送给她。徐解秀不忍心，也不敢要。三位红军说：红军同其他当兵的不一样，是共产党领导的，是人民的军队，打敌人就是为了老百姓过上好生活。

在她们互相推让的时候，红军大部队已经开始翻山。徐解秀和丈夫朱兰芳送她们走过泥泞的田埂，到了山边时，天快黑了。徐解秀不放心，想再送一程，因为是小脚，走路困难，就让丈夫送她们翻山。年年这几天，她都要在与女红军分别的山脚下等好久。

红军离开沙洲村后，敌人随后赶来，把全村人都赶到祠堂里，逼大家说出谁给红军做过事，大家都不说，敌人就搜家。女红军留给徐解秀的半床被子也被搜走了，还把她拖到祠堂里跪了半天。

1984 年 11 月 7 日，罗开富在沙洲村见到了已经年过八旬的徐解秀老人。她问罗开富："你能见到红军吗？"罗开富答："能见到。"她说："那就帮我问问，她们说话要算数呀，说好了，打败敌人要来看我的呀！"她说到这里，脸上已流下了泪水。

丈夫和三个女红军走了，徐解秀苦苦等了 50 多年。那间厢房的陈设也一直是原来的样子。徐解秀还记得临别前女红军对她说过的话："大嫂，天快黑了，你先回家吧。等胜利了，我们会给你送一条被子来，说不定还送来垫的呢。"徐解秀抹着眼泪说："现在我已有盖的了，只盼她们能来看看我就好。"

徐解秀说："虽然那辰光为了红军留下的半条被子吃了点儿苦，不过也让我明白了一个道理，什么叫红军，什么叫共产党，共产党就是自己只有一条被子，也要给穷苦人半条的人。"

【案例分析】这个"半条被子"的故事，在纪念中国工农红军长征胜利80周年的讲话上，习近平总书记曾经深情引用，并强调"走好今天的长征路，必须把人民放在心中最高位置"①。"半条被子"生动形象地诠释了共产党人的初心，共产党人与人民群众荣辱与共、风雨同舟的鱼水深情，是共产党始终依靠群众、始终为了群众的不变初心。"全心全意为人民服务"的根本宗旨，不仅仅体现在口头上，更具体地体现在"半条被子"上。

【课堂讨论】两万五千里长征塑造了伟大的长征精神，长征精神鼓舞中国共产党人和中国人民不断破除一切艰难险阻，取得中华民族伟大复兴征程上一个又一个伟大胜利，那么我们伟大的长征精神具体是什么呢？

习近平总书记在纪念中国工农红军长征胜利80周年大会上的讲话中，对伟大的长征精神及长征精神的新时代启示做出了以下阐述：

伟大长征精神，就是把全国人民和中华民族的根本利益看得高于一切，坚定革命的理想和信念，坚信正义事业必然胜利的精神；就是为了救国救民，不怕任何艰难险阻，不惜付出一切牺牲的精神；就是坚持独立自主、实事求是，一切从实际出发的精神；就是顾全大局、严守纪律、紧密团结的精神；就是紧紧依靠人民群众，同人民群众生死相依、患难与共、艰苦奋斗的精神。

---

① 习近平：《在纪念红军长征胜利80周年大会上的讲话》，人民出版社，2016年，第14页。

伟大长征精神,是中国共产党人及其领导的人民军队革命风范的生动反映,是中华民族自强不息的民族品格的集中展示,是以爱国主义为核心的民族精神的最高体现。

伟大长征精神,作为中国共产党人红色基因和精神族谱的重要组成部分,已经深深融入中华民族的血脉和灵魂,成为社会主义核心价值观的丰富滋养,成为鼓舞和激励中国人民不断攻坚克难、从胜利走向胜利的强大精神动力。每一代人有每一代人的长征路,每一代人都要走好自己的长征路。今天,我们这一代人的长征,就是要实现"两个一百年"奋斗目标、实现中华民族伟大复兴的中国梦。长征永远在路上。一个不记得来路的民族,是没有出路的民族。不论我们的事业发展到哪一步,不论我们取得了多大成就,我们都要大力弘扬伟大长征精神,在新的长征路上继续奋勇前进。

(六)总结历史经验,迎接全国性的抗日战争

1935 年 12 月 17 日,瓦窑堡会议正式开始。会议一致通过了《中共关于目前政治形势与党的任务决议》,决议特别强调建立最广泛的抗日民族统一战线的重要性。瓦窑堡会议是从土地革命战争时期到抗日战争时期的伟大转变中召开的一次极其重要的会议。它表明党中央克服了长征前一段时期内"左"倾冒险主义、关门主义的指导思想,制定了抗日民族统一战线的政策,使党在新的历史时期将要到来时掌握了政治上的主动权。

为了总结大革命、土地革命战争胜利和失败两次反复的经验教训,阐明党的马克思主义的政治、军事、思想路线,克服党内长期存在的以教条主义为特征的"左"倾思想,防止在新的历史条件下可能复活的右倾错误,迎接即将到来的革命的新的高涨,毛泽东集中很大的精力,从事理论工作。他在这个时期写下的《论反对日本帝国主义的策略》《中国革命战争的战略问题》《实践论》《矛盾论》等著作,有力地加强了中国共产党自身的思想理论建设。以毛泽东为代表的中共中央所进行的理论工作,紧密结合中国革命的实际,

系统地阐述了党的政治路线、军事路线和思想路线,从思想上、理论上武装了中国共产党人,使他们满怀信心地去投入抗日民族解放战争。

【课堂小结】

大革命失败,表明俄国十月革命道路模式在中国走不通。中国共产党结合中国革命实际开始了对中国革命道路的艰苦探索,1927 年 10 月,毛泽东同志在井冈山建立了第一个农村革命根据地,以此为起点,中国共产党领导下的革命力量在随后的几年里得到了蓬勃发展。到 1930 年 3 月,全国红军已有 13 个军,6.2 万多人。除毛泽东领导的赣西南、闽西根据地外,重要的革命根据地还有湘鄂西、鄂豫皖、闽浙赣、湘鄂赣、广西的左右江、广东的东江河琼崖、湘赣等。这是以毛泽东为主要代表的中国共产党人成功开辟中国革命新道路给中国革命所带来的新的希望和光明前景。但是由于党内连续的"左"倾教条主义的错误,给革命事业带来了严重的损害,红军被迫进行长征,在遵义会议后党内逐渐确立起以毛泽东为主要代表的马克思主义的正确路线在党中央的领导地位,红军长征取得了胜利。红军到达陕北以后,正是中华民族全面抗战的前夜,中国共产党及其领导下的人民军队在接下来的全民族抗战中谱写了伟大的篇章,成为抗日战争的中流砥柱。

【思考题】

1. 以毛泽东为主要代表的中国共产党人是如何在革命实践中探索和开辟中国革命道路的?

2. 20 世纪 20 年代后期、30 年代前中期,中国共产党内为什么连续出现"左"倾错误?

3. 试析遵义会议在中国革命史上的转折意义?

4. 怎样认识长征的意义?为什么要继承和发扬长征精神?

5. 土地革命战争时期,中国共产党是如何总结历史经验、加强党的思想理论建设的?

三、板书设计

```
专题七　中国革命的新道路
一、对革命新道路的艰苦探索
    1. 国民党在全国统治的建立
    2. 土地革命战争的兴起
    3. 走农村包围城市、武装夺取政权的道路
二、中国革命在探索中曲折前进
    1. 土地革命战争的发展及其挫折
    2. 中国革命的历史性转折
    3. 总结历史经验,迎接全国性的抗日战争
```

四、学生阅读书目推荐

1.【经典文献】

(1)毛泽东:《星星之火,可以燎原》,1930 年 1 月。

(2)毛泽东:《反对本本主义》,1930 年 5 月。

(3)毛泽东:《中国革命的战略问题》(一),1936 年 12 月。

(4)毛泽东:《论新阶段》(三,14),1938 年 10 月。

(5)江泽民:《在纪念红军长征胜利 60 周年大会上的讲话》,1996 年 10 月。

(6)胡锦涛:《在纪念红军长征胜利 70 周年大会上的讲话》,2006 年 10 月。

(7)习近平:《在纪念红军长征胜利 80 周年大会上的讲话》,2016 年

10 月。

（8）习近平：《在庆祝中国人民解放军建军 90 周年大会上的讲话》，2017 年 8 月 1 日。

2.【延伸阅读】

（1）［美］埃德加·斯诺：《红星照耀中国》（《西行漫记》），人民文学出版社，2016 年。

（2）丁玲：《红军长征记》，解放军文艺出版社，2006 年。

（3）［美］索尔兹伯里：《长征：前所未闻的故事》，朱晓宇译，北京联合出版公司，2015 年。

（4）王树增：《长征》，人民文学出版社，2017 年。

五、习近平总书记相关论述

1. 红军长征创造了中外历史的奇迹。革命理想高于天，不怕牺牲、排除万难去争取胜利，面对形形色色的敌人决一死战、克敌制胜，这些都是长征精神的内涵。我们要继承和弘扬好伟大的长征精神。有了这样的精神，没有什么克服不了的困难。

——习近平：《宁夏回族自治区固原市参观三军会师纪念馆的讲话》（2016 年 7 月 18 日）

2. 红军长征是 20 世纪最能影响世界前途的重要事件之一，是充满理想和献身精神、用意志和勇气谱写的人类史诗。长征迸发出的激荡人心的强大力量，跨越时空，跨越民族，是人类为追求真理和光明而不懈努力的伟大史诗。

——习近平：《纪念红军长征胜利 80 周年大会上的讲话》（2016 年 10 月 21 日）

3. 长征是一次唤醒民众的伟大远征。红军打胜仗，人民是靠山。长征是历史纪录上的第一次，长征是宣言书，长征是宣传队，长征是播种机。

——习近平：《纪念红军长征胜利80周年大会上的讲话》（2016年10月21日）

4. 长征永远在路上。一个不记得来路的民族，是没有出路的民族。不论我们的事业发展到哪一步，不论我们取得了多大成就，我们都要大力弘扬伟大长征精神，在新的长征路上继续奋勇前进。

——习近平：《纪念红军长征胜利80周年大会上的讲话》（2016年10月21日）

5. 实现伟大的理想，没有平坦的大道可走。夺取坚持和发展中国特色社会主义伟大事业新进展，夺取推进党的建设新的伟大工程新成效，夺取具有许多新的历史特点的伟大斗争新胜利，我们还有许多"雪山"、"草地"需要跨越，还有许多"娄山关"、"腊子口"需要征服，一切贪图安逸、不愿继续艰苦奋斗的想法都是要不得的，一切骄傲自满、不愿继续开拓前进的想法都是要不得的。

——习近平：《纪念红军长征胜利80周年大会上的讲话》（2016年10月21日）

6. 历史是不断向前的，要达到理想的彼岸，就要沿着我们确定的道路不断前进。每一代人有每一代人的长征路，每一代人都要走好自己的长征路。今天，我们这一代人的长征，就是要实现"两个一百年"奋斗目标、实现中华民族伟大复兴的中国梦。

——习近平：《纪念红军长征胜利80周年大会上的讲话》（2016年10月21日）

7. 我们要铭记红军丰功伟绩，弘扬伟大长征精神，深入进行爱国主义教育和革命传统教育，引导广大干部群众坚定中国特色社会主义道路自信、理论自信、制度自信、文化自信,继续在实现"两个一百年"奋斗目标、实现中华民族伟大复兴中国梦的新长征路上万众一心、顽强拼搏、奋勇前进。

——习近平:《中国人民革命军事博物馆参观"英雄史诗 不朽丰碑——纪念中国工农红军长征胜利 80 周年主题展览"上的讲话》(2016 年 9 月 23 日)

8.理想信念之火一经点燃,就永远不会熄灭。在中央苏区和长征途中,党和红军就是依靠坚定的理想信念和坚强的革命意志,一次次绝境重生,愈挫愈勇,最后取得了胜利,创造了难以置信的奇迹。

——习近平:《江西于都县参观中央红军长征出发纪念馆的讲话》(2019 年 5 月 20 日)

专题八 中国的抗日战争是神圣的民族解放战争

一、教学说明

1931 年到 1945 年间中国人民对日本帝国主义的侵略进行了顽强的抵抗斗争。为什么说中国的抗日战争是神圣的民族解放战争？中国抗战在反法西斯战争中的地位与作用如何？厘清以上问题，有助于我们正确且全面理解中国抗日战争的性质及意义。本专题对应教材第六章部分内容，主要从日本发动灭亡中国的侵略战争，抗日的正面战场和敌后战场，中国人民抗日战争的正义性、全民性和国际性三个方面展开。

1. 教学目标

（1）知识目标

使学生认清日本发动侵华战争的原因、日本侵华战争的实施及其罪行，能够客观评价抗战正面和敌后战场的作用，认识中华民族的抗日战争在世界反法西斯战争中的历史地位。

（2）能力与素质目标

使大学生能运用历史唯物主义和辩证唯物主义，汲取实现中华民族伟大复兴的精神力量,增强爱国主义情感。

2. 教学重点和难点

(1)教学重点

引导学生认清中国的抗日战争是神圣的民族解放战争,把握日本侵华的目的性、野蛮性、反人类性与中国抗战的正义性、全民性、国际性。

(2)教学难点

使学生树立正确的历史观,回应西方学者在评价世界反法西斯战争时忽略中国战场的作用、台湾地区学者在评价中国抗战时否定敌后战场作用的偏向,澄清历史虚无主义给学生带来的思想混乱。

3. 教学方法

采用课堂讲授、分组讨论、案例分析、理论联系实际等教学方法,采用影像资料和 PPT 展示等直观演示法。

4. 学时安排

2 学时。

5. 参考资料及教学资源

(1)《"中国近现代史纲要"专题教学指南》(2018 年版·试行)。

(2)习近平:《在纪念中国人民抗日战争暨世界反法西斯战争胜利 69 周年座谈会上的讲话》,人民出版社,2014 年。

(3)习近平:《在纪念中国人民抗日战争暨世界反法西斯战争胜利 70 周年大会上的讲话》(2015 年 9 月 3 日),《中国文化报》,2015 年 9 月 4 日。

(4)视频:大型电视纪录片《外国人眼中的南京大屠杀》第 2 集《明妮·魏特琳:生命孤岛中的守护神》(江苏省广播电视总台出品、江苏省广播电视总台纪录片创作中心摄制)

二、教学内容设计

【课程导入】

从 1931 年九一八事变到 1945 年 8 月 15 日本宣布投降,中国人民从局部抗战到全面抗战,打败了日本帝国主义,对世界反法西斯战争的胜利做出了重大贡献。本专题我们围绕"为什么说中国的抗日战争是神圣的民族解放战争"这一主题,回顾中国人民抗战的相关史实。

【课程讲授】

(一)日本发动灭亡中国的侵略战争

1. 日本发动侵华战争的原因

就相交之道来论"中国施之于日本者甚厚,有造于日本者至大"而日本"报之于中国者极酷,为祸于中国者独深"①。中国厚待日本,为什么换来的却是近代以来日本的以怨报德? 日本发动侵华战争的原因有如下几个方面剖析。

其一,征服亚洲与征服世界的野心膨胀,走上军国主义道路是日本侵略中国的关键因素。日本军国主义思想与西方法西斯主义紧密结合,是日本侵略中国的思想动力。日本军国主义思想的形成与其在历史上形成的嗜杀成性、穷兵黩武的武士道精神有关。明治维新后武士阶层虽废除,但武士道精神被日本统治者保留了下来,并被灌输给国民。第一次世界大战以后,法西斯主义思潮已开始在日本萌芽,随后在日本军界迅速蔓延。"二二六"政变后,日本的军政大权完全落入军部手中,其法西斯军国主义体制正式确立。

---

① 郭廷以:《近代中国的变局》,九州出版社,2012 年,第 141 页。

资本主义发展带来了对海外资源、市场的迫切需求。为夺取海外资源、市场,明治政府以军事立国为根本国策,扩充军备,迅速走上了军国主义道路。

其二,摆脱经济危机成为日本侵略中国的直接原因。1929 年,由美国开始的空前的经济危机席卷了整个资本主义世界。日本也陷入经济危机之中,国内阶级矛盾尖锐。日本政府企图靠发动战争来缓解经济危机。

其三,中日两国实力悬殊,是日本侵略中国的重要原因。近代中国社会制度腐败,经济技术落后,内部四分五裂,贫穷落后。加之蒋介石政府对日本的进攻采取了绥靖政策。1931 年 7 月,蒋介石抛出了"攘外必先安内"的误国政策。这些无疑都刺激了日本侵略中国的野心。

2. 日本侵华战略的实施

(1)日本灭亡中国的图谋

1590 年,日本封建领主首领丰臣秀吉统一日本后,就提出要攻占朝鲜、进攻平津一带,占领整个华北,在东亚建立一个大帝国。这就是"大陆政策"的雏形。

1868 年 3 月,明治天皇发布《天皇御笔》,宣称要"开拓万里波涛",制定所谓的"国土政策"("大陆政策"),公开主张征服朝鲜、中国,进而征服全世界。

1927 年 6 月,日本首相田中义一在东京主持召开了臭名昭著的"东方会议",企图把"满蒙"从中国分割出去。7 月,田中义一向日本天皇呈奏了一份秘密文件(《田中奏折》),宣称"惟欲征服支那,必先征服满蒙;如欲征服世界,必先征服支那"。如此,"大陆政策"就进一步得到了发展和具体化。

(2)日本实施侵华计划

1872 年 10 月,日本宣布吞并清朝的藩属国琉球,设琉球藩。1874 年,日本陆军中将西乡从道率部发动"征台之役"。1894 年 7 月,日本发动甲午战争。1900 年,日本参加八国联军侵华战争。1904—1905 年,日本借日俄战争的胜利,霸占辽东半岛。第一次世界大战中,日本抢占了德国在中国山东和南洋的全部权利,并向袁世凯政府提出了欲灭亡中国的"二十一条"要求。

1931 年 9 月 18 日深夜,日军炮轰沈阳东北军北大营,制造九一八事变。日本的侵华战争由此开始。1932 年 2 月,东北全境被日军占领。1933 年,日军又侵占了热河。在占领热河后,日军又向古北口、喜峰口、冷口等长城要隘推进。1935 年,日本在华北制造了一系列事端,向中国提出了华北政权"特殊化"的要求。国民党政府在河北、察哈尔两省的主权大部分丧失。接着日本又策动华北五省两市搞所谓的"防共自治运动",这就是华北事变。1937 年 7 月 7 日夜,驻丰台日军炮轰宛平城,向卢沟桥的中国驻军发起攻击,史称卢沟桥事变。日本的全面侵华战争开始。

七七事变以后,日本采取"速战速决"的战略,向华北、华东、华中地区发起战略进攻。占领了北平、天津、太原、上海、南京、武汉、广州等一大批城市。由于遭到中国军民的顽强抵抗,1938 年 10 月,日军在占领广州、武汉以后,被迫停止对正面战场的战略性进攻。侵华战争进入战略相持阶段。日军调整了侵华政策,实施"以华制华"和"以战养战"策略,对国民党政府采取政治诱降为主、军事打击为辅的方针。逐步把主要兵力用于对共产党领导的敌后抗日根据地进行"扫荡"。在占领区加紧组织傀儡政权,建立和发展汉奸组织。1944 年 4 月至 1945 年 1 月,日本发动了旨在打通中国大陆交通线的豫湘桂战役,占领了中国 20 多万平方公里的国土,这是日军在中国的最后一次大规模进攻。

3. 侵华日军的罪行

(1)实行殖民统治

1895 年,《马关条约》签订后,日本就开始了在台湾长达 50 年的殖民统治。1931 年,日军占领中国东北后,开始了对东北长达 14 年的殖民统治。

1932 年 3 月 1 日,日本侵略者假借"满洲国"政府的名义,发表"建国宣言",宣布伪满洲国成立。1935 年,华北事变后,日军策动、拼凑了一些地方性傀儡政权。七七事变后,日本在华北筹组华北伪政权。1937 年 12 月 14 日,伪"中华民国临时政府"在北平成立。1940 年 3 月,以汪精卫为首的南京伪中央政府成立。

(2)制造惨绝人寰的大屠杀

在长达 14 年的时间里,日军对中国民众实行灭绝人性的屠杀,制造了难以计数的血腥惨案,犯下了滔天罪行。如 1937 年 12 月 13 日,日军占领中国首都南京后,展开持续六周的烧、杀、淫、掠"大竞赛",制造了震惊中外的"南京大屠杀"。

【视频】侵华日军在南京的暴行(时长:4 分钟)

战争进入相持阶段后,在华北地区,日军为使八路军与人民群众隔离开来,制造了总面积 17.5 万平方公里的"无人区"。日军对八路军、新四军及其抗日根据地开展大规模的"扫荡",实行"杀光其居民、烧光其房屋、抢光其粮食"的"三光"政策。日军还悍然实行细菌战、毒气战。1936 年,日军建立"731"细菌部队和"100"部队。在占领区日军鼓励鸦片种植,毒化中国居民。还强征总数在 10 万以上的"慰安妇"。

(3)经济侵略

日军采取"以战养战"政策,进行疯狂的经济掠夺。通过"南满铁路株式会社""南满重工业股份公司""华北开发股份公司"和"华中振兴股份公司"肆意掠夺中国的矿产资源,垄断煤、铁、水电、水产和航运经营。在农业方面,日本在华北、华中大量圈占土地,强制征购粮食,对农产品实行严格的统制和垄断。除保证侵华日军的需求外,大部分粮食被运往日本国内。七七事变后,日本从华北掠夺大量劳工赴东北和日本做工,并向东南亚贩卖华工。

（4）强制推行奴化教育

日本在其占领区大力推行奴化教育，把日语列为"国语"，企图泯灭中国民众的民族意识和反抗精神、维护其殖民统治。

（二）抗日的正面战场和敌后战场

国共两党领导的军队，分别担负着正面、敌后战场抗击日军的任务。

1. 抗日的正面战场

国民党抗日派是抗日的重要力量，正面战场的地位与作用在不同阶段有所不同。

（1）战略防御阶段的抗日正面战场

1937 年 7 月至 1938 年 10 月，是抗日的战略防御阶段。卢沟桥事变爆发后，国民政府召开国防会议，将全国划分为五个战区，形成了从华北到华东、华中的战略防御体系。这一阶段，中国军队在"持久消耗战略"的总方针下，节节防守，坚强抵抗，"尔后主动转进，以消耗敌人战力，保存我军主力；以空间换时间，扩大战场、分散敌军兵力"。

国民党正面战场的初期抗战，在中国抗日战争史上占有重要的历史地位，发挥了极其重要的作用。

第一，以国民党军队为主体的正面战场，担负了抗击日军战略进攻的主要任务。在这一阶段，国民党军队与日军进行的战役，主要有淞沪会战、太原会战、南京保卫战、徐州会战、武汉会战，给日军以沉重的打击。

第二，粉碎了日本帝国主义在 3 个月灭亡中国的战略计划和"速战速决"的方针。消耗了日本的军事、经济实力，使其陷入长期战争的泥坑而不能自拔。为战略相持阶段的到来，起了决定性作用。

第三，支援了中国共产党领导的解放区敌后战场的开辟，为敌后游击战争创造了有利条件。

第四，国民党中爱国官兵的抗战英雄业绩，振奋了民族精神，大长了中华民族的志气。正面战场广大官兵不怕牺牲,创造了无数可歌可泣的爱国主义事迹。如1937年7月28日,日军对北平发起总攻,在北平南苑的战斗中,第二十九军副军长佟麟阁、第一三二师师长赵登禹先后阵亡,成为国民党中最先为国捐躯的高级将领。

学生阅读教师课前已推送到"超星学习通"平台的教学案例"抗战英烈佟麟阁",思考国民党军正面战场抗战的作用。

【案例】抗战英烈佟麟阁

佟麟阁(1892.12—1937.7),原名凌阁,字捷三,直隶省高阳县人。20岁时投笔从戎,加入冯玉祥的部队。因屡立战功,升任连长至师长等职。1933年春,参与指挥了长城抗战。1933年5月26日,察哈尔省民众抗日同盟军成立,被冯玉祥任命为抗日同盟军第1军军长。后隐居北平香山寓所。在宋哲元、张自忠、赵登禹、等人的极力邀请下,回任第29军副军长兼军事训练团团长,驻南苑第29军军部主持全军事务。

1937年7月7日夜,驻北平丰台日军以在卢沟桥附近进行军事演习为由,向我国驻军发起挑衅,又借口一名士兵失踪企图搜索宛平城,遭拒绝后,开始炮轰宛平城,七七事变爆发。佟麟阁即刻命令第37师110旅旅长何基沣自卫反击。至7月27日,宋哲元令南苑第29军军部迁入北平。在生死存亡关头,佟麟阁军长不愿离开,决心死守南苑。据隐藏在29军上层的汉奸潘毓桂提供的情报,敌人由廊坊进犯团河,由通县、丰台调集陆、空军于7月28日凌晨调集重兵和30多架飞机向29军阵地南苑进攻。日寇集中火力,用大炮和飞机狂轰滥炸,战斗激烈。虽炮械较敌为劣,但我国守军士气异常高昂,争夺战由拂晓至过午,双方陷入肉搏战,均伤亡惨重。战斗中忽报大红门处又发现敌军,佟麟阁恐敌截断北路,分兵亲往堵击。因寡不敌众,部队被敌人四面包围,只能利用地形继续苦战。在指挥右翼部队向敌突击时,佟麟阁被敌机枪射中腿部,而他却不肯退后,执意向前。日军久攻不下,便派飞机前来助战,在敌机的轰炸中,负伤指挥作战的佟麟阁头部又受重创,终因失血过多壮烈殉国,时年45岁。

抗战胜利后,北平市政府将西城区原南河大街更名为佟麟阁路。新中国成立后,佟麟阁被追认为革命烈士。在佟麟阁将军故居及其墓地所在地均建有纪念馆。

——资料来源:中国人民抗日战争纪念馆编著:《抗战英烈谱》,团结出版社,2017年,第29~30页。

【案例分析】佟麟阁将军是中国人民不畏强暴、以身殉国的杰出代表,是在抗战中最早牺牲的高级将领之一。为抵挡南下的侵华日军,佟麟阁率领将士们在长城沿线浴血奋战。七七事变爆发后,在敌强我弱的情况下,他拒将军部迁入北平城,率众誓死坚守南苑,在激战斗中献出了自己的生命。英勇无畏的爱国主义精神是其奋力抗敌的不竭动力。他的英雄事迹、崇高的民族气节和爱国热情鼓舞了全国军民。正如毛泽东所说,佟麟阁等抗敌阵亡将士"无不给了全中国人以崇高伟大的模范"①。

国民党正面战场除1938年3月台儿庄战役取得大捷歼灭日军1万余人外,其他战役几乎都是以退却、失败而结束的。究其原因,在客观上,敌我力量对比上日军占很大优势。在主观上,由于蒋介石实行片面抗战路线,不敢放手发动民众。蒋介石集团在决心抗战的同时,却又害怕群众的广泛动员可能危及自身的统治,因而实行片面抗战的路线,即不敢放手发动和武装民众,将希望单纯寄托在政府和正规军的抵抗上。在战略战术上,执行持久消耗战略,没有采取积极防御的方针,进行单纯的阵地防御战,否定运动战和游击战,作战样式呆板,使其组织的几次大的战略性防御战役最后都被日军击破,出现大溃败局面,国民党中央政府被迫迁都退守重庆。在15个月内丢

① 《毛泽东文集》(第二卷),人民出版社,1993年,第113页。

失华北、华中大片国土和华南要地共 13 个省 100 多万平方公里土地,这是国民党正面战场的极大失利。

(2)战略相持阶段的抗日正面战场

1938 年 10 月至 1945 年 8 月,是抗日的战略相持阶段。在该阶段,国民党在重申坚持持久抗战的同时,由片面抗战逐步转变为消极抗战。主要表现在:

第一,不实行全民抗战,更害怕共产党发动群众,因而压制群众的抗日。1938 年 6 月,国民党西安当局逮捕了"中华民族解放先锋队"西安总队长。1938 年 8 月,国民党武汉卫戍司令部下令解散"民先队""青年救国团"等群众救亡团体。

第二,国民党亲日派汪精卫公开投敌,亲美派蒋介石则走上了消极抗日,积极反共的道路。1939 年 1 月,国民党五届五中全会确定了"溶共、防共、限共、反共"的方针。这一时期国民党对抗战在全局上渐趋消极,基本上实行保守的收缩战略,以便保存实力;同时又抽出相当多的兵力来限制、打击共产党及其领导的八路军、新四军,制造多次反共"磨擦"事件。

第三,"单纯防御"而不是机动作战,使国民党军队在日军的优势火力下损失惨重。有时一天之内,竟有 10 团官兵葬身日军的炮火之中,由此在国民党军队中产生了一种严重的失败情绪。

日军在对国民党进行政治诱降的同时,为了巩固占领区,继续对国民党军发动过若干次进攻性打击。这时的国民党政府还在抗日营垒之内。它大体上保住了西南、西北大后方地区。如 1939 年 12 月,在桂南会战中,以第五军为主力的国民党军队曾攻克昆仑关,消灭日军 4 000 余人。1940 年 5 月,在枣宜会战中,第三十三集团军总司令张自忠将军在激战中殉国。1942 年元旦发起的第三次长沙会战,曾给日军以有力的打击,日军死伤 5 万余人。同年 2 月,中国远征军进入缅甸对日作战。陆军第二〇〇师师长戴安澜在缅北殉国。

在整个抗战期间,国民党组织会战 22 次,有 18 次是在这一阶段进行的;抗战期间,国民党毙伤日军 276 万,其中 206 万是这一阶段毙伤的;国民党官兵伤亡 320 万,215 万是这一阶段伤亡的,在一定程度上减轻了敌后战场的压力;国民党站在世界反法西斯阵营一边,并以大国身份参加了一系列国际会议。

从总体上看,在抗战中,国民党抗战在前期比较努力,在中后期也一直坚持,为中国抗日战争的胜利做出了重要贡献。但在片面抗战路线指导下,抗战进入相持阶段以后,国民党消极抗战对全国抗日战争产生了消极影响,甚至在反法西斯战争全局极为有利的形势下,出现了豫湘桂战役的大溃败,正面战场在中国抗日战争中的地位和作用明显下降,与共产党领导的敌后战场的作用明显上升形成了鲜明对比。

2. 抗日的敌后战场

中国共产党领导的抗日敌后战场,从最初的配合正面战场作战,到逐步成为抗日的主战场。

在民族存亡的危急关头,中国共产党率先举起了武装抗日的旗帜。1932 年 4 月 15 日,中华苏维埃共和国临时中央政府宣布对日作战。中国共产党直接领导了东北人民的抗日武装斗争,先后选派杨靖宇、赵尚志、周保中等到东北,加强中共满洲省委及各级地方党组织的领导力量。满洲省委派出大批党员、干部到抗日义勇军中工作。1933 年初,中国共产党领导的抗日游击队先后在东北各地崛起。1934 年 6 月,各抗日游击队改编为东北人民革命军;1936 年 2 月,又改建为东北抗日联军。到 1937 年,东北抗日联军发展到 11 个军 3 万余人,开辟东南满、吉东、北满三大游击区,成为东北抗日的主力,为世界反法西斯战争立下首役之功。

在全面抗战爆发后,国民党将红军主力改编为"国民革命军第八路军"

（后改称国民革命军第十八集团军），下辖三个师，全军 4.6 万人。接着将南方的红军和游击队（琼崖红军游击队除外），改编为新编第四军（简称新四军），下辖四个支队，共 1.03 万人。

在战略防御阶段，八路军开赴前线，在战役上配合国民党军队作战。1937 年 9 月，在太原会战中，八路军第一一五师主力在晋东北平型关附近伏击日军，取得全民族抗战以来中国军队的第一次重大胜利，粉碎了日军不可战胜的神话。接着，又参加了忻口会战，八路军第一二〇师在雁门关以南伏击日军，第一二九师以一营兵力夜袭阳明堡日军机场，毁伤敌机 20 多架，削弱了敌人的空中突击和运输力量。

1937 年 11 月，太原失陷后，按照中共中央的部署，八路军在敌后发动独立自主的敌后游击战争。到 1940 年底，人民抗日武装部队发展到 50 万人，还建立了大量的地方武装和民兵；在华北、华中、华南创建了 16 块根据地。

在八年全国性抗战中，中国共产党领导的八路军、新四军和华南抗日武装等对敌作战 12.5 万余次，消灭日、伪军 171.4 万余人，其中日军 52.7 万余人，为夺取抗战的最后胜利作出了永远辉耀史册的贡献。八路军伤亡 32.6 万多人，新四军伤亡 12.5 万多人。从抗战全局来看，敌后战场抗击约 60% 的侵华日军和 95% 的伪军。

在敌后的艰苦抗战中，涌现出无数民族英雄。八路军副参谋长左权、东北抗联第二路军副总指挥赵尚志、新四军第四师师长彭雪枫在作战中以身殉国。东北抗日联军第一路军总司令杨靖宇、"狼牙山五壮士"、新四军"刘老庄连"等崇高的民族气节，鼓舞了全国军民。

请学生阅读教师课前已推送到"超星学习通"平台的教学案例"八路军战士夜袭阳明堡"，感受八路军战士为民族解放奋不顾身的爱国精神。

【案例】八路军战士夜袭阳明堡

1937 年 10 月第一二九师据八路军总部的指示东渡黄河奔赴抗日前线。

10月中旬,师长刘伯承命第769团(师先遣团)向原平东北部山地挺进,插向敌后发动群众,开展游击战争,以配合国民党军保卫忻口的作战。刘伯承指示如看准时机,可机动果断处置,打完仗再请示。

10月中旬的一天,第769团团长陈锡联带部来到离忻口不远的代县以南的苏龙口村一带。日军的飞机不断从战士们头顶掠过。从敌机活动的规律来看,机场可能离这儿不远。陈锡联询问老乡,才知道隔河数公里外的阳明堡镇果然有个简易机场。

第二天陈锡联亲自到现场侦察,果然发现阳明堡的东南方有敌军机场,还碰到一位被抓到阳明堡机场做苦工又逃回来的当地老乡。这位老乡向指挥员们详细介绍了日军机场内外的情况。日军机场里共有24架敌机,白天轮番去轰炸太原、忻口,晚上都停在这里。日军香月师团的一个联队大部都驻在阳明堡街口,机场里只有一小股守卫部队,设防也不是很严密。他们决定马上下手。

袭击机场的任务交给了第三营,并以第一营钳制和阻击崞县的日军,以第二营(缺第七连)为团的预备队,并以第八连破坏崞县(今原平县)至阳明堡之间的公路和桥梁,阻击崞县、阳明堡可能来援之敌;团迫击炮连和机枪连则在滹沱河东岸占领阵地,保障第三营侧后的安全,并准备随时支援三营。

10月19日下午,各营、连纷纷召开支部大会、军人大会进行动员,干部、战士们个个斗志高昂,决心如钢。苏龙口村的老乡们听说八路军要去打日军,几个钟头之内就扎起了几十副担架。

部队在夜色的掩护下悄悄地出发了。战士们一律轻装,棉衣、背包都放下了,刺刀、铁铲、手榴弹,凡是容易发出响声的装备,也都绑得紧紧的。队伍在之前那位老乡的引导下,顺着漆黑的山谷行进,分别向预定地区开进,很快涉过了滹沱河,来到了机场外。

突击队避开日军警卫分队驻守的机场北端,从机场东西两侧秘密接近机场。此刻,日军睡得正酣,机场里死一样的沉寂。铁丝网被剪开了几个豁口,部队爬过铁丝网,神不知鬼不觉地摸进了机场。赵崇德带着十连向机场西北角运动,准备袭击日军守卫队的掩蔽部,十一连直接向机场中央的机群扑去。

十一连二排的战士们最先看到飞机,它们果然整整齐齐地分三排停在那里。猛然看到日军的飞机就摆在眼前,真是又惊喜又愤恨。不知谁悄声骂道:"龟儿子! 在天上你耍威风,现在该我们从地面来收拾你啦!"说着就要接近飞机。

突然,西北方有个日军咿里哇啦地呼叫起来,紧接着响起一连串清脆的枪声,原来十连与日军哨兵遭遇了。

就在这一瞬间,十连和十一连从两个方向按照预定计划,同时发起了攻击。战士们高喊着冲杀声,勇猛地扑了上去,机枪、手榴弹一齐倾泻,一团团的火光照亮了夜空。

正在机群周围巡逻的日军哨兵,慌忙赶来,和冲在前面的战士绕着飞机互相角逐。机舱里值勤的驾驶员被惊醒了,在惊慌中盲目开火,后边飞机上的机枪子弹打进了前面飞机的机身。

正打得热闹,日军的守卫部队嚎叫着向八路军扑来。就在20多架飞机中间,敌我混在一起,展开了白刃战。赵崇德跑前跑后地指挥部队。突然,他看见一个日军打开机舱,跳下来抱住了一个战士,那个战士回身就是一刺刀,结果了他的性命。赵崇德大声喊道:"快! 手榴弹,往飞机肚子里扔!"战士们于是将集束手榴弹投进机舱,只听"轰轰"几声,几架飞机燃起大火。片刻,浓烟弥漫了整个机场。

正在这时,老李的那挺机枪不响了,原来他正举着铁锹猛砸,嗬! 他倒真想砸块飞机尾巴拿回去呢! 赵崇德忙跑过去喊道:"快打! 砸什么!"日军守卫队的反扑被杀退了。赵崇德正指挥战士们炸敌机,突然被一颗子弹击倒了。几个战士跑上去把他扶起,他用尽所有力气喊道:"不要管我,去炸,去……"话没说完,这位优秀指挥员就合上了眼睛。他的牺牲使战士们感到分外悲痛,高喊着"为营长报仇"的口号,抓起手榴弹,冒着密集的枪弹向敌机冲去……

经过 1 个小时激战,守卫队 100 余人被歼,20 多架敌机在熊熊的烈火中燃烧。驻在街里的香月师团的装甲车急急赶来增援,可是,等他们赶到机场时,八路军战士们已经撤出了战斗。

八路军的声威大震!工人、农民和学生们,三三两两聚到一块,大谈八路军的胜利。

——资料来源:刘牛主编:《铁血万里——八路军征战纪实》,天地出版社,2005 年,第 41~46 页。

【案例分析】八路军一二九师 769 团夜袭阳明堡战斗,创造了以地制空、步兵打飞机的成功范例。他们战前侦察详细,善于捕捉战机,采用夜袭战,发挥自身特长,出敌不意,近战歼敌,作战坚决果敢。营长赵崇德和几十位战士为了中华民族的解放,牺牲了自己的一切。刘伯承评价这种只有伟大的革命者才有的精神"可以战胜一切"①。此次夜袭消灭了日军在晋北战场上的一支重要空中突击力量,有力配合了国民党军的作战。

【课堂讨论】如何认识抗日战争时期正面战场和敌后战场的关系?

正面战场与敌后战场的联系:两个战场都是全民族抗战的重要组成部分,两个战场相互配合,都对抗战胜利做出过积极的贡献。

---

① 杨国宇等编:《刘伯承军事生涯》,中国青年出版社,1982 年,第 135 页。

正面战场与敌后战场的区别一览表

战场	正面战场	敌后战场
领导	国民政府	中国共产党
抗战路线	片面抗战路线	全面抗战路线
战场范围	在国统区划为若干战区	在敌战区建立敌后根据地
作战方式	以阵地防御为主的正规战	游击战
战略地位	在防御阶段是主战场	相持阶段开始后,逐渐成为主战场

(三)中国人民抗日战争的正义性、全民性和国际性

1945年8月15日,日本裕仁天皇以广播"终战诏书"的形式宣告投降,中国人民取得了抗日战争的最终胜利。

1. 抗日战争的正义性

战争有正义与非正义之分,战争的正义性与非正义性取决于政治目的。抗日战争是维护国家领土主权、生存权利、发展权利的战争,自然属于正义战争。正义战争是符合人民根本利益的战争。

日本的侵华战争具有进攻性、掠夺性,属于非正义战争。中国人民的抗日战争维护世界和平、国际正义,代表了社会历史前进的方向,是人类正义和良知的胜利,促进了人类社会的和平与进步。如习近平所说:"中国人民抗日战争和世界反法西斯战争,是正义和邪恶、光明和黑暗、进步和反动的大决战。"[①]

2. 抗日战争的全民性

在那个血雨腥风的年代,全国各阶级和阶层、各党派和社会团体、各民族以及台港澳同胞和海外侨胞同仇敌忾、团结御侮,积极支持、参加和支援

---

① 习近平:《在纪念中国人民抗日战争暨世界反法西斯战争胜利70周年大会上的讲话》(2015年9月3日),《人民日报》,2015年9月4日。

抗战。中华儿女为中华民族独立和自由不惜抛头颅、洒热血，母亲送儿打日寇，妻子送郎上战场，男女老少齐动员。如北京密云县一位名叫邓玉芬的母亲，把丈夫和 5 个孩子送上前线，他们全部战死沙场。① 华北平原上的一个庄户人家写下这样一副对联："万众一心保障国家独立，百折不挠争取民族解放"；横批是："抗战到底"。②

3. 中国的抗日战争在世界反法西斯战争中的历史地位

【课堂提问】中华民族的抗日战争为世界反法西斯战争的最终胜利和世界和平做出了哪些贡献？

中国人民的抗日战争是世界反法西斯战争的重要组成部分，是世界反法西斯战争的东方主战场。中国人民的抗日战争开展时间最早、持续时间最长，长期牵制了日本军国主义的主要兵力。在抗日战争时期，中国战场年平均牵制日本陆军74%以上，最高年份达90%。日军在海外作战中损失的287 万人中，有 150 万人伤亡在中国战场。中国的持久抗战，遏制了日本的"北进"计划，迟滞了其"南进"步伐，大大减轻了其他战场的压力。正如美国总统罗斯福所说："假如没有中国，假如中国被打垮了，你想一想有多少师的日本兵可以因此调到其他方面来作战？ 他们可以马上打到澳洲，打下印度——他们可以毫不费力地把这些地方打下来，他们并且可以一直冲向中东……和德国配合起来，举行一个大规模的突击，在近东会师，把俄国完全隔离起来，吞并埃及，切断通过地中海的一切交通线。"③苏联元帅崔可夫曾感激地说："甚至在我们最艰苦的战争年代里日本也没有进攻苏联，却把中

① 黄黎：《同仇敌忾 共赴国难 国共合作与抗日战争的伟大胜利》，福建教育出版社，2017 年，第 456 页。

② 黄黎：《同仇敌忾 共赴国难 国共合作与抗日战争的伟大胜利》，福建教育出版社，2017 年，第 456 页。

③ 军事科学院军事历史研究部：《第二次世界大战史》（第 4 卷），军事科学出版社，2015 年，第 672 页。

国淹没在血泊中,稍微尊重客观事实的人都不能不考虑到这一明显而无可争辩的事实。"①

中国作为亚洲太平洋地区盟军对日作战的重要后方基地,为盟国提供了大量战略物资和军事情报。从 1942 年 4 月起,中国先后为盟国提供了昆明、衡阳等 10 多个机场。盟国的飞机利用这些机场轰炸沿海日军船只、东京及其附近战略目标,使日本通往南太平洋的海上运输线和本土均受到重型轰炸机的空袭,这直接支援了美军在太平洋战场上的对日战争。

【课堂小结】

面对日本帝国主义者的疯狂侵略,中国人民进行了 14 年艰苦卓绝的抗日战争,以巨大民族牺牲支撑起了世界反法西斯战争的东方主战场,捍卫了中华民族 5000 多年发展的文明成果,捍卫了人类的和平事业,铸就了战争史上的奇观、中华民族的壮举,洗刷了近代以来中国抗击外来侵略屡战屡败的民族耻辱,开辟了中华民族伟大复兴的光明前景,开启了古老中国凤凰涅槃、浴火重生的新征程。

【思考题】

1. 如何认识战后日本右翼势力否认侵略历史的荒谬言论?

2. 为什么说中国的抗日战争是神圣的民族解放战争?

---

①　军事科学院军事历史研究部:《第二次世界大战史》(第 4 卷),军事科学出版社,2015 年,第 670 页。

三、板书设计

专题八　中国的抗日战争是神圣的民族解放战争

一、日本发动灭亡中国的侵略战争

　　1. 日本发动侵华战争的原因

　　2. 日本侵华战略的实施

　　3. 侵华日军的罪行

二、抗日的正面战场和敌后战场

　　1. 抗日的正面战场

　　2. 抗日的敌后战场

三、中国人民抗日战争的正义性、全民性和国际性

　　1. 抗日战争的正义性

　　2. 抗日战争的全民性

　　3. 中国的抗日战争在世界反法西斯战争中的历史地位

四、学生阅读书目推荐

1.【经典文献】

（1）胡锦涛:《在中国人民抗日战争暨世界反法西斯战争胜利六十周年纪念大会上的讲话》,2005 年 9 月 3 日。

（2）习近平:《在纪念中国人民抗日战争暨世界反法西斯战争胜利 69 周年座谈会上的讲话》,2014 年 9 月 3 日。

（3）习近平:《在纪念中国人民抗日战争暨世界反法西斯战争胜利 70 周年大会上的讲话》,2015 年 9 月 3 日。

2.【延伸阅读】

(1)章开沅:《从耶鲁到东京——为南京大屠杀取证》,广东人民出版社,2003年。

(2)张纯如:《南京大屠杀》,东方出版社,2005年。

(3)王向远:《日本右翼言论批判——"皇国史观"与免罪情节的病理剖析》,昆仑出版社,2005年。

(4)[日]池内诚编著:《抗日战争与中国民众:中国的民族主义与民主主义》,求实出版社,1989年。

(5)王真:《抗日战争与中国的国际地位》,社会科学文献出版社,2003年。

五、习近平总书记相关论述

1.中国人民抗日战争和世界反法西斯战争,是正义和邪恶、光明和黑暗、进步和反动的大决战。

——习近平:《在纪念中国人民抗日战争暨世界反法西斯战争胜利70周年大会上的讲话》(2015年9月3日)

2.1931年,日本军国主义悍然发动九一八事变,占领中国东北全境;1937年又蓄意制造七七事变,发动了全面侵华战争。日本军国主义的野心就是要变中国为其独占的殖民地,进而吞并亚洲、称霸世界。日本军国主义的这一疯狂的侵略国策,给中国人民和广大亚洲国家人民带来了前所未有的巨大灾难,在人类文明史上留下了极其黑暗的一页。

——习近平:《在纪念中国人民抗日战争暨世界反法西斯战争胜利69周年座谈会上的讲话》(2014年9月3日)

3.1937年12月,日本侵略军在南京对中国同胞实施了灭绝人性的大屠杀,30 万生灵惨遭杀戮,浩浩长江滚动着鲜红的血浪,这是人类文明史上骇人听闻的暴行。日本侵略军对中国人民发动了令人发指的细菌战、化学战,进行了惨无人道的人体活体试验。日本军国主义发动战争造成的破坏及其对中国资源和财富的大肆掠夺,按照 1937 年的比价,造成中国直接经济损失1000 亿美元,间接经济损失 5000 亿美元。这些都是铁的事实,是不容否认的,也是否认不了的!

——习近平:《在纪念中国人民抗日战争暨世界反法西斯战争胜利 69周年座谈会上的讲话》(2014 年 9 月 3 日)

4. 在那个血雨腥风的年代,抗击侵略、救亡图存成为中国各党派、各民族、各阶级、各阶层、各团体以及海外华侨华人的共同意志。在中国共产党倡导建立的以国共合作为基础的抗日民族统一战线旗帜下,地不分南北,人不分老幼,全国人民义无反顾投身到抗击日本侵略者的洪流之中。当时的一篇报纸社评这样写道:“今天南北战场上,是争着死,抢着死,因为大家有绝对的信仰,知道牺牲自己,是换取中华民族子子孙孙万代的独立自由,并且确有把握,一定达到。”中国人民抗日战争异常惨烈,从战略防御到战略相持,进而发展到战略反攻,无论是正面战场还是敌后战场,中国人民同仇敌忾、共赴国难、铁骨铮铮、视死如归,奏响了气壮山河的英雄凯歌。杨靖宇、赵尚志、左权、彭雪枫、佟麟阁、赵登禹、张自忠、戴安澜等一批抗日将领,八路军“狼牙山五壮士”、新四军“刘老庄连”、东北抗联八位女战士、国民党军“八百壮士”等众多英雄群体,就是中国人民不畏强暴、以身殉国的杰出代表。正所谓“诚既勇兮又以武,终刚强兮不可凌。身既死兮神以灵,魂魄毅兮为鬼雄。”

——习近平:《在纪念中国人民抗日战争暨世界反法西斯战争胜利 69周年座谈会上的讲话》(2014 年 9 月 3 日)

5. 在那场战争中,中国人民以巨大民族牺牲支撑起了世界反法西斯战争的东方主战场,为世界反法西斯战争胜利作出了重大贡献。

——习近平:《在纪念中国人民抗日战争暨世界反法西斯战争胜利70周年大会上的讲话》(2015年9月3日)

6.中国人民抗日战争,从一开始就具有拯救人类文明、保卫世界和平的重大意义,是世界反法西斯战争的重要组成部分。世界反法西斯战争是人类历史上规模空前的战争,战火遍及亚洲、欧洲、非洲、大洋洲,有80多个国家和地区、约20亿人口卷入其中。中国人民抗日战争开展时间最早、持续时间最长,中国战场长期牵制和抗击了日本军国主义的主要兵力,对日本侵略者的彻底覆灭起到了决定性作用。中国人民抗日战争在战略上策应和支持了盟国作战,配合了欧洲战场和太平洋战场的战略行动,制约和打乱了日本法西斯和德意法西斯战略配合的企图。中国作为亚太地区盟军对日作战的重要后方基地,为盟国提供了大量战略物资和军事情报。

——习近平:《在纪念中国人民抗日战争暨世界反法西斯战争胜利69周年座谈会上的讲话》(2014年9月3日)

专题九 / 为什么说中国共产党是中国人民抗日战争的中流砥柱?

一、教学说明

从 1931 年九一八事变到 1945 年 8 月日本宣布投降,中国人民进行了 14 年艰苦卓绝的抗日战争。从局部抗战到全面抗战,从孤军奋战到成为世界反法西斯战争的东方主战场,中国人民在抗日民族统一战线的旗帜下,坚持持久抗战,打败了日本帝国主义,取得了近代以来反对外国帝国主义侵略战争的第一次完全胜利,对世界反法西斯战争的胜利作出了重大贡献。在这场战役中,中国共产党始终以抗日救国为己任,在民族危难的紧急关头率先举起抗日旗帜、屡屡提出救亡之策、采取积极主动行动,成为推动抗日战争取得完全胜利的中流砥柱。深刻理解中国共产党在抗日战争中的中流砥柱作用,有利于摒弃历史虚无主义的错误观点,树立正确的辩证唯物主义历史观。

1. 教学目标

(1)知识目标

让大学生了解中国人民抗日战争的发展历程,了解中国共产党的抗日路线方针,把握中国共产党在中国抗日战争中所发挥的中流砥柱作用。

（2）能力与素质目标

使大学生树立正确的抗战史观,提高学生透过现象看本质、综合评价历史问题的能力,增强学生拥护中国共产党领导的信念和决心。

2.教学重点和难点

（1）教学重点

抗日民族统一战线的形成和发展;全面抗战路线和持久战方针的形成和发展;敌后游击战在抗战中的作用;抗日民主根据地的创建及作用。

（2）教学难点

如何理解中国共产党是中国人民抗日战争的中流砥柱？

3.教学方法

综合运用理论讲授法、案例教学法、讨论式教学法,以及智慧课堂教学手段。

4.学时安排

3学时。

5.参考资料及教学资源

（1）《"中国近现代史纲要"专题教学指南》（2018年版·试行）。

（2）中国抗日战争史简明读本编写组:《中国抗日战争史简明读本》,人民出版社,2015年。

（3）中共中央党史研究室第一研究部:《中国共产党抗战图志》,中共党史出版社,2005年。

（4）《习近平总书记教育重要论述讲义》,高等教育出版社,2020年。

（5）视频:电视文献纪录片《筑梦路上》第六集《中流砥柱》（中央宣传部、中央文献研究室、中央党史研究室等部门联合摄制）

二、教学内容设计

【课程导入】

当今,我们有时会在一些网站上看到对中国抗战的议论:国民党在抗日战争中打了多次大会战,在抗战中的贡献是最大的;中国共产党没打什么大仗,都是"小打小闹"的游击战、麻雀战,在抗战中所做的贡献是较小的。那么,历史真相果真如此吗? 我们该如何正确看待抗战史,如何理解中国共产党在抗战中所发挥的中流砥柱作用? 本节课,我将从多方面展开,详细讲解中国共产党在抗日战争中所做出的贡献。

【课程讲授】

"凡立言,先正所用之名以定命义之所在者,曰界说。"①理解中国共产党在抗战中的中流砥柱作用,需先从"中流砥柱"的概念界定入手。所谓"中流",指河流中间急流处,"砥柱"是山名,位于三门峡东黄河急流之中,形如柱,故作此名。"中流砥柱"比喻在艰难险阻中能支撑危局、力挽狂澜的重要人物或坚强力量。具体到抗日战争的中流砥柱,其历史内涵,就是不论在多么复杂和困难的情况下,始终高举抗日大旗,坚持抗战,不惧怕,不动摇,不妥协,就像屹立在黄河激流之中的砥柱山一样,不管河水如何湍急拍打,都能够巍然挺立。中国共产党在中国抗日战争的胜利中发挥的作用,恰好证明了这一点。具体来看,其贡献主要有:

---

① 马建忠:《马氏文通》,商务印书馆,2010 年,第 7 页。

（一）率先并始终高举抗日救亡旗帜，制定全面抗战路线和持久战方针，为争取抗战胜利指明了前进方向、确立了战略方针

1. 率先举起武装抗日的旗帜

中国共产党是抗日救亡旗帜的率先和始终高举者，其制定并实施的全面抗战路线和持久战方针，是指引中国抗战走向胜利的唯一正确的战略方针。

1931 年九一八事变后，9 月 20 日，中国共产党即发布宣言，号召全国工农武装起来，进行民族的自卫战争。1932 年 4 月 15 日，中华苏维埃共和国临时中央政府宣布对日作战。向全国发出通电，号召全国人民、军队和政府团结起来，共同抗击日本的侵略。

中国共产党不仅积极参加和推动各地的抗日救亡运动，而且直接领导了东北人民的抗日武装斗争。中共中央先后选派罗登贤、杨靖宇、赵尚志、周保中、赵一曼等到东北，加强中共满洲省委及各级地方党组织的领导力量。满洲省委派出大批党员、干部到抗日义勇军中工作。1933 年初，中国共产党领导的抗日游击队先后在东北各地崛起。1934 年 6 月，各抗日游击队改编为东北人民革命军；1936 年 2 月，又改建为东北抗日联军。东北抗联同日军进行了艰苦卓绝的斗争，沉重打击了日本侵略者。

学生阅读教师课前推送到"超星学习通"平台的教学案例"东北抗联：绝境苦战十四年"，了解中国共产党直接领导下的这支英雄的部队在抗战中所做出的艰苦卓绝的斗争。

【案例】东北抗联：绝境苦战十四年

1931 年"九一八"事变后，东北民众纷纷组织各种名称的抗日义勇军，在各地自发地开展抗日活动。中共满洲省委发动群众，积极组建抗日游击队，加强对各抗日义勇军的联络和指导，共同开展游击战争。中国共产党和中华民族的大批优秀儿女，胸怀救国之志，成为东北抗联的创始人和抗联发展

壮大的中流砥柱。

周保中,第一位将义勇军建成新型人民抗日武装的领导者。他1927年加入中国共产党,1928年被党派往苏联学习。"九一八"事变后,他回国并被任命为满洲省委第一任军委书记,并于1934年初正式建立了党直接领导的绥宁反日同盟军,1936年改编为抗联第5军,他任军长。1938年又组成抗联第2路军,他任总指挥。后来这支万人部队成为东北抗联的三大主力之一。

人数最多的一支游击队是张甲洲创建的游击队。1932年,原清华大学学生、共产党员张甲洲回到家乡黑龙江省巴彦县,建立了一支游击队,共200余人,张甲洲任总指挥,满洲省委派军委书记赵尚志担任参谋长。赵尚志在队内建立党的组织,进行整顿,严明纪律,并收编一些山林队,队伍扩大到700余人,后改编为"中国工农红军第36军江北独立师"。

东北抗联各军就是由这些共产党人奔走呼号,组织民众建立起来的。

东北地处高纬度地带,冬季漫长寒冷。抗联部队经常冒着零下 - 30 ~ -40℃的低温行军作战,身无棉衣,脚着单鞋,露宿山林荒野,爬冰卧雪,常常被冻得指断肤裂。"七七"事变后,日军为了配合对抗联的"大讨伐",采取"集家并屯"的政策,使抗联的处境更是雪上加霜。

敌我力量和武器装备对比的众寡悬殊、优劣悬殊,使先后参加东北抗联的5万多将士大部分血染疆场。在敌人的无数次讨伐中,120多位师以上干部战死,杨靖宇、赵尚志、王德泰等40余位军以上干部为国捐躯。

抗联3军3团政委赵一曼出生于四川省宜宾县,她把年幼的儿子寄养在上海的亲属家里,只身一人来到东北,投入艰苦的抗日游击战争。在冰天雪地的抗日战场上,她和战友们一道战严寒,杀敌寇。不幸被敌人逮捕后,赵一曼受尽酷刑,坚贞不屈。在敌人的严密监视下,她却动员两名青年走上抗日救国的道路。1936年8月2日,赵一曼被敌人杀害,时年31岁。

1938年,为打破日军的包围,抗联第5军分为三部分开展游击活动。5

军3师8团1连的11名战士在连长带领下，为掩护主力部队转移，在小孤山进行了一次顽强的阻击战。这次战斗，抗联仅12名战士抗击日伪军300余人的进攻，坚持近7个小时，毙伤日伪军近百人，保卫了总部机关和后方根据地的安全。连长和11名战士全部壮烈牺牲。二路军总指挥周保中将小孤山改名为"十二烈士山"，并赋诗高度赞扬了孤山英魂。

1938年10月，一支抗联部队露宿在乌斯浑河下游的柞木岗山下，被敌人发现。已行至河边准备渡河的妇女团的8名成员，为掩护大部队突围，毅然放弃渡河，在冷云率领下，分成3个战斗小组，与日伪军展开激战。8位女战士背水而战，勇敢沉着地还击敌人。子弹打光了，敌人逼了上来，她们背起负伤的战友，向河心走去，边走边高呼："打倒日本帝国主义！"投入滚滚的乌斯浑河，壮烈牺牲。她们之中最小的只有13岁。"八女投江"的英雄事迹，表现了中华儿女气壮山河的崇高气节。

1939年冬天，日伪军集中2.5万兵力，围剿杨靖宇将军仅3000人的抗日联军第一路军。由于有人告密，杨靖宇被敌人包围在小树林中。1940年2月23日，他被日伪军包围在树下。日伪军劝他投降，他毫不理会，连续射击，射中了5个敌人。最后，他的胸膛被子弹击中，壮烈殉国。残暴的日本侵略者充满困惑：杨靖宇究竟是靠什么在断粮半个多月且零下二三十摄氏度的严寒下坚持战斗这么长时间？他们用军刀划开了杨靖宇的胃，里面只见到草根、树皮和棉絮，没有一粒粮食，日本侵略者都为之惊诧不已。

1942年，赵尚志率领部队袭击鹤岗梧桐河伪警察所时，不幸负重伤被俘。敌人对他突击审讯，赵尚志毫无惧色，一面以惊人的毅力抑制着难以忍受的伤痛，一面对伪警察痛骂："你们和我不同样是中国人吗？你们却为卖国贼，该杀！我死不足惜，今将逝去，还有何可问？"他为中华民族的解放事业流尽了最后一滴血。

东北抗联就是这样一支摧不垮、打不烂的钢铁队伍。他们从几十个人的反日游击队发展到数万人的抗日联军,尔后又在斗争中减员至不足 2000 人,始终前仆后继,英勇战斗。1941 年后,东北抗联与苏联远东军建立了协同作战关系。他们与苏军并肩作战,最后彻底捣毁了关东军老巢,迎来了东北大地的第一缕阳光。

——资料来源:孔令波、孔刚:《东北抗联:绝境苦战十四年》,《中国国防报》,2005 年 9 月 19 日。

【案例分析】在中华民族处于生死存亡的危急关头,与当时国民党当局采取的不抵抗主义形成鲜明的对照,中国共产党率先举起了武装抗日的旗帜。在九一八事变后的第三天,中共中央就发表宣言,要求每一个党员必须发挥自己全部的积极性,英勇地走上民族解放战争的战场,成为参加民族解放战争的先锋和模范。东北抗联就是在党的领导下的一支英雄的先锋队伍。

东北抗联在冰天雪地的艰苦环境下同日军进行了长达 14 年的艰苦卓绝斗争,在强大敌人面前,他们不畏艰险,不怕牺牲,以血肉之躯英勇杀敌,为民族的解放与独立奉献出了一切,谱写了气壮山河的英雄史诗,沉重打击了日本侵略者,鼓舞了全国人民的抗战信心,在中国抗战史上留下了不可磨灭的伟大功绩。

2. 制定全面的全民族抗战的路线

针对如何坚持抗战、争取抗战胜利的问题,中国共产党提出并执行了全面抗战路线,即号召全国人民总动员,开放民主,改善民生,广泛发动群众,武装群众,实行全体人民参加战争、支援战争的人民战争路线,有力地推动了抗日民族统一战线的巩固和扩大。而国民党政府始终奉行的是单纯依靠政府和军队抗日的片面抗战路线,缺乏广泛的政治动员和全民抗战的群众基础。这两条根本不同的抗战路线,"就是一切中国问题的关键所在"①。

---

① 《毛泽东选集》(第三卷),人民出版社,1991 年,第 1034 页。

　　为了正确贯彻执行党的统一战线政策,制定党在抗战时期的行动方针和具体政策,中共中央于1937年8月召开了政治局扩大会议,即洛川会议。会议制定了抗日救国十大纲领,强调要打倒日本帝国主义,关键在于使已经发动的抗战成为全面的全民族的抗战。为此,必须实行全国军事的总动员、全国人民的总动员;必须改革政治机构,给人民以充分的抗日民主权利,并适当改善工农大众的生活。会议强调,必须坚持统一战线中无产阶级的领导权,在敌人后方放手发动独立自主的山地游击战争,在国民党统治区放手发动抗日的群众运动。①

　　在中国,农民是民主革命的主要力量。进行人民战争,首先和主要的,就是要深入敌后,发动和组织广大的农民,开展游击战争和群众工作,创建抗日民主政权,逐步把落后的农村建设成为先进的革命阵地。中国共产党把工作的重点放在敌后农村,在新的抗日民族解放战争条件下,继续走农村包围城市的道路。

　　【视频】洛川会议(时长:2分18秒)

　　3.制定持久战的战略方针

　　【课堂讨论】为什么说抗日战争是一场持久战？

　　1938年5月,面对"亡国论""速胜论"的纷争,毛泽东集中全党智慧发表了《论持久战》,全面考察和论证了中国能够、也必须经过持久抗战取得最后胜利的客观依据,科学地预测了中日战争的发展趋势和必然结局,极大地鼓舞和坚定了广大军民争取抗战胜利的信心和决心。

　　毛泽东指出,中日战争是半殖民地半封建的中国和帝国主义的日本之间在20世纪30年代进行的一个决死的战争。一方面,日本是强国,中国是

_____

① 中共中央文献研究室、中央档案馆编:《建党以来重要文献选编(1921—1949)》(第十四册),中央文献出版社,2011年,第475~477页。

弱国,强国弱国的对比,决定了抗日战争只能是持久战。另一方面,日本是小国,发动的是退步的、野蛮的侵略战争,在国际上失道寡助;而中国是大国,进行的是进步的、正义的反侵略战争,在国际上得道多助。中国已经有了代表中华民族和中国人民根本利益的、在政治上成熟的中国共产党及其领导的抗日根据地和人民军队。因此,最后胜利又将是属于中国的。[①]

毛泽东阐明的持久战战略思想,揭示了抗日战争的发展规律和坚持抗战、争取抗战胜利必须实行的战略方针,对全国抗战的战略指导产生了积极的影响。

(二)倡导、促成和维护抗日民族统一战线,为争取抗战胜利提供了基本保证

1. 倡导和促成抗日民族统一战线

1931 年九一八事变后,中国共产党即率先呼吁全国人民团结起来共同抗日。1935 年,中国共产党发表《为抗日救国告全体同胞书》,呼吁全国各党各派各界各军为建立广泛的抗日民族统一战线而斗争。同年 12 月,瓦窑堡会议正式确立了建立抗日民族统一战线的策略方针。在这一方针的推动下,西安事变爆发,并最终得以和平解决,成为时局转换的关键。1937 年 2月,中共中央发出《给中国国民党三中全会电》,对国民党五届三中全会作出和平统一、扩大民主、释放政治犯、撤换亲日分子等内外政策的适度调整产生了重大影响。

1937 年 7 月,以卢沟桥事变为起点,日本帝国主义发动了全面侵略中国的战争。9 月 22 日,国民党中央通讯社发表了《中共中央为公布国共合作宣言》,蒋介石于次日发表实际上承认共产党合法地位的谈话,标志着以国共合作为基础的抗日民族统一战线正式形成。

---

① 《毛泽东选集》(第二卷),人民出版社,1991 年,第 439~518 页。

2. 坚持抗战、团结、进步的方针

全国抗战爆发后，中国共产党及其领导的武装力量和全国人民一道，同仇敌忾，英勇抗战。然而随着抗战相持阶段的到来，国民党开始推行消极抗日、积极反共的政策，并制造了一系列摩擦事件，以国共合作为基础的抗日民族统一战线多次面临破裂、瓦解的危险。针对这种情况，1939 年 7 月，中国共产党明确提出"坚持抗战到底，反对中途妥协""巩固国内团结，反对内部分裂""力求全国进步，反对向后倒退"三大口号，坚决揭露打击汪精卫集团的叛国投降活动，继续争取同蒋介石集团合作抗日。①

1939 年冬至 1943 年春，国民党顽固派发动了三次反共高潮。对于国民党当局这种倒行逆施的行为，中国共产党进行了针锋相对的斗争：除了在军事上坚决进行自卫反击外，还在政治上对其进行有力的揭露和声讨，赢得了国内外舆论的同情和支持，成功粉碎了顽固派掀起的三次反共高潮，从而有效地巩固、维护和扩大了抗日民族统一战线。

学生阅读教师课前推送到"超星学习通"平台的教学案例"震惊中外的皖南事变"，了解国民党的倒行逆施，并结合案例思考讨论：国民党发动事变的意图以及中国共产党的应对措施对维护抗日民族统一战线的影响？

【案例】震惊中外的皖南事变

抗日战争相持阶段到来以后，以蒋介石为代表的国民党亲英美派开始推行消极抗日、积极反共的政策。1939 年 1 月，国民党五届五中全会决定成立"防共委员会"，确定了"防共、限共、溶共、反共"的方针，并于 1939 年冬至 1940 年春掀起第一次反共高潮，大举侵犯陕甘宁边区，同时在山西、河北进攻中国共产党领导的军队和根据地。在人民军队的坚决反击下，国民党的

---

① 中共中央文献研究室、中央档案馆编：《建党以来重要文献选编（1921—1949）》（第十六册），中央文献出版社，2011 年，第 440 页。

第一次反共高潮以失败而告终。不过,蒋介石并未善罢甘休,1940 年 10 月 19 日,蒋介石将国民党"中央提示案"以最后决定的形式通知,限令八路军、新四军于一个月内全部移到黄河以北。蒋介石此举,实际上就是要将新四军以合法名义挤出华中这块人力资源充足、经济条件富裕、水陆交通发达的地区,将新四军军部挤出退可以进山,进可以向平原发展的地区,使新四军在羽毛尚未完全丰满之时,到黄河以北与敌之重兵作战,以假日本人之手,大量消耗新四军。

11 月 9 日,中共中央以朱德、彭德怀、叶挺、项英名义向国民党和全国人民发表通电,一方面揭露国民党的反共阴谋,拒绝开赴黄河以北;另一方面表示,为了顾全大局,原将皖南新四军部队开赴长江以北,但须宽限时日。12 月 9 日,蒋介石公然发布"展期限新四军北移"的手令:"凡在长江以南之新四军,全部限本年 12 月 31 日开到长江以北地区,明年 1 月 30 日以前开到黄河以北地区作战,现在黄河以南之第 18 集团军所有部队,限本年 12 月 31 日止开到黄河以北地区。"同时,蒋介石又密令第三战区司令长官顾祝同,令该战区"对江南匪部,应按照前定计划,妥为部署,并准备如发现江北匪伪竟敢进攻兴化或至限期(本年 12 月 31 日止)该军仍不遵命北渡,应立即解决,勿再宽容"。

12 月 29 日,驻守皖南的国民党长官上官云相根据蒋介石和顾祝同的旨意,在徽州主持召开秘密军事会议,制订了围歼新四军的计划。顾祝同又从浙东前线和浙西调来两个师。会后,上官云相召集了几个主力师师长密谈,面授机宜,并要求各部队在 1940 年底做好与新四军作战的各项准备,指示各军、师长要绝对保守机密,绝对不许暴露。

此时的皖南已屯集了国民党军 8 个师计 8 万余人的强大兵力,且并立着第 32 和 23 两个集团军总部,在对日作战紧张的 1940 年,如此的兵力部署是极不平常的。国共关系到了极度紧张的时候。

12 月中下旬,中共中央连连致电项英,要求皖南部队务须迅速渡江,并且做好应付突然事变的一切准备。可惜项英由于多种原因一再迟滞了队伍的转移,而让国民党军队布下了天罗地网,从而丧失了化险为夷的有利时机。

1941 年 1 月 4 日晚,叶挺、项英奉命率领新四军 9000 余人,由泾县的云岭军部所在地出发绕道北上。2 天后,到达泾县茂林地区时,突然遭到顾祝同、上官云相等事先布置好的 8 万余国民党军的包围和袭击。

新四军被围后仓促应战,被迫自卫。广大指战员虽经七昼夜浴血奋战,但终因弹尽粮绝、寡不敌众,除约两千余人突围外,一部被俘,大部分壮烈牺牲。军长叶挺和新四军政治部敌工部长林植夫、政治部秘书黄诚及一部分随员、卫队,依约与上官云相谈判时被扣,副军长项英和参谋长周子昆突围后被叛徒刘厚总杀害,政治部主任袁国平在战斗中牺牲。这就是震惊中外的皖南事变。这一事变是国民党反动派第二次反共高潮的最高峰。

事变发生后,中共立即向国民党提出严正抗议,并向国内外广泛揭露国民党顽固派的罪恶行径。周恩来在接到新四军在皖南突围的急电后,立即向国民党提出抗议,要求国民党撤军,想办法营救新四军。《新华日报》报道皖南事变消息,受到国民党新闻机关的蛮横扣压,在 1 月 18 日的报上开了"天窗",周恩来在"天窗"上题词:"为江南死难者致哀!""千古奇冤,江南一叶;同室操戈,相煎何急!"周恩来还亲自到重庆街头卖过这份报纸,以示抗议。宋庆龄、何香凝、柳亚子等在香港发起抗议运动。在国际上,美、英、苏都反对中国打内战,希望中国继续抗战。蒋介石迫于国内外舆论的压力,被迫在国民参政会上保证"以后绝无剿共的军事"。至此,在中国共产党的努力下,第二次反共高潮被击退了。

——资料来源:何虎生、韩宇:《抗日战争之中流砥柱》,中国工人出版社,2015 年,第 195 ~ 201 页。

【案例分析】国民党自始至终处心积虑地要消灭心头之患八路军、新四军,尤其是抗日战争进入相持阶段,国民党在日本诱降、英美拉拢的情况下,反共情绪又有所增长。皖南事变便是这一时期国民党推行"消极抗日、积极反共"政策的典型事例。

国民党在事变前制定了一个"借刀杀人"的阴谋,企图逼使华中(包括江南)所有新四军、八路军一律限期撤到黄河以北,再凭借黄河天险,堵塞归路,借日军之手消灭中国共产党领导的军队。1940年7月,国民党提出一个"中央提示案",就是在日本侵略军大敌当前的形势下,在作战地区、编制数量等方面进一步限制八路军、新四军的发展,将中国共产党的抗日武装由当时50万人左右削减为10万人。正是根据这个提示案,国民党发动了第二次反共高潮,包括发动皖南事变。

皖南事变后,中共中央进行了及时的应对措施。一方面,中央军委发布重建新四军军部的命令,随即新四军整编为7个师加1个旅,新四军不但没有被消灭,反而更加发展壮大。另一方面,中国共产党在坚持"有理、有利、有节"的原则下,对这一暴行进行了猛烈的反击,迫使蒋介石不得不在第二届国民参政会上表示"以后决无剿共的军事",国民党顽固派掀起的第二次反共高潮实际上被打退了。事变后中国共产党合理妥善的解决方式,既打击了国民党的反共气焰,又维护了抗日民族统一战线,彰显了中国共产党领导人的聪明才智和抗日决心,以雄辩的事实向世人证明了中国共产党是抗日战争的中流砥柱。

3.发展进步势力,争取中间势力,孤立顽固势力

为了抗日民族统一战线的坚持、扩大和巩固,中国共产党总结反"摩擦"斗争的经验,制定了"发展进步势力,争取中间势力,孤立顽固势力"的策略总方针。

进步势力主要是指工人、农民和城市小资产阶级。他们是统一战线的

基础,抗日战争的主要依靠力量。为了发展进步势力,就要冲破国民党的限制和束缚,放手发动人民群众主要是农民群众,扩大八路军、新四军及其他抗日人民武装,创立抗日民主根据地,在全国发展共产党的组织,发展全国民众的抗日运动。

中间势力主要是指民族资产阶级、开明绅士和地方实力派。争取中间势力需要一定的条件:一是共产党要有充足的力量;二是尊重他们的利益;三是要同顽固派作坚决的斗争,并能一步一步地取得胜利。

顽固势力是指大地主大资产阶级的抗日派,即以蒋介石集团为代表的国民党亲英美派。他们采取两面政策,既主张团结抗日,又"限共、溶共、反共"并摧残进步势力。为此,共产党必须以革命的两面政策来对付他们,即贯彻既联合又斗争的政策,斗争不忘统一,统一不忘斗争,二者不可偏废,而以统一为主。同时,同顽固派作斗争时,应坚持有理、有利、有节的原则。①

4. 推动国统区抗日民主运动,巩固和扩大抗日民族统一战线

为进一步巩固和扩大抗日民族统一战线,中国共产党也在国民党统治区(习惯上称"大后方")开展促进团结抗日等方面的大量工作。

1937年底,中共中央在武汉设立长江局统一领导南方各省抗日救亡运动,还公开出版《新华日报》《群众》等报刊开展抗日宣传活动,大力促进了国统区群众性抗日救亡运动。1938年初,周恩来担任国民政府军事委员会政治部副部长以后,掌管宣传工作的政治部第三厅厅长由郭沫若担任。第三厅在周恩来、郭沫若的参与和领导下,团聚了一大批文化界爱国人士,成为扩大统一战线、推动抗日文化工作的重要阵地。第三厅组织了包括儿童剧团在内的十多个抗敌演剧队、宣传队,分赴各个战区进行抗日宣传,慰劳抗日将士。1939年1月,中共中央在重庆成立南方局,统一领导南方国民党统

---

① 《毛泽东选集》(第二卷),人民出版社,1991年,第744～749页。

治区和部分沦陷区党的工作。

1944年9月,中共参政员林伯渠在国民参政会上提出废除国民党一党专政、召开各党派会议、成立民主联合政府的主张,得到民主党派、民主人士和社会各界的热烈响应。国民党统治区的民主运动由此朝着明确的政治目标发展,出现了新的高涨。但是蒋介石公开反对召开各党派会议、成立民主联合政府。1945年5月,国民党第六次全国代表大会制定了抢夺人民抗战胜利果实、准备发动内战的反动方针。在中国共产党的推动和影响下,文化界各抗敌协会相继成立。中国共产党的《新华日报》《群众》周刊在重庆公开发行,及时向大后方人民宣传党的主张,鼓舞和激励群众的抗战热情。

国民党统治区的抗日民主运动和进步文化工作,是全民族抗日战争中的一条重要战线,对于激发大后方人民的爱国民主意识、坚持国共合作团结抗战、支援抗战前线、积蓄革命力量等发挥了重要的作用。

以国共两党第二次合作为基础的抗日民族统一战线的建立、巩固和发展是中华民族最终取得抗日战争胜利的最基本条件和保证。从抗日民族统一战线的建立、巩固和发展来看,中国共产党倡导、促成、维护了抗日民族统一战线,实际上成为中国人民抗日战争的坚强政治领导核心。

(三)开展独立自主的敌后游击战争,开辟和建设抗日根据地,对坚持抗战、争取胜利发挥了伟大的战略作用

1. 游击战具有重要战略地位

【课堂提问】如何理解游击战在抗日战争中发挥的重要战略作用?

中国抗日战争逐渐形成战略上互相配合的两个战场,一个是主要由国民党军队担负的正面战场,一个是由共产党领导的人民军队为主担负的敌后战场。

游击战,在通常的情况下只是一种辅助性的作战形式,在战役、战斗中对于正规战起配合的作用。但是游击战在敌后的广泛开展和敌后抗日根据

地的开辟，迫使敌人不得不把用于进攻的兵力抽调回来保守其占领区，从而对阻止日军的进攻、减轻正面战场压力、使战争转入相持阶段起了关键性的作用。因此，在抗日战争的初期和中期，游击战被提到了战略的地位，具有全局性的意义。

全面抗战爆发后，根据独立自主的游击战争方针，开赴华北前线的八路军主要是在战役上配合国民党军队作战，并取得了平型关大捷、雁门关大捷、夜袭阳明堡日军机场等战斗的胜利。

【视频】平型关大捷（时长：2分34秒）

随着抗战相持阶段的到来，敌后游击战争成为主要的抗日作战方式。日军逐步将主要兵力用于打击敌后战场的人民军队，以保持和巩固其占领地。1939年至1940年，华北地区的日军出动千人以上对敌后抗日根据地的大"扫荡"就有109次，使用的总兵力达50万人以上。为了打击日本侵略者，人民军队在有利条件下也进行过运动战。如1940年8月至12月初，八路军总部调集100多个团共20万人，对华北日军发动了一场大规模的以破袭敌人交通线为重要目标的进攻战役，这就是百团大战。但是人民军队在大部分时间里所进行的，主要是游击战。

学生阅读教师课前推送到"超星学习通"平台的教学案例"百团大战"，了解百团大战的背景、过程和作用，并结合案例思考讨论：百团大战在抗战中有何重大意义？

【案例】百团大战

1940年夏秋，日军在德国法西斯横扫西北欧，取得暂时胜利的刺激下，在政治、军事、经济等方面加快了侵略中国的步伐。在华北地区，日军更加紧了推行"治安肃正"计划，以"囚笼政策"封锁、切割八路军抗日根据地，给华北游击战的开展造成了一定困难；在华中攻占襄樊、宜昌，加强对重庆等地的空袭；在西南迫使英、法封闭从越南、缅甸通往中国云南的国际公路，切断了经西南的国际援助。同时,配合军事进攻,日军加紧了对国民党的政治诱降。面对这一严重形势,国民党内一些人更加动摇,妥协投降危机空前重。

为了克服这一严重危机,中共中央于1940年7月7日发表《中共中央为抗战三周年纪念对时局宣言》,指出日本企图用封锁我国国际交通线,向我正面进攻及举行天空轰炸等加重压力与加重困难的办法,达到其分裂中国内部,逼迫中国投降的目的,现在是中国空前投降危险和空前抗战困难的时期,号召全国应该加紧团结起来,克服这种危险与困难。于是,八路军总部决定以华北八路军为主,对敌主动出击,在华北广大地域之内,给日占交通沿线和大小据点之敌以一次摧毁性的打击。

1940年8月20日夜,晋察冀军区、第129、第120师在八路军总部统一指挥下,发动了以破袭正太路为重点的战役。战役发起第3天,参战部队已达105个团,故称"百团大战"。百团大战是抗日战争相持阶段八路军在华北地区发动的一次规模最大、持续时间最长的战役。在这场战争中,八路军共投入20万兵力,先后作战1824次,毙伤日军20645人、伪军5 155人,俘虏日军281人、伪军18407人,日军投降47人,伪军反正1845人,拔除据点2993个,破坏铁路474千米、公路1502千米,车站、桥梁、隧道260余处,缴获各种火炮53门、长短枪5600余支,轻重机枪200余挺,以及其他大批军用物资。

百团大战沉重打击了敌华北方面军的"囚笼政策",对日军震动极大;对粉碎日本威压诱逼中国政府迅速屈服的狂妄企图发挥了重要作用,增加了全国军民抗战到底的信心;推迟了日本的南进步伐,给英美及东南亚各国带来了巨大的战略利益。

——资料来源:刘金田:《中国的抗日战争》,上海人民出版社,2016年,第177~179页。

【案例分析】百团大战是在中国抗战处于困难、妥协投降空气甚浓的时候取得重大胜利的，因而不仅具有重大的军事意义，而且具有重要的政治意义。一方面，它钳制了大批华北日军，从而进一步减轻了华中正面战场的压力。另一方面，它极大地鼓舞了民心士气，百团大战的捷报传开之后，举国上下一片欢腾，报纸、电台相继发表社论、社评，各地纷纷举行祝捷会、庆功会，群情激奋，增强了战胜困难的勇气，遏制了妥协投降的暗流，增强了全国军民抗战到底的信心，提高了共产党、八路军的声威，揭破了八路军"游而不击"的谎言，表明了中国共产党及其领导的军队，是抗日的中流砥柱，是争取抗战胜利的希望所在。

游击战还为人民军队进行战略反攻准备了条件。在 1945 年 8 月进入战略反攻阶段时，人民军队已经发展到了 120 万人、民兵 220 万人，抗日根据地达到了 19 块，约 1 亿人口。敌后军民的大反攻，就是在此基础上胜利展开的。

2. 开辟敌后抗日根据地

抗日根据地是中国共产党领导下成立的军事、政治组织，是认真贯彻和实现中国共产党全面抗战路线、坚持抗战和争取胜利的坚强阵地。主要的抗日根据地有晋察冀抗日根据地(1937 年 11 月由八路军 115 师开辟的最早的抗日根据地，以五台山为中心，华北最大的抗日根据地，面积 40 万平方千米，人口 2500 万。十四年抗战中当地武装与日本军队及伪军作战 3.2 万余次，毙伤日伪军 35 万余人)、晋绥抗日根据地(1938 年，八路军 120 师一部开辟。十四年抗战中当地武装与日本军队及伪军作战 1.01 万余次，毙伤日伪军约 10.07 万人)、晋冀鲁豫抗日根据地(以太行山为中心建立的抗日根据地，由八路军 129 师在刘伯承、徐向前、邓小平的率领下，合并晋冀豫、冀鲁豫等抗日根据地形成的，总面积约 30 万平方千米，十四年抗战中当地武装与日本军队及伪军作战 3 万余次，毙伤日伪军 19 万余人)、山东抗日根据地(以沂蒙山区为根据地中心,总面积约 30 万平方千米,十四年抗战中当地武装与日本军队及伪军作战 1.9 万余次,毙伤日伪军约 15 万人)。与此同时,新四军挺进长江南北,开赴苏南、皖南、皖中地区,创建了华中抗日根据地。

1944 年,国民党正面战场在豫湘桂战役中遭遇大溃败,大片国土沦陷,而共产党领导的敌后抗日武装和根据地不仅得到大发展,而且转向局部反攻,与正面战场的大退败局面形成鲜明对比。1944 年春季,敌后战场人民军队转入攻势作战,他们已经抗击着全部侵华日军的 64%。在全民族抗战中,中国共产党领导的敌后战场成了抗日的主战场,对于坚持抗战、削弱敌人、准备反攻起到了关键性的作用。

3. 大力建设抗日民主根据地

【课堂提问】为创建抗日民主根据地,中国共产党共做了哪些工作?

为巩固抗日根据地,中国共产党做了大量建设性工作:

首先,建设三三制民主政权。抗日根据地的政权是党领导下的抗日民族统一战线性质的政权。抗日民主政权在工作人员分配上实行"三三制"原则,即共产党员、非党的左派进步分子和不左不右的中间分子各占 1/3,容纳了各方面的代表,发扬政治民主,保障人民的民主自由权利,团结一切赞成抗日又赞成民主的各阶级、阶层。

抗日民主政权普遍采取民主集中制,各级抗日民主政权机构的领导人都经过人民选举产生。抗日民主政权努力发扬政治民主,保障人民的民主自由权利。陕甘宁边区参议会、山东省临时参议会等还专门通过有关保障人权的条例。抗日民主政权实行各民族平等团结、共同抗日的基本政策,在少数民族聚居地区试行民族区域自治。这是中国共产党从中国国情出发解决民族问题的一个创造。

其次,减租减息,发展生产。根据地内停止实行没收地主土地的政策,普遍改行减租减息的土地政策,以减轻农民所受的封建剥削,提高他们的抗日和生产的积极性；同时实行交租交息，以利于联合地主阶级抗日。

为了战胜困难坚持抗战，毛泽东提出了"发展经济，保障供给"的经济工作和财政工作的总方针，发出了"自己动手，丰衣足食"的号召。自1941年起，各抗日根据地军民掀起大生产运动。同时，厉行精兵简政，以减轻人民负担。经过努力，根据地军民战胜了困难，农业生产和工商业都得到恢复和发展，为坚持抗战、争取胜利奠定了物质基础。

最后，发展文化事业。全民族抗战开始后，中共中央所在地延安成了革命者向往的"圣地"，大批知识青年冲破国民党的封锁线奔赴延安。中共中央及时作出大量吸收知识分子的决定，把发展抗日的革命文化运动提上重要议事日程，中国人民抗日军事政治大学（简称"抗大"）、鲁迅艺术学院（简称"鲁艺"）等一批干部学校和专门学校创办起来。各抗日根据地建立后都组织知识分子克服各种困难开展国民教育工作，办起大批中小学、夜校、冬学、识字班等教育，大大提高了根据地军民的思想文化水平和爱国主义觉悟。

（四）加强党的自身建设，为抗战胜利提供了坚实的组织保证

为了胜利地领导中国人民进行抗日战争，中国共产党从思想、组织和作风等方面不断推进了党的自身建设的伟大工程。

1.提出马克思主义中国化命题

为了对王明的右倾错误进行坚决的抵制，毛泽东在党的六届六中全会上明确提出了"马克思主义的中国化"命题。同时，为了推进马克思主义中国化的事业，他向全党提出了普遍地深入地学习马克思列宁主义的理论，学习我们的历史遗产并给以批判的总结和调查研究当前运动的特点及其规律性的任务。

2.系统阐明新民主主义理论

在20世纪30年代后期和40年代前期，为了将丰富的中国革命实际经

验马克思主义化,以便更好地指导抗日战争和中国革命,毛泽东发表了《〈共产党人〉发刊词》《中国革命和中国共产党》《新民主主义论》等一系列著作,系统阐述了中国新民主主义革命的对象、性质、动力、领导权、纲领、步骤和前途等,从思想上武装了中国共产党人,使他们极大地增强了参加和领导抗日战争和新民主主义革命的自觉性,标志着毛泽东思想走向成熟。

3.开展整风运动和确立实事求是的思想路线

为了提高全党马克思主义思想理论水平,增强党的凝聚力和战斗力,党以延安为中心开展了一场全党范围的整风运动。整风运动是一场伟大的思想解放运动,一切从实际出发、理论联系实际、实事求是的马克思主义思想路线,在全党范围确立了起来。1945年召开的中共七大制定了党的政治路线,概括了党的三大优良作风,把毛泽东思想确立为党的指导思想。

综上所述,中国共产党在抗战中一系列原则和方针的提出和贯彻实施,对于坚持全民族抗战到底和取得最后胜利,发挥了中流砥柱的决定性作用。

正因为中国共产党在抗日战争中发挥了中流砥柱的作用,党领导的人民革命力量空前壮大,越来越多的中国人把自己的希望寄托在了中国共产党的身上。周恩来当时就说:"1944年,不仅小资产阶级,连民族资产阶级也靠拢了我们。"美国驻华使馆的戴维斯、谢伟思在当时写给美国国务院的报告也公正地指出:国民党统治集团"为了自私的目的而在牺牲着中国的利益";而"共产党的政府和军队,是中国近代史上第一次受到有积极的广大人民支持的政府和军队"。"未来的中国,共产党将占有确定的和重要的地位"[①]。

抗日战争的历史表明,中国共产党是中国人民和中华民族利益的最坚决的代表者和捍卫者。广大的中国人民由于在实践中逐步看清了这一点,

---

① 沙健孙主编:《中国共产党史稿(1921—1949)》(第五卷),中央文献出版社,2006年,第12页。

而进一步选择了中国共产党。这是党领导的革命力量得到大发展的根本原因,也为党在抗战胜利后夺取全国胜利奠定了基础。

【课堂小结】

近代以后,中国人民历次反侵略战争失败的一个重要原因,是政治统治集团的腐朽无能和民族内部软弱涣散。在内忧外患中诞生和成长起来的中国共产党,自成立之日起就把实现中华民族伟大复兴作为自己的历史使命,捍卫民族独立最坚定,维护民族利益最坚决,反抗外来侵略最勇敢。在14年艰苦卓绝的抗日战争中,中国共产党率先举起抗日旗帜,积极倡导、促成、维护抗日民族统一战线,最大限度地动员全国军民共同抗战,成为凝聚全民族力量的杰出组织者和鼓舞者。与此同时,中国共产党确定全面抗战路线和持久战的方针,放手发动群众,依靠群众,开展游击战争,加强抗日民主根据地的建设,成为中华民族团结抗战的不倒旗帜。无论条件多么艰苦、形势多么险恶、战争多么残酷,中国共产党始终坚持抗战、反对投降,坚持团结、反对分裂,坚持进步、反对倒退,同各爱国党派团体和广大人民一起,共同维护团结抗战大局。中国共产党人以自己的政治主张、坚定意志、模范行动,支撑起全民族救亡图存的希望,引领着夺取战争胜利的正确方向,成为夺取抗战胜利的中流砥柱。

【思考题】

1. 为什么抗日战争是持久战,最后的胜利属于中国?

2. 为什么在抗日民族统一战线中必须坚持独立自主原则?

3. 为什么说中国共产党是抗日战争的中流砥柱?

三、板书设计

专题九 为什么说中国共产党是中国人民抗日战争的中流砥柱?

一、率先举起抗日旗帜及制定全面抗战路线和持久战方针

  1. 率先举起武装抗日的旗帜

  2. 制定全面的全民族抗战的路线

  3. 制定持久战的战略方针

二、倡导、促成和维护抗日民族统一战线

  1. 倡导和促成抗日民族统一战线

  2. 坚持抗战、团结、进步的方针

  3. 发展进步势力,争取中间势力,孤立顽固势力

  4. 推动国统区抗日民主运动

三、开展独立自主的敌后游击战争和开辟抗日根据地

  1. 游击战具有重要战略地位

  2. 开辟敌后抗日根据地

  3. 大力建设抗日民主根据地

四、加强党的自身建设

  1. 提出马克思主义中国化命题

  2. 系统阐明新民主主义理论

  3. 开展整风运动和确立实事求是的思想路线

四、学生阅读书目推荐

1.【经典文献】

(1)毛泽东:《论持久战》,1938 年 5 月。

（2）毛泽东：《抗日游击战争的战略问题》，1938 年 5 月。

（3）毛泽东：《中国共产党在民族战争中的地位》，1938 年 10 月。

（4）习近平：《在纪念中国人民抗日战争暨世界反法西斯战争胜利 69 周年座谈会上的讲话》，2014 年 9 月 3 日。

（5）习近平：《在南京大屠杀死难者国家公祭仪式上的讲话》，2014 年 12 月 14 日。

2.【延伸阅读】

（1）沙健孙：《中国共产党在抗日战争中的中流砥柱作用》，《中共党史研究》，2005 年第 5 期。

（2）杜艳华、袁志平：《多重超越铸就"中流砥柱"——正确认识中国共产党在抗战中的历史地位》，《毛泽东邓小平理论研究》，2015 年第 12 期。

（3）张树军：《中流砥柱 民族先锋》，《求是》，2015 年第 18 期。

五、习近平总书记相关论述

1. 中国共产党的中流砥柱作用是中国人民抗日战争胜利的关键。近代以后，中国人民历次反侵略战争失败的一个重要原因，是政治统治集团的腐朽无能和民族内部软弱涣散。在内忧外患中诞生和成长起来的中国共产党，自成立之日起就把实现中华民族伟大复兴作为自己的历史使命，捍卫民族独立最坚定，维护民族利益最坚决，反抗外来侵略最勇敢。中国共产党坚持全面抗战路线，制定正确战略策略，开辟广大敌后战场，成为坚持抗战的中坚力量。无论条件多么艰苦、形势多么险恶、战争多么残酷，中国共产党始终坚持抗战、反对投降，坚持团结、反对分裂，坚持进步、反对倒退，同各爱国党派团体和广大人民一起，共同维护团结抗战大局。中国共产党人以自己的政治主张、坚定意志、模范行动，支撑起全民族救亡图存的希望，引领着夺取战争胜利的正确方向,成为夺取战争胜利的民族先锋。

——习近平:《在纪念中国人民抗日战争暨世界反法西斯战争胜利69周年座谈会上的讲话》(2014年9月3日)

2. 深入开展中国人民抗日战争研究,必须坚持正确历史观、加强规划和力量整合、加强史料收集和整理、加强舆论宣传工作,让历史说话,用史实发言,着力研究和深入阐释中国人民抗日战争的伟大意义、中国人民抗日战争在世界反法西斯战争中的重要地位、中国共产党的中流砥柱作用是中国人民抗日战争胜利的关键等重大问题。

——习近平:《在中共中央政治局第二十五次集体学习上的讲话》(2015年7月30日)

3. 在那场艰苦卓绝的反侵略战争中,在中华民族危亡的时刻,中国人民的爱国热情像火山一样迸发出来。在中国共产党倡导建立的抗日民族统一战线旗帜下,"四万万人齐蹈厉,同心同德一戎衣",中国人民以血肉之躯筑起拯救民族危亡、捍卫民族尊严的钢铁长城,用生命和鲜血谱写了中华民族历史上抵御外侮的伟大篇章。

——习近平:《在纪念中国人民抗日战争暨世界反法西斯战争胜利70周年招待会上的讲话》(2015年9月3日)

专题十/"没有共产党，就没有新中国"

一、教学说明

中华人民共和国的成立，是中国共产党领导、团结中国人民，同帝国主义、封建主义、官僚资本主义进行28年浴血奋战取得的伟大胜利！没有共产党就没有新中国。本专题对应教材第七章。本专题共包括四个问题，简要概述战后国际国内政治形势和中国共产党争取和平民主的方针及努力、国民党挑起全国性的内战，国民党政府处在全民的包围之中，"第三条道路"幻灭，中国新民主主义革命的胜利及其原因、基本经验。

1. 教学目标

（1）知识目标

让大学生了解抗日战争胜利后的时局，认识两种命运、两个前途斗争的历史必然性，认识国民党政权的反动本质及其遭到广大人民反对并迅速走向崩溃的根本原因，认清"第三条道路"幻想破灭的历史必然性，认识人民共和国的创建和共产党执政地位的确立是历史和人民的选择，了解中国新民主主义革命胜利的原因和基本经验。

（2）能力与素质目标

使大学生深刻认识"没有共产党就没有新中国；只有共产党才能救中国，才能发展中国"的真理，增强"四个意识"，自觉维护党中央权威和集中统一领导。

2. 教学重点和难点

（1）教学重点

国民党南京政权覆灭的历史必然性；各民主党派的政治主张及其实质；中国新民主主义革命胜利的原因和基本经验。

（2）教学难点

引导学生正确认识历史和人民选择中国共产党领导的历史必然性。

3. 教学方法

综合运用理论讲授法、案例教学法、讨论式教学法及智慧课堂教学手段。

4. 学时安排

3 学时。

5. 参考资料及教学资源

(1)《"中国近现代史纲要"专题教学指南》(2018 年版·试行)。

(2)毛泽东:《论人民民主专政》(1949 年 6 月),《毛泽东选集》(第四卷),人民出版社,1991 年。

(3)视频:《红旗飘飘——中国共产党历史上的今天》,江苏文艺出版社、江苏电子音像出版社。

二、教学内容设计

【课程导入】

十四年艰苦卓绝的抗日战争中,中国四万万同胞,同仇敌忾,前仆后继,为着同一个目标:中国人决不做亡国奴。胜利最终属于中国。抗战胜利后,中国广大人民热切希望实现和平、民主。但是从抗战胜利,到建立一个独立、自由、民主、统一、富强的新中国,还有一段艰难的路要走。

【课程讲授】

(一)抗战胜利后的时局

1. 战后国际国内政治形势

抗战胜利后,中国政局形势在国内外多种因素作用下极端复杂。战后的政治形势,总的来说,对中国人民实现建设新中国的目标是有利的,但中国也面临着何去何从的复杂的局势。

从国际局势来看,对中国革命有利的因素主要表现为帝国主义遭到削弱,社会主义国家、民族解放运动的力量有了新的发展,世界反动势力已经难以集中起来干涉中国革命。不利的因素主要体现在美、苏及其对华政策给二战后的中国前途带来极大的变数甚至阴影。

世界反法西斯战争的胜利,促进了国际关系的迅速变化。第二次世界大战使近300年来以维持欧洲大国均势为中心的传统的国际格局被美、苏两极格局所取代。美国在二战后倚恃强大的经济、军事实力,在"遏制苏联"的旗号下,极力向全球扩张。控制中国,是战后美国全球战略的一个重要组成部分。美国在中国追求的长期的基本目标是促进建立一个"独立、统一、对美国友好的"的政府,"短期内能够实现的最重要目标是阻止共产党完全控制中国"①。为了控制中国,美国政府采取的基本对华政策是:积极抵制苏联对中共的影响,"援蒋溶共""援蒋反共"。具体采取的主要方法是:一方面,先后派赫尔利、马歇尔等人来华,调处国共关系,试图说服国民党政权实行一些民主改革,以取得中间派的同情和支持,缓和国内日益激化的矛盾,同时诱使或迫使中国共产党交出军队和根据地政权,实现中国在国民党领导下的"统一";另一方面,给予国民党政权大量援助,为蒋介石抢夺抗战胜利果实做准备,帮助国民党把他们的权力在中国最大可能的地区建立起来。美国战后的对华政策及其对国民党内战政策的实际支持,严重阻碍着中国走上和平、独立的发展道路。苏联是战后唯一能够与美国相抗衡的大国。苏联的对华政策,是从其战略利益和对抗美国的国际战略出发而确定的。苏联对中国的政策基本是实现和维护它与美国所共同确立的划分中国势力范围的"雅尔塔格局",不希望中国发生内战,要求与中国友好相处;支持国民党政府统一中国,不相信中国共产党有力量统一中国。苏联的这种态度,放纵了美国对中国的干涉。战后国际新格局中的中国,成为大国争夺的对象甚至交易的筹码,然而中国的命运,取决于觉醒了的中国人民的选择。

从国内局势来看,中国人民的觉悟程度、组织程度空前提高,人民军队发展壮大,解放区扩大到 1 亿人口。中国共产党此时已是具有 24 年斗争历史的成熟的政党。通过两次国内革命战争和抗日战争的锻炼和洗礼,积累了丰富的斗争经验。同时,也克服了党内"左"、右倾错误,全党更加紧密地团结起来,党和广大人民群众建立起血肉的联系。中国共产党有能力带领全国人民去争取光明的前途,来主宰中国的命运,但是抗战刚胜利,中国就面临着内战的危险。以武力消灭共产党及其领导的人民军队和解放区政

---

① 《国家安全委员会报告:关于美国对华短期援助的立场》,中译文见《美国对华政策的缘起和发展(1945—1949)》,重庆出版社,1987 年,第 435 页。

权,是蒋介石集团的既定方针。中国共产党决心与全国人民一道,主宰中国未来发展的命运。

2. 三种主要政治力量和三种建国方案

抗日战争胜利后,随着中日民族矛盾的解决,以国共两党合作为基础的抗日民族统一战线开始解体,国内矛盾迅速凸显出来。这一矛盾集中表现为要把中国建设成一个什么样的国家。抗日战争胜利后,自1921年至1949年中国存在的三种主要政治力量形成了三足鼎立之势,三种建国方案也交汇于此:一是地主阶级和买办性大资产阶级及其政治代表国民党政府,主张实行地主阶级、买办性大资产阶级的军事独裁统治,使中国继续走半殖民地半封建的道路;二是民族资产阶级及其政治代表民主党派的某些领导人和无党派民主人士,主张建立名副其实的资产阶级共和国,使中国成为一个独立的资本主义社会;三是工人阶级、农民阶级和城市小资产阶级及其政治代表中国共产党,主张进行彻底的反帝反封建的新民主主义革命,建立工人阶级领导的人民共和国,逐步实现社会主义和共产主义。三种主要政治力量和三种建国方案的交汇,交织出抗战胜利之初中国错综复杂的政治格局。毛泽东在1945年8月13日所作的《抗日战争胜利后的时局和我们的方针》报告中明确指出:抗日战争的阶段过去了,"今后就是建什么国的斗争。是建立一个无产阶级领导的人民大众的新民主主义的国家呢,还是建立一个大地主大资产阶级专政的半殖民地半封建的国家? 这将是一场很复杂的斗争"[1]。从根本上说,由于资产阶级共和国的方案并不具备现实可行性,可供中国人民选择的方案主要是两个:或者是继续半殖民地半封建的旧中国,或者是创建新民主主义的新中国。中国该何去何从,成为有待历史选择的重大时代命题。

---

[1] 《毛泽东选集》(第四卷),人民出版社,1991年,第1130页。

3. 中国共产党争取和平民主的方针与努力

抗战胜利后,全国人民要求和平,反对内战。为建设新中国而奋斗,这是中国人民的根本利益之所在。中国共产党曾经希望通过和平的途径对中国进行政治社会的改革,逐步向新中国这个目标迈进。1945 年 8 月 25 日,中共中央代表人民利益在对时局的宣言中明确提出"和平、民主、团结"三大口号。

中国共产党领导人民为争取和平民主建国做出了艰苦的努力,积极参加重庆谈判和政治协商会议。

由于全国人民强烈要求和平、反对内战,由于国民党要将远在西南、西北地区的精锐主力部队运送到内战前线需要时间,由于国际上美苏等国都表示希望中国能够实行和平建国,蒋介石迫于国际舆论和国内民意,不得不表示愿意与中共进行和平谈判,并率先举起橄榄枝,于 1945 年 8 月三次致电毛泽东,邀请毛泽东速到重庆"共定大计"。其目的,一是以此敷衍国内外舆论,掩盖其正在进行的内战准备,利用谈判争取时间,调兵遣将,部署内战;二是诱使中共交出人民军队和解放区政权,以期不战而控制全中国;如果谈判不成,即放手发动内战,并把战争责任转嫁给中共,使自己在政治上处于有利地位。尽管国民党提出的"和谈"缺乏诚意,但毕竟提供了一个争取和平、避免内战、在和平民主团结基础上建国的机会,中共中央以民族利益为重,决定派毛泽东、周恩来、王若飞三人到重庆同国民党政府进行和平谈判。

重庆谈判从 1945 年 8 月 29 日开始到 10 月 10 日结束。谈判主要在两个层面上进行:涉及两党关系的重大问题,在两党最高领导人毛泽东与蒋介石之间直接进行商谈;有关国内和平问题的具体谈判,则是在中共代表周恩来、王若飞和国民党政府代表王世杰、张群、张治中、邵力子之间进行的。

经过 43 天的艰苦谈判,1945 年 10 月 10 日,国共双方代表签订《政府与中共代表会谈纪要》,即双十协定,确认和平建国的基本方针,同意"长期合作,坚决避免内战";同意结束国民党的"训政",实行政治民主化;承认人民的某些民主权利;确定召开有各党派代表和社会贤达参加的政治协商会议,共商和平建国大计;同意积极推行地方自治,实行自下而上的普选。在解放区的人民军队和人民政权这两个最为重要的问题上,尽管共产党方面也作出了重大让步,但由于国民党方面在所谓"政令军令统一"的借口下,执意要共产党"交出解放区""交出军队""放弃地盘",双方未能达成协议。

1946年1月10日,国共双方下达停战令。同一天,政治协商会议在重庆开幕,出席会议的有国民党、共产党、民主同盟、青年党和无党派人士的代表38人。中共代表团与民主党派和无党派人士的代表密切合作,推动政协会议达成《政府组织案》《国民大会案》《和平建国纲领》《军事问题案》《宪法草案》等五项协议。这些协议还不是新民主主义性质的,但它是对蒋介石独裁统治和内战政策的否定,有利于和平建国,因而在相当程度上是有利于人民的。但是国民党从一开始就不准备认真履行协定和协议。蒋介石以扩大内战的行动,使政协协议成为一纸空文。政协协议被推翻,意味着政治解决中国前途问题的路径已被堵死,全面内战的爆发已难避免。

【课堂提问】如何评价抗战胜利后中国共产党争取和平民主的斗争?

中国共产党争取和平民主的努力,尽管最终未能阻止全面内战的爆发,但是它使得各界群众增强了对中国共产党关于和平建设新中国的政治主张的了解,懂得了谁是发动这场战争的罪魁祸首。中国共产党在政治上赢得了主动。同时,为中国共产党做好进行自卫战争的准备,争得了将近一年的宝贵时间。

抗战胜利后的中国人民及一切民主力量的和平努力最终付诸东流。中国历史命运的抉择,只能再次诉诸武力的较量。

(二)国民党政权陷入全民包围之中

1.国民党统治区的严重危机

1946年6月底,国民党军以进攻中原解放区为起点,挑起了全国性的内战。战争初期,国民党企图凭借军事优势和经济上的优势,采取速战速决的战略方针。然而这种"冒天下之大不韪"的倒行逆施行为,遭到全国人民的唾弃和反抗。国民党统治迅速陷于严重的军事、经济和政治危机之中。

在军事上,到1947年2月,国民党军队共有71万人被人民解放军歼灭,对解放区的全面进攻亦被打破。其后,对陕北和山东两大解放区发动的重点进攻也被解放军粉碎。1947年6月30日,解放军发动了战略反攻。仅一年时间,国民党就在军事上陷入了全面被动。

国统区的经济危机空前严重。随着内战的进行和军费开支的不断增加,国民党政府的财政增添了巨额赤字。为了弥补巨大的财政赤字,国民政府推行掠夺性经济政策,其主要手段是滥发纸币,货币贬值,物价狂涨。在美国在华企业特别是美货倾销的打击下和四大家族官僚资本的垄断与压榨下,国统区的民族工商业无不处于破产、半破产的危境之中。工商企业大批倒闭,日常生活必需品奇缺。由于赋税成倍增加,由于国民党为进行反共内战,不断地大肆抓捕壮丁、征调民夫、修筑工事,农村劳动力日益减少,广大农民无法维持正常再生产,土地荒废越来越多,再加上美国农产品的倾销和自然灾害的破坏等,农村经济严重衰败。饥饿的农民苦苦挣扎在死亡线上。

在国民党统治区,以学生运动为先导的人民民主运动迅速地发展起来,成为配合人民解放战争的第二条战线。1946年12月,爆发全国性的反美抗暴运动。1947年5月20日,南京、北平等地爆发了反饥饿、反内战运动(史称"五二〇运动")。1947年2月,台湾爆发了反抗国民党专制统治的二二八起义。这些事实表明,不仅在军事战线上,而且在政治战线上,国民党政府都打了败仗。

国民党统治集团发动内战仅一年多时间,便陷入全国人民的包围和声讨之中。其面临的深刻的统治危机,预示着这个失去民心的政权离最终垮台的日子已经不远了。

2. 解放战争时期民心转换的主要原因

【课堂讨论】解放战争时期民心为什么会发生转换向中国共产党倾斜? 国民党政权为什么会陷入全民包围之中?

【案例】人心向背自古决胜之道

在陕北米脂县城东 40 里外,有一个叫做"杨家沟"的小村庄。这里不通大道,偏僻安静,住着 270 多户人家。1947 年 11 月 22 日,一个叫"李德胜"的人率领一支 1400 多人的队伍悄悄来到这里,驻扎下来。在村西山峁上的这排窑洞前,忙碌的身影进进出出;进入村庄的这条土路上,也不断有新的面孔出现。

"李德胜"是毛泽东的化名。一个月后,他在杨家沟召开的中共中央扩大会议上,对即将到来的 1948 年的形势,作了这样的判断:"中国人民的革命战争,现在已经达到了一个转折点。"我们同蒋介石"二十年来没有解决的力量对比的优势问题,今天解决了"。此时,在南京的蒋介石似乎也颇为"清醒"。他在 2 月 23 日的日记中写下自己的忧虑:"今日环境之恶劣为从来所未有,其全局动摇,险状四伏,似有随时可以灭亡之势。"对于不同寻常的 1948 年,很多学者也提出了自己的判断和希望。香港《文汇报》主笔徐铸成说:"1948 年这一年内,中国的大局,总可以见个分晓了。"战争虽然才打了一年多,但国共双方的力量对比这时已经发生了巨大变化。这个变化让毛泽东自信,让蒋介石沮丧,也让大批的中间人士明显感到,双方对决的时刻到了。

决战决胜靠什么?

2008 年,台湾知兵堂出版社出版了一套三大战役的资料丛书——《突击丛书》。书中在对比国共双方投入的兵力、武器时,共产党军队这一栏赫然多了"人民支前"这一项。正是这一项,决定着战争的胜负。

1936 年,毛泽东在陕北的窑洞里就认识到了这一点,他说:"谁赢得了农民,谁就会赢得中国。谁解决土地问题,谁就会赢得农民。"

事实上,中国共产党成立后,一直非常重视解决中国的土地问题。解放战争时期,在广大解放区开展了轰轰烈烈的土地改革运动,使千百万无地少地的农民获得了土地,极大地提高了他们发展生产和支援解放战争的积极性。当时在沂蒙老区曾广泛流传着这样一首歌谣:"最后一粒粮送去做军粮,最后一块布送去缝军装,最后的老棉被盖在担架上,最后的亲骨肉送去上战场。"这是老百姓和共产党、人民解放军荣辱与共、生死相依的生动写照。

无数支前民工冒着枪林弹雨,将后方老百姓为支援前线准备的各种物资送到部队。为了安全起见,他们不走大道,哪里的山路小道难走就走哪里。山路崎岖,他们就把物资扛在肩膀上爬过去。路上再饿,哪怕煎饼就在肩膀上扛着,也没有一个人抽几张充饥的。

淮海战役期间,沂蒙解放区的人口大约是 420 万,但是有近 100 万人去当了支前民工。这还不包括千千万万在家乡为前线解放军摊煎饼、做军鞋的妇女、老人和孩子。1948 年秋天,山东莱阳西陡山村的农民唐和恩迎来了土改后的第一个丰收年。听说村里要组织民工队到淮海前线,他顾不上收割地里的庄稼,加入到运送军粮的支前大军。出发前,唐和恩随身带了一根不起眼的小竹竿,累了撑着它休息,过河涉水的时候用它探路。每到一个地方,他就用针尖把地名刻在小竹竿上。一米多长的小竹竿,就这样刻上了山东、江苏、安徽 3 个省、88 个村庄和城镇的名字,记录下了他 5 个月里辛苦跋涉的 4000 多公里路程。小竹竿的故事后来被搬上银幕,唐和恩就是电影《车轮滚滚》中耿东山的原型。淮海战役中,像唐和恩这样的支前民工共有543 万人。他们肩挑背负,小车推拉,共运送弹药 1460 多万斤,粮食 9.6 亿斤。他们使用的 88 万辆小推车,如果排成两行,可以从南京一直排到北京。参加前线指挥的陈毅曾深情地说:"淮海战役的胜利是人民群众用小车推出来的。"

而国民党第18军军长杨伯涛遇到的却是另外的情形。当他的队伍经过豫皖边境时,"老百姓逃避一空,几乎连个带路的向导都找不到"。一开始,杨伯涛还以为是黄河故道冲刷造成的人迹荒凉。而当他被俘后跟着解放军再经过此地时,简直感觉是换了一个世界。四面八方,熙熙攘攘,车水马龙,行人如织,家家有人,户户炊烟,而且铺面上有卖馒头、花生、烟酒的。解放军和老百姓像一家人那样亲切,有的在一堆聊天欢笑,有的围着一个锅台烧饭,有的同槽喂牲口,简直分不出军与民的界限。

乡野百姓可以选择"躲避",而国统区的市民却逃无可逃。1948年,生活在城市的人们面对着恶性通货膨胀和物价飞涨,连最低限度的生活也难以维持。当时流行着这样的说法:"在中国唯一仍然在全力开动的工业是印刷钞票。"为了挽救经济崩溃的危机,1948年8月19日,国民党政府发行金圆券,取代急剧贬值的法币,以强制手段兑换老百姓手中的黄金、白银和外币。深受法币之苦的民众抱着异乎寻常的热情,在银行门前排起了长龙。梅兰芳也雇了辆车,把自己一生积攒的200多两金条,拉到外滩的银行兑换成金圆券,存在银行里。但是几个月后,200多两金条变成了一堆废纸。一个月的时间,上海中央银行从百姓手中搜刮的黄金、白银、外汇共值美元3.73亿元。然而,《大公报》的一则消息又引发了人们的担忧。消息说:就在国民政府公布金圆券法令的前一天,某国民党要员乘夜车从南京来到上海,下车后不洗面不吃东西,直奔证券交易所,一个上午向市场抛售三千万股永纱,大概获利四五千亿元。像这样的投机行为,在当时国民党权贵中相当普遍。于是,物价再度飞涨。清晨,猪肉价格还是每斤6元金圆券,到上午11点,已经涨到每斤12元金圆券。在一天之内,餐馆将价格上调了2倍到3倍。人们在米店门口排起长队,但一粒米也买不到。国民政府以发行金圆券为主要内容的币制改革很快就宣告全面失败。政府政策的反复无常和信用丧尽,不仅标志着国民党财政经济的总崩溃,而且导致国民党统治区的民心剧变。人民已经不再相信政府了。

陈诚晚年检讨在大陆的军事失败时,专门提到币制改革,他说:"这件事影响士气人心太大了。大家都对政府失掉了信心,政府的施政,恰与人民的利益,背道而驰。在这种情形之下,戡乱军事,如何还能够看好?"

后方的民心丧尽了,前方的军心又怎样呢?

1948 年 10 月 11 日,在辽西塔山,国共两军激战正酣。塔山是通往锦州的重要隘口,几乎无险可守。东北野战军两个纵队奉命阻击海空军支援下的国民党军 11 个师的机械化部队。战斗打了 6 个昼夜,国民党军付出了 6000 多人的伤亡代价,却始终拿不下一个小小的塔山。双方士气的巨大差别是塔山阻击战取得胜利的根本原因。解放军士兵大多是翻身农民,有着保卫土地改革胜利果实的巨大热情。虽然在战斗中也有重大的牺牲,但是没有一处主动放弃阵地后退的。而反观国民党军却毫无斗志,军心涣散,士气低落,一触即溃。他们内部矛盾重重,难以形成协同的合力。45 年后,昔日战场上较量的东北野战军第四纵队政委莫文骅和国民党独立第 95 师参谋长张伯权,终于坐在了一起。谈起那场战斗,张伯权淡淡地说出了四个字:"没心思打。"

1948 年,国共两党的大决战,胜负终于要见分晓了。从 1948 年 9 月 12 日至 1949 年 1 月 31 日,中国人民解放军先后发动了辽沈、淮海、平津三大战役,使国民党赖以维持其反动统治的主要军事力量基本上被摧毁,奠定了人民解放战争在全国胜利的巩固基础。

——资料来源:陈晋、朱薇:《战略决战 人心向背自古决胜之道 将帅齐谋终成运筹奇功》,《新湘评论》,2019 年第 15 期。

【案例分析】习近平曾经指出:"'政之所兴在顺民心,政之所废在逆民心。'一个政党,一个政权,其前途命运最终取决于人心向背。"这是溯源历史兴亡的深刻洞见。解放战争时期,就曾演绎过这样轰轰烈烈的史剧。国民党挑起内战时,其兵力是共产党的 3 倍,控制着全国几乎所有的大城市和主要交通干线、几乎全部的现代工业以及全国 75% 的土地和 70% 以上的人口。但是战争最终的胜利者是中国共产党。究竟是什么改变了两党的力量对比? 共产党凭借什么赢得了胜利? 是民心向背起到了决定性作用。在三大战役过程中,人民群众支援前方作战的规模之巨大,后方勤务任务之繁重,动用人力物力财力之众多,是古今中外战争史上罕见的。三大战役支前工作最动人的场面,是几百万推着小车运送粮食的民工大军。成千上万的人民群众,背负肩挑,牵马推车,运送各种物资,积极支持人民解放军前线作战。这是一场人民战争的胜利,证实了毛泽东所说"战争的伟力之最深厚的根源,存在于民众之中"这个真理。即使是被俘的国民党军将领在强烈的对照下,也不能无动于衷,不能不正视铁的事实,承认共产党、解放军所在的地方,和国民党、国民党军队所在的地方,有如两个世界的天壤之别。如流的推车,如林的担架,见证了当年亿万人民是如何自觉地选择中国共产党的。依靠广大人民的力量,蒋介石的八百多万军队最终土崩瓦解;有了广大人民的支持,千万辆推车就推出了一个人民的新中国。

人心向背成为国共两党较量的核心。国民党在抗战中赢得的支持却在抗战胜利后迅速消失,人心的天平大幅度向中国共产党倾斜。解放战争时期民心的转换的主要原因有:

第一,国共两党对和平、民主时代潮流的态度,使民心向中国共产党倾斜。抗战胜利后,经历了长期战争摧残的中国人民,饱受战争之苦,迫切希望停止内战,实现国内和平,建立一个国民党同各党派联合的独立、自由、民主、统一的新中国。就国际而言,以美、苏两个大国从自身利益和主导未来世界的角度出发,也希望中国能有一个和平安定的局面,不希望国共两党在战后立即兵戎相见。可见,在世界反法西斯战争胜利之后,争取持久和平与避免内战发生,不仅是中国人民的美好愿望,而且已经成为整个世界的潮流。中国共产党在抗战胜利后,顺应民意和时代潮流,真心实意地追求和平、民主,力求通过和平途径实现中国社会的改革,为此毛泽东不顾个人安危,亲赴重庆,与国民党进行谈判。中国共产党与民主党派在重庆政治协商会议上携手合作,促成了有利于人民的政治协商会议决议的通过。就当时实际情形而论,中国能否实现和平,其关键不取决于中国共产党,而是取决于当时力量强大且执政的国民党。如果当时的国民党能够顺应世界潮流,遵从全国人民要求和平的愿望,继续与中国共产党合作并建立民主联合政府,中国也许会有一个光明的前途。然而历史不能假设,国民党为了达到消灭中国共产党、维护一党专政的目的,不惜撕毁《双十协定》和政治协商会议决议,悍然发动内战,撕碎了抗战胜利后全国人民翘首以待的和平与民主梦想。也将自己推到全国人民的对立面。战争从反面教育了人民,使全体中国人民进一步认清了国民党政权的本质。可以说,国民党的内战政策违反民意与潮流是国民党失掉民心的关键原因。

第二,国民党军政贪污腐化,共产党队伍清正廉洁。中国共产党能够发扬艰苦奋斗的精神,努力实践全心全意为人民服务的宗旨。在抗战中,中国共产党为了减轻农民的负担,开展了轰轰烈烈的大生产运动。在艰苦的环境中,用最原始的纺车和锄头,来支撑着民族抗战。共产党人坚持人民利益高于一切,没有私利,清正廉洁。朱德这个指挥千军万马的八路军总司令,竟十数年无一钱,要靠向好友借200元钱来养活艰难度日的母亲。而国民党执政后已经由一个充满革命朝气的政党演变为代表大地主大资产阶级利益的政党,始终不能解决腐败与黑金政治盛行的问题。国民党南京政权虽然根据孙中山权力制衡思想设立了"五院"制,但在实际运作中,并未能体现权力制衡的原则。腐败葬送了国民党政权的生机。抗战胜利后,国民党趁接收日伪财产之机敲诈勒索、贪赃枉法、中饱私囊,将巨额敌伪资产转归官僚资本集团控制的部门占有,一个强大而垄断的国家资本主义格局全面形成。国民党各级官员更加腐败,信仰丧失,军纪、党纪荡然无存,派系之间的争斗加剧,统治集团内部分崩离析。光复区老百姓原对国民党政权存在的幻想变成了泡影。正如歌谣所唱的:"盼中央,望中央,中央来了更遭殃。"人民群众将这样的国民党称为"刮民党""家民党"。腐败加速了国民党的灭亡。国民党的腐败作风与派系纷争相结合,加上严重的官僚主义,其结果是只顾追求自己的利益,漠视甚至践踏人民的利益,必然会被人民唾弃和抛弃。腐败、黑金政治盛行和派系纷争,成为国民党政权民心丧尽的重要原因。

第三,国民党政权所代表的是大地主大资产阶级的利益,坚持独裁统治,不能容忍也经受不住任何的民主改革,对广大人民横征暴敛;中国共产党在解放区广泛实行民主,而且实行了轰轰烈烈的土地改革运动和其他改革。政治民主化,在中国建立民主制度,把中国改造成一个民主国家,是近代中国历史发展的潮流。但是随着1927年国民党清党反共,其已经由一个革命的政党逐步演变为代表大地主大资产阶级利益的政党,国民党逐步建立了一党专政的独裁体制。国民党把共产党视为敌人。即使在国共合作抗战时期,蒋介石和国民党出于防范共产党做大的考量,不断派军队制造与中共领导的八路军、新四军的军事"摩擦"。抗战胜利后,蒋介石一方面打出"和平建国"的旗帜,标榜"国家统一";另一方面则挂出了实施"宪政"的招牌。但其实质是假民主真独裁,不过是给其独裁统治披上一件民主外衣而已。国民党最终公开撕毁了《双十协定》和政治协商会议决议。内战爆发前后,国民党先后制造了下关惨案和李闻惨案;1947年11月,国民党又宣布民盟为"非法团体"予以解散。国民党这种反民主的恶劣行径,遭到广大人民的强烈谴责与反对。坚持独裁专制违背历史潮流,使中国民众认识到国民党反民主的本质,这是国民党失掉民心的又一重要原因。拒绝实行土地改革使广大农民彻底抛弃了国民党。旧中国以农立国,80%的人口是农民,农民的中心问题是土地问题。要解决农民问题,就必须首先解决农民的土地问题,谁解决了农民的土地问题,谁就赢得了中国绝大多数人口的拥护。晚年的孙中山在中国共产党的帮助下和俄国十月革命的影响下,提出了"耕者有其田"的主张,但没来得及实行他就去世了。蒋介石集团同中国封建势力有着密不可分的联系,国民党执政 22 年,农民的土地问题最终没能得以解决。中国共产党在解放区广泛实行民主,进行土地改革运动和其他改革,赢得了人们的真诚拥护和支持。解放区农民以踊跃参军、支援前线的实际行动来保家保田,捍卫胜利果实。

第四,国民党和蒋介石推行亲美制苏的外交路线损害了中国的主权与尊严;中国共产党坚持自力更生,维护中华民族的根本利益。蒋介石发动内战与美国的支持是分不开的。美国一方面表示反对中国打内战;另一方面又实行扶蒋反共政策,援助国民党政府。国民党政府为争取美援,坚持内战,采取了完全倒向美国的政策,并不惜以中国的经济、政治、军事权益相让,换取美国对国民党政府的全面支持。蒋介石的做法最终使美国改变初衷,全力援助国民党政府并支持其打内战。国民党发动的战争得到了美帝国主义的支持,损害了中国的主权与尊严。随着国民党在内战中败北,美国看到国民党和蒋介石已经无可救药,遂由"扶蒋"政策改为"弃蒋"政策。国民党全力投靠美国最终被美国所抛弃使其外交走上绝境。中国共产党之所以能够打败国民党,一个重要原因是自力更生,不依赖于外援。中国共产党敢于维护中华民族的根本利益,坚决反对帝国主义,维护国家主权与尊严。而战后南京国民政府的外交政策与其内战政策、独裁统治和经济、军事崩溃相结合,必然走向失败的道路。

(三)"第三条道路"幻想的破灭

1."第三条道路"的主张及其幻灭

在中国的政治生活中,各民主党派和无党派民主人士是一支重要的力量,是中国共产党领导的爱国统一战线的重要组成部分。抗战胜利后,在对待国共问题上,中间势力强调独立性,力图调和国共两方,引导中国走"第三条道路",致力于把中国建设成一个欧美式的资本主义民主国家,其所提倡的仍然是资产阶级共和国的方案。它们处于国共两党之间,亦称"中间党派"。

中国的民主党派,少数成立于大革命时期和十年内战时期(如中国农工民主党、中国致公党),多数成立于抗日战争和解放战争时期(如中国国民党革命委员会、中国民主同盟、中国民主建国会、中国民主促进会、九三学社、台湾民主自治同盟)。中国各民主党派形成时的社会基础,主要是民族资产阶级、城市小资产阶级及其知识分子,以及其他爱国民主分子。它们是阶级联盟性质的政党。在其成员和领导骨干中,还有一定数量的革命知识分子和少数共产党人。

在抗战胜利以后,民主党派在中国的政治舞台上一度比较活跃。它们的政纲不尽相同,但都主张爱国、反对卖国,主张民主、反对独裁。在这些方面,其与中国共产党的新民主主义革命政纲基本上是一致的。它们共同为政协会议的成功做出了贡献,并为维护政协协议进行过不懈的努力。在国民党发动全面内战后,民主党派的大多数人,积极参加和支持国统区的爱国民主运动,拒绝参加国民党一手包办的伪"国民大会"和"多党政府",反对国民党炮制的伪"宪法"。

尽管民主党派人数少,又无军队做后盾,但其聚集了一批受过较高教育的社会精英,有着广泛的社会联系和社会影响,从某种程度上掌握着非官方的社会舆论导向,致力于"实现英美式的民主政治"。因此,他们也不断遭到国民党当局的打击与迫害。李公朴、闻一多、杜斌丞等著名民主人士被杀害。1947年10月,国民党当局宣布民盟为"非法团体",明令对该组织及其成员的一切活动"严加取缔"。民盟总部被迫发表公告,宣布解散。这表明

"第三条道路"宣告破产。

1948 年 1 月 5 日至 19 日,民盟领导人沈钧儒等在香港召开民盟一届三中全会,宣布恢复民盟总部,总结了民盟斗争的历史经验,放弃了"中间路线",确立了联共反蒋的政治路线。明确主张彻底摧毁国民党的反动独裁统治,建立民主联合政府,坚决反对美帝国主义的侵华政策,赞成土地改革和没收官僚资本,坚决站在人民民主立场,同中国共产党密切合作。

民盟一届三中全会,是民盟历史上具有划时代性意义的会议,是民盟在政治上的重大转折点,它标志着民盟与美蒋反动派公开决裂,放弃和平改良的道路,摒弃了"中间路线",站到了新民主主义革命的立场上来,基本上接受了中国共产党的新民主主义的纲领,走上了与中国共产党全面合作的道路。

其他民主党派也明确表示了参加新民主主义革命的立场。中国共产党的民主统一战线得到了进一步巩固和加强。

2."第三条道路"幻想破灭的原因

【课堂讨论】"第三条道路"幻想为什么会在抗战胜利后不久就破灭了?

第一,中国共产党政策正确是"第三条道路"幻想破灭的决定性因素。民主党派从成立的时候起,大多同中国共产党建立了不同程度的合作关系,并在斗争实践中逐步发展了这种关系。中国共产党对各民主党派采取了积极的争取和团结的政策。中国共产党一贯鼓励和支持各民主党派反对国民党独裁统治的斗争,同时,又十分注意尊重和维护其应有的政治地位和合理的利益,关心和保护他们的生命安全。对于他们中少数人的某些不妥当的意见和严重政治错误,则善意地提出批评,作必要的斗争。1948 年 4 月 30 日,中共中央发布纪念"五一"国际劳动节口号,号召"各民主党派、各人民团体、各社会贤达迅速召开政治协商会议,讨论并实现召集人民代表大会,成立民主联合政府"。这个号召得到各民主党派和社会各界的热烈响应。正是因为中国共产党不仅实现了对农民阶级、城市小资产阶级的领导,而且实现了对民族资产阶级的领导,中国共产党成为众望所归、汇纳百川的领导中国革命事业的核心力量,促使各民主党派接受了中国共产党的领导,走上了新民主主义革命道路。

第二,国民党的政治迫害是"第三条道路"幻想破灭的客观因素。抗战胜利后,重庆政治协商会议的召开及会议决议的通过,使民主党派一度对国民党政府抱有幻想。但他们很快失望。国民党统治集团不断用各种暴力或非暴力手段对民主党派及其成员进行政治迫害,甚至公然杀害民主人士,使民主党派开始重新考虑斗争的方式与中国的前途问题。1947 年 10 月,民盟被迫解散,客观上宣告了"第三条路线"的破产,使民主党派中的绝大多数人彻底认清国民党政权的反动本质,认识到中国共产党领导的新民主主义革命的正义性和必要性,从而更加向共产党靠拢,最终走上了中国共产党领导的新民主主义革命道路。

第三,民主党派的自我觉醒是"第三条道路"幻想破灭的主观因素。大多数民主党派,在其筹备和建立过程中,就得到过中国共产党的指导和帮助。民盟被迫解散后,民主党派中的左派得到了中国共产党的鼓励和支持,促使了各民主党派领导人及其成员的觉醒,认识到只有接受中国共产党的领导,才能在中国政治生活中有效地发挥积极作用,才有光明的前途。1948 年 1 月,民盟明确表示今后要与中国共产党"携手合作";与此同时,中国国民党革命委员会成立,公开表示承认中国共产党的领导地位。在 1948 年中国共产党发表"五一"国际劳动节口号后,各民主党派纷纷响应,积极参与筹备召开新政协、建立新中国的工作。1949 年 1 月 22 日,李济深、沈钧儒等民主党派的领导人和无党派民主人士 55 人联合发表《对时局的意见》,恳切表示"愿在中共领导下,献其绵薄,共策进行,以期中国人民民主革命之迅速成功,独立、自由、和平、幸福的新中国之早日实现"。这个政治声明表明,中国各民主党派和无党派民主人士自愿地接受了中国共产党的领导,决心走人民革命的道路,拥护建立人民民主的新中国。

民主党派放弃"中间道路",赞同中国共产党的建国主张,是国民党政府坚持内战独裁政策、反人民、反民主的必然结果。它意味着近代以来持续不断地追求资产阶级共和国方案的努力宣告终结。此后,民主党派与中国共产党密切合作,为新中国的诞生而奋斗。

(四)中国新民主主义革命的胜利及其原因和基本经验

1. 人民解放战争的胜利

中国共产党领导广大军民进行的解放战争由战略防御、战略进攻和战略决战三个阶段组成。

1946年6月至1947年6月,人民军队处于战略防御阶段,战争主要在解放区进行。为了打退国民党对解放区的军事进攻,中共中央指出,在政治上,必须和人民群众亲密合作,必须争取一切可以争取的人,在党的领导下建立最广泛的人民民主统一战线。在军事上,必须采取集中优势兵力、各个歼灭敌人的作战原则。经过人民解放军一年的作战,战争形势发生了重大变化。国民党全面进攻和对陕北、山东两解放区的重点进攻先后被粉碎。国民党军的总兵力由430万人下降为373万人,其中正规军由200万人下降为150万人,战略性的机动兵力大为减少,而且士气低落;人民解放军总兵力从120多万增加到将近200万,其中正规军100万人,装备大为改善,士气愈打愈旺盛。解放区不断恢复、巩固和扩大,民众支前热情与日俱增。

中共中央抓住机遇,决定将主力打到外线去,将战争引向国民党统治区域。1947年6月底,根据中共中央的决策和部署,刘伯承、邓小平率领的晋冀鲁豫野战军主力12万大军强渡黄河天险,实施中央突破,千里跃进大别山;陈毅、粟裕指挥的华东野战军主力为东路,挺进苏鲁豫皖地区;陈赓、谢富治指挥的晋冀鲁豫野战军一部为西路,挺进豫西。三路大军相互策应,机动歼敌,迫使国民党军处于被动地位。人民解放战争战略进攻的序幕由此揭开。

1947 年下半年至 1948 年上半年,仍在内线作战的人民解放军也先后发动强大攻势,与中原战场遥相呼应。各个战场上的攻势作战,构成了人民解放军全国规模的战略进攻的总形势。

1947 年 12 月,中共中央在陕北米脂县杨家沟召开会议,即"十二月会议",制定了夺取全国胜利的行动纲领。基本政治纲领是:联合工农兵学商各被压迫阶级、各人民团体、各民主党派、各少数民族、各地华侨和其他爱国分子,组成民族统一战线,打倒蒋介石独裁政府,成立民主联合政府。基本经济纲领是:没收封建阶级的土地归农民所有,没收蒋介石、宋子文、孔祥熙、陈立夫为首的垄断资本归新民主主义国家所有,保护民族工商业。在军事纲领方面,提出了著名的十大军事原则,其核心是集中优势兵力,各个歼灭敌人。

在人民解放军由战略防御转入战略进攻的新形势下,中国共产党提出两大中心任务:一是争取解放战争的胜利,二是彻底完成土地改革。这两大任务相辅相成。

早在 1946 年 5 月 4 日,中共中央发出《关于清算减租及土地问题的指示》(史称《五四指示》),决定将党在抗日战争时期实行的减租减息政策改变为实现"耕者有其田"的政策。到 1947 年下半年,解放区已有 2/3 的地区基本上解决了农民的土地问题。1947 年 7 月至 9 月,中国共产党在河北省平山县召开全国土地会议,制定和通过了《中国土地法大纲》,明确规定"废除封建性及半封建性的土地制度,实现耕者有其田的制度"。这是一部彻底的、比较完备的土地法大纲,为在全国彻底消灭封建土地制度提供了一个战斗纲领。解放区广大农村迅速掀起土地制度改革运动的热潮。到 1948 年秋,一亿人口的解放区消灭了封建生产关系。

土地制度改革,是从根本上摧毁中国封建制度根基的社会大变革,是一场深刻的农村大革命,它从根本上摧毁了农村封建统治阶级的政治与经济基础,广大农民获得了政治上的解放和经济生活的改善,农村生产力得到解放,人民解放军的后方得到巩固。经过这个运动,中国最主要的人民群众——农民进一步认识到,中国共产党是自身利益的坚决维护者。广大农民分得土地并在政治上获得翻身以后,其政治觉悟和组织程度空前提高,工农联盟进一步巩固和加强。大批青壮年农民踊跃参加人民军队,人民解放战争获得了源源不断的人力、物力的支援,这就为打败蒋介石、建立新中国奠定了深厚的群众基础。

至1948年秋,敌我双方的力量对比进一步发生变化。人民解放军增加到280万人,解放区面积扩大为235万平方千米,人口增至1.68亿,而且土改基本完成,农民的革命和生产积极性空前高涨,解放军的后方得到进一步巩固。国民党军队由430万减为365万,其中能用于第一线的只有170余万,后方不稳,处境孤立。1948年8月,蒋介石被迫推行"重点防御"计划,将其精锐兵力组成东北、华北、西北、华中、华东、宁沪杭6大集团军,试图依靠坚固设防,维持业已支离破碎的统治。人民解放军同国民党军队进行战略决战的时机已经成熟。

在毛泽东和中共中央军委的领导和指挥下,中国人民解放军先后发动了辽沈、淮海、平津三大战役。三大战役前后历时4个月零19天,共歼灭国民党军队的有生力量154万余人。国民党赖以维持其反动统治的主要军事力量基本上被摧毁。三大战役,无论是战争的规模还是取得的成果,在中国战争史上是空前的,在世界战争史上也是罕见的。

1948年秋冬,美国企图以李宗仁代替蒋介石,来挽救国民党的败局。1949年1月21日,蒋介石宣布"引退"。李宗仁代行总统职权后,发动"和平"攻势,意图实现"划江而治"。1948年12月30日,毛泽东在为新华社写的新年献辞中,发出"将革命进行到底"的号召。由于国民党政府拒绝在《国内和平协定》上签字,1949 年 4 月 21 日,毛泽东、朱德发布《向全国进军的命令》。人民解放军发起渡江战役,国民党苦心经营的长江防线被冲垮。4 月 23 日,人民解放军占领南京,宣告延续了 22 年之久的国民党反动统治的覆灭。国民党蒋介石集团被人民赶出中国大陆,逃往中国台湾。中国共产党领导的人民解放战争在全国范围内取得基本胜利。

2. 创建人民民主专政的新中国

随着解放战争的顺利发展,筹建新中国的任务被提上了历史日程。1948 年 4 月 30 日,中共中央在纪念"五一"国际劳动节的口号中,号召各民主党派、各人民团体及社会贤达,迅速召开政治协商会议,成立民主联合政府。这个号召得到各民主党派、无党派人士、海外侨胞的热烈响应。

1949 年 3 月在河北省平山县西柏坡村隆重召开了中共七届二中全会。本次会议是一次制定夺取全国胜利和胜利后的各项方针政策的极其重要的决策性会议。在这次新民主主义革命时期最后一次中央全会上,中共中央紧紧围绕"如何建设新中国,建设一个什么样的新中国"描绘了新中国的宏伟蓝图。毛泽东在全会上所作的工作报告是一篇建设新中国的纲领性文献,规定了党在全国胜利后在政治、经济、外交方面应当采取的基本政策,以及由农业国家转变为工业国家,由新民主主义社会转变到社会主义社会的总任务和基本途径。毛泽东的报告和会议决议,解决了中国由新民主主义转变为社会主义在理论上和政策上的许多基本问题,为夺取全国革命胜利和革命的转变作了重要的理论和思想准备。中共七届二中全会是具有重大历史意义的会议。这次会议为迅速取得民主革命在全国的彻底胜利,以及由新民主主义向社会主义的转变,在政治上、思想上和理论上作了充分的准备。

在中国共产党成立 28 周年的前夕,1949 年 6 月 30 日,毛泽东发表了

《论人民民主专政》一文,系统阐述了人民民主专政理论。他明确指出,人民民主专政需要工人阶级的领导。人民民主专政的基础是工人阶级、农民阶级和城市小资产阶级的联盟,而主要是工人和农民的联盟。他还指出,我们必须利用一切于国计民生有利而不是有害的城乡资本主义因素,团结民族资产阶级。但是民族资产阶级不能充当革命的领导者,也不应当在国家政权中占主要的地位。

中共七届二中全会的决议和毛泽东的《论人民民主专政》,构成了《中国人民政治协商会议共同纲领》的基础,为新中国的成立奠定了理论和政策基础。

完成创建新中国的任务,是由 1949 年 9 月 21 日至 30 日召开的中国人民政治协商会议来承担的。1949 年 9 月 21 日至 30 日,中国人民政治协商会议第一届全体会议在北平中南海怀仁堂开幕。参加会议的代表来自 54 个单位,共计 662 人,包括各民主党派、各人民团体、各地区、人民解放军、少数民族、国外华侨与宗教界的代表,把辛亥革命至解放战争各个时期的代表人物都吸收进来了。这充分体现了共产党人和一切爱国力量的大团结。人民政协的召开,标志着中国的新型政党制度——中国共产党领导的多党合作和政治协商制度的确立。

毛泽东在开幕词中庄严宣告:"我们的工作将写在人类的历史上。它将表明:占人类总数 1/4 的中国人从此站立起来了。"他指出:"中国人民政治协商会议宣布自己执行全国人民代表大会职权。"

大会通过了《中国人民政治协商会议组织法》《中华人民共和国中央人民政府组织法》,以及有关中华人民共和国的四个议案:国都定于北平,自即日起北平改名为北京;采用公元纪年;在国歌未正式制定前,以《义勇军进行曲》为国歌;国旗为五星红旗,象征中国革命人民大团结。会议通过了起临时宪法作用的《中国人民政治协商会议共同纲领》。会议一致通过选举毛泽东为中央人民政府主席,朱德、刘少奇、宋庆龄、李济深、张澜、高岗为副主席。随后,中央人民政府委员会任命周恩来为政务院总理兼外交部长。

9月30日,中国人民政治协商会议第一届全体会议闭幕,创建中华人民共和国的筹备工作胜利完成。

1949年10月1日,首都军民30万人齐集北京天安门广场举行开国大典,欢庆中华人民共和国的诞生。中华人民共和国的成立,标志着中国的新民主主义革命取得了基本的胜利。

【视频】中华人民共和国成立(时长:3分12秒)

3. 中国新民主主义革命胜利的原因及其基本经验

中国新民主主义革命的胜利,既有客观原因,也有主观原因。

从客观上看,首先,有广大人民和各界人士的广泛参加和大力支持。中国革命的发生与胜利不是偶然的,它有着深刻的社会根源和雄厚的群众基础。不仅工人、农民、城市小资产阶级这些劳动阶级在党的领导下广泛地团结起来,民族资产阶级及其知识分子也日益向中国共产党靠拢,与党密切合作。没有广大人民和各界人士的广泛参加和大力支持,中国革命是不可能胜利的。其次,中国革命之所以能够赢得胜利,同国际无产阶级和人民群众的支持也是分不开的。一些国际友人直接参加了中国的革命斗争,甚至为了中国人民的解放事业奉献出了宝贵的生命。

从主观上看,中国革命之所以能够走上胜利发展的道路,是由于有了用马克思列宁主义、毛泽东思想武装起来的中国无产阶级的革命政党——中国共产党的领导。中国共产党作为工人阶级的政党,不仅代表着中国工人阶级的利益,而且代表着中华民族和中国人民的利益。正是由于中国共产党的领导,中国革命才有赢得胜利的保证。

【课堂讨论】为什么说"没有共产党就没有新中国"?

(1)中国共产党不仅代表着中国工人阶级的利益,而且代表着整个中华民族和全国人民的利益。中国共产党把工人、农民、小资产阶级和民族资产阶级视为中国革命的动力,组织起亿万民众,调动了各路直接和间接的同盟军,进行艰苦卓绝的斗争。在日本发动侵华战争的背景下,为了国家和民族的利益,中国共产党捐弃前嫌,与国民党合作抗日,以实际行动表明自己是中华民族利益的最坚定的捍卫者。

(2)中国共产党是用马克思主义的科学理论武装起来的政党,它以中国化的马克思主义即毛泽东思想作为一切工作的指针,它制定出适合中国国情的、符合中国人民利益的纲领、路线、方针和政策,为中国人民的斗争指明了正确方向。中国共产党在近代中国历史上第一次提出了反对帝国主义、反对封建主义的彻底的民主革命纲领,并为这个革命的每一发展阶段规划了明确的奋斗目标,从而为中国人民指明了斗争的方向。

(3)中国共产党人在革命过程中始终英勇地站在斗争的最前线。在大革命时期,共产党人勇敢地冲到了北伐战争的最前线;大革命失败后,共产党人高举起武装斗争和土地革命的旗帜,探索出中国革命的新道路;在抗日战争中,当中国面临亡国灭种危险的时候,中国共产党人提出了"全面的全民族的抗战""坚持抗日民族统一战线"等基本口号,并在敌后的极端艰苦的环境中,领导人民坚持了独立自主的游击战争,成为抗战的中流砥柱;在解放战争时期,共产党人冲锋在前,带领人民夺取新民主主义革命的伟大胜利。自中国共产党创建至中华人民共和国成立这 28 年的时间里,中国共产党为中国人民的解放事业献出了数十万优秀战士的生命,李大钊、瞿秋白、蔡和森等中国共产党的卓越领导人,以及刘志丹、杨靖宇、左权、叶挺等杰出的将领,也都在这场斗争中献出了自己的生命。中国共产党人以行动表明了自己是最有远见、最富于牺牲精神、最能依靠群众的坚强的革命者,从而赢得了广大中国人民的衷心拥护。

"没有共产党,就没有新中国",这是中国人民基于自己的切身体验所确认的客观真理,是被中国近代历史所证明了的。

中国共产党在领导人民革命的过程中,积累了宝贵的经验:第一,建立广泛的统一战线,是坚持和发展革命的政治基础。第二,坚持革命的武装斗争,建立一支新型人民军队,实行人民战争的战略战术。第三,加强共产党自身的建设,使党成为全国各族人民拥戴的领导核心。正如毛泽东所指出:"统一战线,武装斗争,党的建设,是中国共产党在中国革命中战胜敌人的三个法宝,三个主要的法宝。"

革命的根本问题是国家政权问题。毛泽东在回顾中国共产党走过的历史道路时指出,总结我们的经验,集中到一点,就是工人阶级(经过共产党)领导的以工农联盟为基础的人民民主专政。这个专政必须和国际革命力量团结一致。

【课堂小结】

抗日战争胜利后,中国人民面临着两种前途、两种命运的抉择,中国共产党为争取和平民主作出不懈努力。当争取和平民主建国的种种努力均告失败后,中国人民不得不投入到反对以蒋介石为首的国民党反动派所挑起的内战当中,在中国共产党领导之下,与国民党展开了关乎中国前途命运的大决战。随着国民党政权在大陆的覆灭和中华人民共和国的成立,中国历史进入了一个崭新的阶段。人民民主专政的新中国的成立,标志着近代以来中国面临的争取民族独立、人民解放这个历史任务的基本完成,这就为中国人民集中力量进行建设,以实现国家的繁荣富强和人民的共同富裕,创造了前提,开辟了道路。

【思考题】

1. 抗日战争胜利后,国民党的统治为什么会陷入全民的包围中并迅速走向崩溃?

2. 为什么说"没有共产党就没有新中国"?

3.中国革命取得胜利的原因和基本经验是什么？

三、板书设计

专题十　"没有共产党，就没有新中国"

一、抗战胜利后的时局

　　1.战后国际国内政治形势

　　2.三种主要政治力量和三种建国方案

　　3.中国共产党争取和平民主的方针与努力

二、国民党政权陷入全民包围之中

　　1.国民党统治区的严重危机

　　2.解放战争时期民心的转换的主要原因

三、"第三条道路"幻想的破灭

　　1."第三条道路"的主张及其幻灭

　　2."第三条道路"幻想破灭的原因

四、中国新民主主义革命的胜利及其原因和基本经验

　　1.人民解放战争的胜利

　　2.成立人民民主专政的新中国

　　3.中国新民主主义革命胜利的原因及其基本经验

四、学生阅读书目推荐

1.【经典文献】

（1）习近平：《在庆祝全国人民代表大会成立 60 周年大会上的讲话》，《人民日报》，2014 年 9 月 6 日。

（2）习近平：《在庆祝中国人民政治协商会议成立 65 周年大会上的讲

话》，《人民日报》，2014 年 9 月 22 日。

2.【延伸阅读】

（1）李松林、刘倩倩：《论中国国民党在大陆失败的原因——兼论蒋介石对国民党在大陆失败原因的反省》，《马克思主义理论学科研究》，2016 年第 2 期。

五、习近平总书记相关论述

1. 自成立之日起，中国共产党就以实现中国人民当家作主和中华民族伟大复兴为己任，为"索我理想之中华"矢志不渝，"唤起工农千百万"，进行艰苦卓绝的革命斗争，终于彻底推翻了帝国主义、封建主义、官僚资本主义三座大山，建立了人民当家作主的新中国，亿万中国人民从此成为国家和社会的主人。这一伟大历史事件，从根本上改变了近代以后中国内忧外患、任人宰割的悲惨命运。

——习近平：《在庆祝全国人民代表大会成立 60 周年大会上的讲话》（2014 年 9 月 5 日）

2. 1949 年 9 月 21 日至 30 日，中国人民政治协商会议第一届全体会议召开。会议代表全国各族人民意志，代行全国人民代表大会职权，通过了具有临时宪法性质的《中国人民政治协商会议共同纲领》和《中国人民政治协商会议组织法》、《中华人民共和国中央人民政府组织法》，作出关于中华人民共和国国都、国旗、国歌、纪年 4 个重要决议，选举中国人民政治协商会议全国委员会和中华人民共和国中央人民政府委员会，宣告中华人民共和国的成立。

这标志着 100 多年来中国人民争取民族独立和人民解放运动取得了历史性的伟大胜利，标志着爱国统一战线和全国人民大团结在组织上完全形成,标志着中国共产党领导的多党合作和政治协商制度正式确立。人民政协为新中国的建立作出了重大贡献。

——习近平:《在庆祝中国人民政治协商会议成立65周年大会上的讲话》(2014年9月21日)

3."政之所兴在顺民心,政之所废在逆民心。"一个政党,一个政权,其前途命运最终取决于人心向背。中国共产党、中华人民共和国的全部发展历程都告诉我们,中国共产党、中华人民共和国之所以能够取得事业的成功,靠的是始终保持同人民群众的血肉联系、代表最广大人民根本利益。如果脱离群众、失去人民拥护和支持,最终也会走向失败。我们必须把人民利益放在第一位,任何时候任何情况下,与人民群众同呼吸共命运的立场不能变,全心全意为人民服务的宗旨不能忘,坚信群众是真正英雄的历史唯物主义观点不能丢。

——习近平:《在庆祝中国人民政治协商会议成立65周年大会上的讲话》(2014年9月21日)

专题十一/ 社会主义制度在中国的确立
是历史和人民的选择

一、教学说明

中华人民共和国的成立标志着中国从半殖民地半封建社会进入新民主主义社会,新民主主义社会是一个过渡性的社会。新中国成立伊始,面对严峻的社会状况,在医治战争创伤,努力恢复国民经济的同时,我国也迈出了向社会主义过渡的最初步伐,在中国建立起社会主义制度。本专题对应教材第八章,共包括四个问题,首先介绍党在过渡时期的总路线,然后分别介绍社会主义工业化和社会主义改造的具体过程,最后介绍社会主义制度在中国的全面确立。

1. 教学目标

(1)知识目标

让学生认识到新民主主义社会是属于社会主义体系、向社会主义过渡的社会,懂得中国共产党提出过渡时期总路线的必要性和正确性;认识到中国要实现国家工业化就必须走社会主义道路的原因,懂得社会主义是历史和人民的选择;了解具有中国特点的社会主义改造的基本经验,认识到社会主义基本制度的确立为中国以后的一切发展和进步奠定了基础。

（2）能力与素质目标

使学生树立正确的历史观，对社会主义改造作出符合历史实际的正确的评价，进而分析社会主义改革是对社会主义改造否定的错误实质，提高辨别历史是非的能力。

2. 教学重点和难点

（1）教学重点

党在过渡时期总路线反映了历史的必然性，社会主义工业化与社会主义改造同时并举，社会主义基本制度在中国全面确立的重要意义。

（2）教学难点

选择社会主义工业化道路而非资本主义道路的原因，具有中国特点的社会主义改造经验。

3. 教学方法

综合运用理论讲授法、案例教学法、讨论式教学法及智慧课堂教学手段。

4. 学时安排

4 学时。

5. 参考资料及教学资源

（1）《"中国近现代史纲要"专题教学指南》（2018 年版·试行）。

（2）徐奉臻等：《"中国近现代史纲要"重点难点理论与实践问题析微》，中国社会科学出版社，2010 年。

（3）视频：历史文献纪录片《筑梦中国——中华民族复兴之路》第 3 集正道沧桑（中央组织部、中央宣传部、中央电视台、国家博物馆联合摄制）

二、教学内容设计

【课程导入】

社会主义改造是中国经济战线上的社会主义革命,它使中国实现了从新民主主义社会到社会主义社会的过渡、从私有制社会到以生产资料公有制为基础的社会的转变,从而使社会主义基本制度在中国得到全面的确立。这是中国几千年来最伟大、最深刻的社会变革。

中国共产党及其领导人对于中国的社会主义改造历来给予高度的评价。如邓小平说过:"建国头七年的成绩是大家一致公认的。我们的社会主义改造是搞得成功的,很了不起。这是毛泽东同志对马克思列宁主义的一个重大贡献。今天我们也还需要从理论上加以阐述。当然缺点也有。从工作来看,有时候在有的问题上是急了一些。"①由此可见,党和党的领导人对社会主义改造所作的评价是正确的,因而这些评价符合历史实际。

下面我们就来具体地介绍社会主义改造与社会主义基本制度在中国的确立问题。

【课程讲授】

(一)从新民主主义向社会主义过渡的开始

1.完成民主革命遗留任务和恢复国民经济

1949 年 10 月 1 日,首都军民 30 万人齐集北京天安门广场,隆重举行了开国大典,欢庆中华人民共和国的成立,中国历史由此开辟了新纪元。

中华人民共和国的成立,标志着一百多年来帝国主义列强压迫中国、奴

---

① 中共中央文献研究室:《邓小平年谱(一九七五——一九九七)》(下),中央文献出版社,2004年,第 721 页。

役中国人民的历史从此结束,近代以来饱受欺凌的中华民族从此开始以崭新的姿态自立于世界的民族之林;宣告了本国封建主义、官僚资本主义统治的历史从此结束,一个真正属于人民的共和国建立起来,广大中国人民在政治上翻了身,成为新社会、新国家的主人。中华人民共和国的成立,结束了军阀割据、战乱频仍、匪患不断、国家四分五裂的历史,从此,国家基本统一,民族团结,社会政治局面趋向稳定,人民可以集中力量从事经济、文化等方面的建设。中华人民共和国的成立,也意味着中国的新民主主义革命取得了基本胜利,近代以来摆在中国人民面前的求得民族独立和人民解放的历史任务基本上完成了,随着半殖民地半封建社会的结束和新民主主义社会在全国范围内的建立,接下来摆在党和人民面前的是实现国家的繁荣富强和人民的共同富裕的历史任务。

历经战火,饱受磨难,从半殖民地半封建社会中走出来的新中国面临着许多严重的困难和严峻的考验。主要是:

第一,能不能保卫住人民胜利的成果,巩固新生的人民政权。当时,解放全中国的任务还没有完成。国民党从大陆撤退时遗留下的100余万军队、200多万政治土匪及60多万特务分子还有待肃清。在广大城乡,反动会道门和传统黑恶势力还危害着人民的生命财产安全,他们对各级地方政权展开疯狂进攻,严重威胁着各级地方政权的存在和发展。1950年春天到秋天半年多时间里,全国各地发生反革命暴乱多达818次,解放区就有近40000名干部和群众遭反革命分子杀害,在广西等就达7000人。他们对交通设施、工厂企业等的破坏,极大地影响了生产建设事业的复苏。在广大的新解放区还没有进行封建土地制度的改革。保卫人民胜利的成果,巩固新生的人民政权,对刚刚成立的新中国来讲,是刻不容缓的艰巨任务。

第二,能不能战胜严重的经济困难,迅速恢复和发展国民经济。当时中国的经济不仅远远落后于欧美发达国家,就是与亚洲许多国家相比也有一定的差距。1949 年，人均国民收入只有 27 美元，相当于亚洲国家平均值的 2/3。新中国从旧中国接收过来的是一副烂摊子：许多工厂倒闭，大批工人失业，生产萎缩，交通梗阻，通货膨胀，物价飞涨，市场混乱，人民生活遇到极大的困难。同历史上的最高水平相比，1949 年，工业总产值减少一半，粮食产量减少约 1/4。国家经济濒于崩溃，能不能战胜严重的经济困难，迅速恢复和发展国民经济，使新生国家在经济上摆脱困境，从而在政治上站住脚跟，这是新中国面临的最严峻的考验。

第三，能不能巩固民族独立，维护国家主权和安全。新中国的成立，打破了帝国主义在东方划定的势力范围，这是以美国为首的西方资本主义阵营不愿意看到的。它们企图通过实行强硬的对华政策，即政治上孤立、经济上封锁、军事上威胁的政策，从根本上搞垮新中国。能不能巩固民族独立，维护国家主权和安全，在与西方资本主义的较量中立于不败之地，这是又一个严峻考验。

第四，能不能经受住执政的考验，继续保持谦虚、谨慎、不骄、不躁的作风和艰苦奋斗的作风。新中国成立前夕，毛泽东在中共七届二中全会上指出："敌人的武力是不能征服我们的，这点已经得到证明了。资产阶级的捧场则可能征服我们队伍中的意志薄弱者。""我们必须预防这种情况。"[①]中国共产党在从领导革命取得胜利的党变为在全国范围内掌握政权、从事和平建设的执政党后，也开始遭遇各种各样的冲击，一些党内高级干部和党员经不住糖衣炮弹的进攻开始腐化堕落。能不能经受住执政的考验，继续保持谦虚、谨慎、不骄、不躁的作风和艰苦奋斗的作风，不被权利、地位和资产阶级的捧场所腐蚀，是中国共产党面临的新考验。

当时有人说，共产党军事上得 100 分，政治上得 80 分，经济上得 0 分。

---

① 《在中国共产党第七届中央委员会第二次全体会议上的报告》，人民出版社，2004 年，第 23 页。

中国人民并没有被困难吓倒,"有困难,有办法,有希望"。在1949年6月15日开幕的新政治协商会议筹备会上,毛泽东曾满怀信心地指出:"中国人民将会看见,中国的命运一经操在人民自己的手里,中国就将如太阳升起在东方那样,以自己的辉煌的光焰普照大地,迅速地荡涤反动政府留下来的污泥浊水,治好战争的创伤,建设起一个崭新的强盛的名副其实的人民共和国。"①

为了解决前进中面临的迫切问题,新中国成立后党和政府立刻着手开展了几项工作:

第一,完成民主革命的遗留任务。追剿残余敌人,基本上肃清了国民党遗留在大陆的军事力量。开展大规模的镇压反革命运动,长期危害人民生命财产安全的200多万土匪,仅在两年多时间内就被次第肃清。召开各级各届代表会议或人民代表会议,建立各级人民政权,到新中国成立1周年时,全国80%以上的县已开过各界人民代表会议,全国已成立2个大行政区政府,即东北人民政府和华北人民政府,1个中央直属的内蒙古自治区人民政府,4个大行政区(华东、中南、西北、西南)军政委员会,28个省人民政府,2087个县人民政府。所有从中央到地方的各级政权,是以共产党员为主体,包括相当数量的各方面爱国民主人士的真正体现人民当家作主的新型人民政权,新民主主义性质的人民民主专政国家政权结构在我国初步建立起来。继续实行土地制度改革,使3亿多无地少地的农民(包括老解放区农民在内)无偿地获得了约7亿亩土地和大量其他生产资料,免除了过去每年向地主缴纳700亿斤粮食的苛重地租和繁重的劳役。荡涤旧社会留下的污泥浊水,扫清黄赌毒,制定《中华人民共和国婚姻法》,废除封建婚姻制度,使广大妇女获得婚姻自由的权利,社会风貌焕然一新。健康文明的社会新风尚开始树立,人民的精神面貌焕然一新。

① 《毛泽东选集》(第四卷),人民出版社,1991年,第1467页。

第二,领导国民经济恢复工作。通过没收官僚资本,开展稳定物价的斗争和统一全国财政经济,解除了人民过了几十年的因物价飞涨而带来的痛苦生活,确立起了社会主义性质的国营经济在国民经济中的领导地位,奠定了人民政权的经济基础。初步建立起集中统一的国家财政管理体制,以利于统一调度全国的财力、物力,集中力量办好大事。到 1952 年底,工农业生产总值达到或超过了历史上最高水平。经过三年的经济变革和改组,彻底打碎了中国社会半殖民地半封建的经济,经济结构发生了深刻变化。国民经济得到全面恢复和初步发展,不仅有量的增长,还有质的提高。

第三,巩固民族独立,维护国家主权和安全。新中国废除了帝国主义国家依据不平等条约在中国享有的一切特权,驻扎在中国领土上的一切外国军队被迫撤走;收回了海关治权,中国人民重新掌握了国门的钥匙。这些都从根本上改变了旧中国"跪倒在地上办外交"的局面。针对美国等国封锁、遏制新中国等情况,以毛泽东同志为主要代表的中国共产党人提出了"另起炉灶""打扫干净屋子再请客""一边倒"的外交方针。新中国同苏联订立了《中苏友好同盟互助条约》,在收回旧政权丧失的国家权益的基础上,建立了平等互助的新型中苏同盟关系。

1950 年 6 月,朝鲜战争爆发。美国作出武装干涉朝鲜内战的决定,同时命令其海军第七舰队开入台湾海峡,"阻止对台湾的任何进攻",公然干涉中国内政。中国政府在美国把朝鲜战争的战火烧到鸭绿江边的时候,毅然作出抗美援朝、保家卫国的决策。彭德怀被任命为中国人民志愿军司令员兼政治委员。1950 年 10 月,志愿军赴朝作战,美国侵略军被打回三八线附近。与此同时,国内开展了轰轰烈烈的抗美援朝、保家卫国运动。其后,中朝两国人民及其军队又经过艰苦作战和谈判斗争,终于在 1953 年 7 月迫使美国代表在停战协定上签字。

【视频】抗美援朝战争结束(时长:3分钟)

抗美援朝战争的胜利具有重大而深远的意义:它是一场抗击美国侵略者的正义战争,这场战争的胜利,打破了美军"不可战胜"的神话,支援了朝鲜人民,为维护亚洲和世界的和平做出了重要贡献。打出了新中国的国威和人民军队的军威,彻底粉碎了美国扩大侵略进而把新中国扼杀在摇篮之中的阴谋,极大提升了新中国的国际地位,而且全面提高了全国人民的政治觉悟,民族自尊心空前高涨,民族团结空前巩固。从此,新中国巍然屹立在世界东方,真正成为任何人都不敢小觑的重要政治和军事大国。帝国主义不敢轻易作侵犯新中国的尝试,我国的经济建设和社会改革赢得了一个相对稳定的和平环境。用毛泽东的话说就是:打得一拳开,免得百拳来!

第四,加强中国共产党的自身建设。针对中国共产党成为全国范围的执政党、党的工作重心从农村转向城市的新情况,党和政府教育广大干部和党员必须经受住执政的考验、接管城市的考验和生活环境变化的考验。进城前,党对干部和人民解放军普遍进行了城市政策和入城纪律教育;进城后,政府工作人员和解放军指战员纪律严明,清正廉洁,同国民党官员的腐败风气和旧军队欺压百姓的行为形成了鲜明的对照。针对一些党员、干部在资产阶级"糖衣炮弹"的腐蚀下蜕化变质,党和国家机关、经济部门出现贪污、浪费和官僚主义的腐败现象,1951年底到1952年,开展了反贪污、反浪费、反官僚主义的"三反"运动,处理了犯有严重贪污罪行的刘青山、张子善(他们曾先后担任中共天津地委书记)等一批腐败分子。针对资产阶级唯利是图、损人利己的不法行为的日益暴露,又在1952年上半年发起"五反"(反行贿、反偷税漏税、反盗窃国家资财、反偷工减料、反盗窃国家经济情报)运动。这些举措对于纯洁党的肌体,促进中国共产党和人民政府的廉政建设,提高党的威信和战斗力,促进生产力发展,起到了重要的作用。

总之,经过三年努力,国民经济全面恢复,新生政权得以巩固,民主革命遗留任务基本完成,为大规模的经济建设和有计划的社会主义改造创造了有利条件,通向中华民族伟大复兴的康庄大道正渐渐打开。

在着重完成民主革命遗留任务的同时,社会主义革命的任务实际上也开始实行了。第一,没收官僚资本,确立社会主义性质的国营经济的领导地位。第二,开始将资本主义工商业纳入初级形式的国家资本主义轨道。第三,引导个体农民在土地改革后逐步走上互助合作的道路。

2. 新民主主义社会是一个过渡性质的社会

【课堂讨论】为什么说新民主主义社会是一个过渡性的社会?

新中国的成立,标志着我国新民主主义革命阶段的基本结束和社会主义革命阶段的开始。新中国成立后,我国并没有直接进入社会主义,而是建立了新民主主义社会。这是新民主主义革命的必然结果,也是由中国生产力十分落后的国情所决定。从新中国成立到社会主义改造基本完成,是我国从新民主主义向社会主义过渡的时期。这一时期,我国社会的性质是新民主主义社会。新民主主义社会不是一个独立的社会形态,而是由新民主主义向社会主义转变的过渡性的社会形态。新民主主义社会具有双重性特征,是一个社会主义因素和资本主义因素并存的社会,表现在政治、经济和文化诸方面。新民主主义社会不是一个凝固不变的、独立的社会形态,具有过渡性,处在很深刻的变动之中。

在新民主主义社会中,存在着五种经济成分,即社会主义性质的国营经济、半社会主义性质的合作社经济、农民和手工业者的个体经济、私人资本主义经济和国家资本主义经济。在这些经济成分中,通过没收官僚资本而形成的社会主义的国营经济,掌握了主要经济命脉,居于领导地位。与新民主主义时期三种不同性质的主要经济成分相联系,中国社会的阶级构成主要表现为三种基本的阶级力量:工人阶级、农民阶级和其他小资产阶级、民族资产阶级。由于农民和手工业者的个体经济既可以自发地走向资本主义,也可以被引导走向社会主义,其本身并不代表一种独立的发展方向。随着土地改革的基本完成,工人阶级和资产阶级的矛盾逐步成为国内的主要矛盾。而解决这一矛盾,必然使中国社会实现向社会主义的转变。

在我国新民主主义社会中,社会主义的因素不论在经济上还是政治上都已经居于领导地位,加上当时有利于发展社会主义的国际条件,决定了社会主义因素将不断增长并获得最终胜利,非社会主义因素将不断受到限制和改造。为了促进社会生产力的进一步发展,实现国家富强、民族振兴,我国新民主主义社会必须适时地逐步过渡到社会主义社会。因此,我国新民主主义社会是属于社会主义体系的,是逐步过渡到社会主义社会的过渡性质的社会。

(二)社会主义道路:历史和人民的选择

1.社会主义工业化道路的选择

【课堂讨论】中国为什么选择社会主义工业化道路? 为什么不选择资本主义工业化道路?

进行经济建设,首先要把中国从一个落后的农业国变为一个先进的工业国,实现国家的工业化。发展工业,改变中国作为农业国的贫穷落后的面貌,这是全国人民的共同要求,是摆在中国共产党和人民政府面前的严重任务。

怎样才能发展经济,实现国家的工业化? 从世界历史上看,主要有两条道路:一条是资本主义工业化道路,这是欧洲许多国家、美国和日本走过的,而且走通了;一条是社会主义工业化道路,这是苏联走过的,而且也走通了。由于实现了社会主义的工业化,苏联成了欧洲的第一强国、世界上最强大的两个国家之一。由于社会主义制度具有集中力量办大事、促进社会生产力迅速发展的优越性,对于中国这样一个经济文化落后的国家来说,通过社会主义道路实现国家工业化,这是最好的选择。

近代以来的历史表明,资本主义工业化道路在中国是走不通的。由于受到外国垄断资本的压迫和本国封建生产关系的束缚,中国民族资本主义工业从 19 世纪 60 年代末 70 年代初产生以后,始终处于举步维艰的境地。独立以后的中国如果不搞社会主义,而走资本主义道路,就难以取得真正意义上的经济独立。这样,中国就会成为外国垄断资本的加工厂和单纯的廉价原料、廉价劳动力的供应地。中国这样一个大国,企图主要靠外国提供资金和机器设备等来求得发展,特别是要想成为世界强国,是不可想象的。而且由于经济上依赖外国,在政治上就挺不起腰杆,连已经争得的政治独立也可能丧失。中国走资本主义道路,其经济可能会有一时的发展,但终究还是会成为西方资本主义大国的附庸。在帝国主义时代,中国通过走资本主义道路实现现代化的可能性已经失去。为了实现国家的工业化,中国必须走社会主义的道路。

从 1953 年开始的第一个五年计划,把优先发展重工业作为建设的中心环节,工业化建设从此大规模地开展起来。

2. 党在过渡时期总路线反映了历史必然性

民主革命完成之后,中国共产党就要为在中国建立社会主义社会而努力奋斗。新中国成立前夕,毛泽东在中共七届二中全会报告中指出,应当"在革命胜利以后,迅速地恢复和发展生产,对付国外的帝国主义,使中国稳步地由农业国转变为工业国,把中国建设成一个伟大的社会主义国家"[1]。

新中国成立之初,当时中国共产党对于中国到底什么时候过渡到社会主义的设想大致是:经过一段相当长的时间(估计至少 10 年,多则 15 年或 20 年),工业发展了,国营经济壮大了,就可以采取"严重的社会主义的步骤",实行资本主义工商业的国有化和个体农业的集体化。

---

[1] 《在中国共产党第七届中央委员会第二次全体会议上的报告》,人民出版社,2004 年,第 21 页。

随着实践的发展和经验的积累,中共中央对于中国向社会主义过渡的步骤的认识发生了变化。1952 年,毛泽东指出,我们要在"十到十五年基本上完成社会主义,不是十年以后才过渡到社会主义"。刘少奇、周恩来也都论述过"从现在逐步过渡到社会主义去"的设想。

提出提前开始过渡是有客观依据的:一是随着民主革命遗留任务的彻底完成,国内的阶级关系和主要矛盾发生深刻变化。1952 年,毛泽东指出:"在打倒地主阶级和官僚资产阶级以后,中国内部的主要矛盾即是工人阶级与民族资产阶级的矛盾,故不应再将民族资产阶级称为中间阶级。"①这说明,提出向社会主义过渡的任务已经成为必要的了。二是随着国民经济的恢复和初步发展,中国社会的经济成分发生重要变化(即生产关系),集中表现在公私比例变化上。如工业方面,1949 年到 1952 年,国营经济占比由33.9%上升到 50%,私营经济占比由 62.7%下降到 42%。对此,周恩来指出社会主义成分的比重一天一天增加,国营经济的领导地位一天一天加强。这说明,中国向社会主义过渡在实际上已经开始。

基于以上原因,中共中央于 1952 年底开始酝酿,并于 1953 年正式提出党在过渡时期的总路线:党在过渡时期的总路线和总任务,"是要在一个相当长的时期内,逐步实现国家的社会主义工业化,并逐步实现国家对农业、对手工业和对资本主义工商业的社会主义改造。"②当时,对这条总路线有一种通俗的解释——"一体两翼",即好比一只鸟,它要有主体,就是发展社会主义工业,它要有翅膀,就是对农业、手工业和私营工商业的社会主义改造。由此可见,中国主要任务是实现国家工业化,为此必须进行社会主义改造,

---

① 中共中央文献研究室:《建国以来重要文献选编》(第三册),中央文献出版社,1992 年,第202 页。

② 中央档案馆、中央文献研究室:《中共中央文件选集(1949 年 10 月—1966 年 5 月)》(第十五册),人民出版社,2013 年,第 158 页。

全面确立社会主义基本制度。这条总路线体现了发展生产力和变革生产关系、解放生产力的有机统一,是一条社会主义建设和社会主义改造同时并举的路线。

历史证明,党提出的过渡时期总路线是完全正确的,它适应形势发展的需要,是正确的指导方针。因为新民主主义社会不是一个独立的社会形态,它的社会经济结构不可能在一个相当长的历史时期内基本保持不变,既然中国新民主主义社会本身具有过渡性,它在事实上已经开始向社会主义社会过渡,那么把向社会主义过渡作为一项直接任务提出来,是完全必要和正确的。

(三)具有中国特点的社会主义改造

1.社会主义工业化与社会主义改造同时并举

社会主义改造是围绕社会主义工业化的任务进行的。在提出有系统地进行社会主义改造的 1953 年,新中国即开始进行有计划地社会主义建设。"一五"期间,中国着重建设了一大批基础性的重点工程,为国家的工业化奠定了初步的坚实基础。

由于没有经验,我国的"一五"计划(1953—1957)是在摸索中逐渐形成的。实际上,编制发展国民经济的第一个五年计划的工作,在 1951 年就已着手进行。到 1955 年一届全国人大二次会议审议通过了国务院提交的中共中央制定的《关于发展国民经济的第一个五年计划的报告》,"一五"的计划编制历时 5 年,到正式通过时已经实施了 2 年多。

第一个五年计划的基本任务,概括来说就是建立三个基础:一是集中主要力量进行以苏联帮助我国设计的 156 个建设单位为中心的、由限额以上的 694 个建设单位组成的工业建设,建立我国的社会主义工业化的初步基础;二是发展部分集体所有制的农业生产合作社,并发展手工业生产合作社,建立对于农业和手工业的社会主义改造的初步基础;三是基本上把资本主义工商业分别纳入各种形式的国家资本主义的轨道,建立对于私营工商业的社会主义改造的基础。

第一个五年计划反映了全国人民迫切要求改变我国贫穷落后面貌,把我国建设成为一个初步繁荣昌盛的社会主义国家的愿望。计划规定,五年内国家用于建设的投资总额为766.4亿元,折合黄金7亿两。这在中国历史上是空前的。到1957年"一五"计划原定的主要指标基本超额完成。在基本建设方面,五年内全国完成基本建设总投资达550亿元。我国开始有了自己的飞机制造业、汽车制造业、新式机床制造业、发电设备制造业、冶金矿山设备制造业、高级合金钢和重要有色金属冶炼业等工业部门。工农业生产有较大的发展。国家面貌有了很大改观。

"一五"期间,在苏联的援助下,中国着重建设了一大批基础性的重点工程,为国家的工业化奠定了初步的坚实基础。鞍山、包头、武汉三大钢铁基地的建设取得重大进展。到1956年,中国在工业建设上接连实现了具有历史意义的许多项零的突破,如第一座生产载重汽车的长春第一汽车制造厂建成投产,第一座制造机床的沈阳机床厂建成投产,第一座大批量生产电子管的北京电子管厂建成投产,第一座制造飞机的沈阳飞机制造厂成功试制第一架喷气式飞机。1957年,武汉长江大桥通车,从此铁路贯通中国南北。青藏、康藏、新藏公路先后建成通车,沟通了西藏和全国的联系。全国城乡呈现出一派建设的繁忙景象。

"一五"期间的经济建设,总的来说是成功的,取得了举世瞩目的成就。而这些成就的取得,同这一时期社会主义改造的进行是分不开的。社会主义改造带来生产关系的巨大变革,也推动了经济建设的步伐,促进生产力的发展。而社会主义工业化的实施,成功的经济建设及生产力的发展也为我国奠定了社会主义强大的物质基础,为向社会主义过渡,实现生产关系的转变创造了条件。

2. 实行社会主义改造的国内外条件

第一,社会主义性质的国营经济力量相对来说比较强大,它是实现国家工业化的主要基础。国家的社会主义工业化,是国家独立和富强的必然要求和必要条件。一部中国近代史证明,落后就要挨打,因此必须实现国家工业化,使我国经济真正独立,才能自立于世界民族之林。随着没收官僚资本工作的完成和工业建设的初步开展,中国已经有了比较强大的社会主义性质的国营经济。与私营工业相比,国营工业规模大,技术设备先进,不仅有轻工业,而且有重工业。在劳动生产率等方面,国营企业也优于私营企业。在当时的中国,私人是没有能力投资兴建新的、足以为国家的工业化奠定基础的那种大型工业骨干企业的,只有国家才有能力来做这件事。中国的经济虽然落后,但它是一个大国,全国财政经济统一后,国家掌握了一笔相当可观的资金,可以用来投资搞建设。那时工业建设的发展,首先就意味着社会主义性质的国营经济的发展和它在整个国民经济中比重的增加。这是中国选择社会主义的一个基本因素。

第二,资本主义经济力量弱小,发展困难,不可能成为中国工业起飞的基础。而且它对国家和国营经济有很强的依赖性,不可避免地要向国家资本主义的方向发展。在帝国主义对华封锁的情况下,民族资本由于向外发展的渠道被阻断,就更加重了它对国家和国营经济的这种依赖性。中国的民族资本主要是商业资本和金融资本,工业资本只占1/5。民族资本主义工业主要是轻纺工业和食品工业,缺少重工业的基础。这些工业企业,大多规模小、技术设备落后,劳动生产率很低;成本高、资金不足,扩大再生产的能力十分有限。必须对这些企业逐步实行社会主义改造,需要通过国家资本主义的过渡形式逐步改造为社会主义。资本主义工业进退两难的情况,是中国选择社会主义的又一个基本因素。1950年以后,在对资本主义工商业进行调整的过程中,加工订货、经销代销、统购包销、公私合营等形式的国家资本主义有了相当程度的发展。这就为对资本主义工商业进行社会主义改造积累了初步的经验。

第三,对个体农业进行社会主义改造,是保证工业发展、实现国家工业化的一个必要条件。土地改革以后,农业生产摆脱了封建生产关系的束缚,一个时期有过相当大的发展。但是由于实行在土地私有基础上的个体经营,这种发展又受到很大的限制。因为个体农户耕地很少,经营规模十分狭小,生产工具严重不足。在这种情况下,农民要兴修农田水利设施,平整土地和改良土壤,使用改良农具以至机器来进行耕作、播种、收获,实行分工制度来发展多种经营等,都有很大的困难,更缺少抗御自然灾害的能力。许多农户不仅无力进行扩大再生产,就连简单再生产也难以维持,不可能为工业的发展提供必要的商品粮食、轻工业原料、工业品市场和积累工业发展的资金等条件。在土地改革以后,许多地区的农民从发展生产的需要出发,已经通过探索组织起来的各种途径,有了实行互助合作的实践。这也为对个体农业进行社会主义改造积累了初步的经验。通过实行农业合作化来增产粮食和其他农产品以满足日益增长的人民生活和工业发展的需要,这也是中国选择社会主义的基本因素之一。

第四,当时的国际环境也促使中国选择社会主义。新中国成立以后,长期受到美国等西方资本主义国家经济上、外交上和军事上的严密封锁和遏制,中国不但不可能从资本主义大国那里得到什么援助,而且连进行普通的贸易和交往都很困难。当时只有社会主义国家和第二次世界大战后为争取民族独立而斗争的国家同情中国。只有苏联能够援助中国。这种国际环境,也是中国选择社会主义的基本因素之一。

总之,中国经济在 20 世纪 50 年代的最重要事件就是选择了社会主义。这是十分必要的、完全正确的。通过这一历史性选择,中国共产党创造性地完成了由新民主主义到社会主义的过渡,实现了中国历史上最伟大、最深刻的社会变革,开始了在社会主义道路上实现中华民族伟大复兴的历史征程。

3.社会主义改造的主要内容

中国农村的广大农民在党和政府的领导下,通过农业合作化运动,逐步走上了社会主义道路,开创了一条具有中国特点的农业合作化道路。对个体农业改造的方向:把个体农民的生产资料私有制改造成为社会主义的集体所有制;改造的途径:合作化;改造的方针:积极引导,稳步前进;改造的原则:自愿互利、典型示范、国家帮助;改造的步骤和形式:从互助组到初级农业生产合作社,再到高级农业生产合作社的逐步过渡。到1956年底,全国入社农户占全国总农户的96.3%,农业合作化在全国范围内已基本实现。

综观农业合作化的全过程,发生过一些偏差,要求过急,工作过粗,改变过快,形式也过于简单划一,以致在长期间遗留了一些问题。尽管如此,农业合作化在总体上是成功的。在农业合作化运动期间,从1953年到1956年,农业生产力不断发展,全国农业总产值平均每年递增4.8%。农民安居乐业,生产有所发展,生活有所改善。中国农村在发展稳定的气氛中完成了从几千年的分散个体劳动向集体所有、集体经营的历史性转变。这是中国历史上一次伟大的社会变革、社会进步。

对个体手工业的改造途径和方法与对农业的改造相似,1956年对手工业的社会主义改造基本完成。

对资本主义工商业改造的方向:把资本主义的私人所有制改造成为社会主义的全民所有制;改造的途径:和平赎买;改造的步骤和形式:从初级国家资本主义形式过渡到全行业公私合营。

所谓赎买,就是在无产阶级专政条件下,有偿地而不是无偿地逐步把资产阶级的生产资料收归国有的政策。

对民族资产阶级实行赎买政策,既可以在一定时期利用资本主义工商业的积极作用(如增加产品供应、扩大商品流通、维持工人就业、为国家提供税收等),又有利于争取民族资产阶级及其知识分子,并减少他们接受社会主义改造的阻力。国家资本主义是改造资本主义工商业和逐步完成社会主义过渡的必经之路。

国家资本主义经济是在人民政府管理之下的,用各种形式和国营社会主义经济联系着的,并受工人监督的资本主义经济。它有初级形式和高级形式的区别。初级形式的国家资本主义企业仍由资本家经营,它同国营社会主义经济通过订立合同等办法,在企业外部建立这样或那样的联系。其形式,在工业中有收购、加工、订货、统购、包销,在商业中有经销、代销、代购代销、公私联营等。高级形式的国家资本主义就是公私合营。实行公私合营以后,原来的资本主义企业同社会主义经济的联系已经不仅限于流通领域,而且深入到企业内部,深入到生产领域。社会主义经济在企业中已经具有决定意义的作用了。

对资产阶级实行赎买,这是马克思、恩格斯提出的设想。十月革命后,列宁打算在俄国对“文明的资本家”采取这种做法,但俄国资产阶级不接受。中国共产党把这种设想付诸实施并取得成功。

【视频】对资本主义工商业的社会主义改造(时长:4分11秒)

【课堂提问】中国的资本家为什么会选择接受和平赎买?

党和国家之所以能够对资本主义工商业采取和平改造、和平赎买的政策,一方面是由于民族资产阶级在新中国成立后仍然具有两面性,有拥护宪法、愿意接受社会主义改造的可能性。另一方面也是由于具备了一定的社会条件,主要包括:党和政府采取了一系列切实可行的正确政策;工人阶级领导的、工农联盟为基础的人民民主专政的国家政权,从根本上改变了国内阶级力量的对比,形成了强大的政治优势;国营经济在整个国民经济中处于领导地位,对资本主义工商业形成的强大的压力等。

【案例】工商业者想要摘掉资本家的"帽子"

在很多工商业者为背负资本家的"帽子"而备感苦闷之际，毛泽东及时向资本家明白无误地指出了光明前途。1955年秋，在掀起农业合作化高潮的同时，毛泽东又开始酝酿加快资本主义工商业改造的步伐。1955年10月27日，毛泽东在中南海颐年堂约见陈叔通、章乃器、李烛尘、黄长水、胡子昂、荣毅仁等工商界代表人物，并进行谈话。为在更大范围宣讲党对资产阶级的政策，10月29日，毛泽东特意邀集全国工商联执委会的委员们，在中南海怀仁堂座谈私营工商业的社会主义改造问题。在这两次座谈中，毛泽东都发表讲话，其中心意思是勉励私营工商业者认清社会发展的趋势，主动掌握自己的命运，积极接受社会主义改造，并特意澄清共产党将继续实行统一战线政策。更为重要的是，毛泽东还明确而郑重承诺资本家将来可以变成工人阶级，仅在10月29日讲话中就先后提过两次。在展望国家的发展远景时，毛泽东首次承诺资本家将来还可以成为工人阶级。他指出：我们的目标是改变我国贫穷落后的面貌，使得国家变得富强起来。"而这个富，是共同的富，这个强，是共同的强，大家都有份，包括地主阶级。地主过了几年之后，就有了选举权，他就不叫地主了，叫农民了。资产阶级，总有一天，大约三个五年计划之内，就不叫资产阶级了，他们成为工人了。"其后，毛泽东在阐述了我国对资本主义工商业改造采取和平赎买政策后，又再次明确承诺改造完成后资本家将来可以转变为工人阶级。他指出："对资本家的安排主要是两个，一个是工作岗位，一个是政治地位，要通统地安排好。政治地位方面，给选举权的问题，无所谓安排了，因为我们早已宣布，对民族资产阶级是不剥夺它的政治权利的……将来阶级成分变了，不是资本家了，变成工人就更好了，因为工人阶级比资产阶级更吃香嘛。过去有钱的人很吃香，现在似乎是要当一当工人阶级才舒服的样子。你们想当工人阶级有没有希望呢？是一定有希望的，我可以开一张支票给你们。这是一个光明的政治地位,光明的前途。"应该指出,毛泽东的郑重承诺,是此前宣传中从未有过的。在此前的宣传中,往往只是笼统地说,资本家经过改造后可以和全国人民一道进入社会主义,从未明确提及资本家可以摘掉"帽子"变成工人阶级。因此,1955 年 10 月毛泽东的郑重承诺是私营工商业者后来产生加入全行业公私合营后可以摘掉资本家"帽子"想法的源头。①

【案例分析】毛泽东的郑重承诺迅速在工商界内部和社会舆论上反映出来。如 1955 年 11 月 21 日,全国工商联第一届执行委员会第二次会议发表的《告全国工商界书》就明确指出:"今后,只要我们积极接受社会主义改造并继续在社会主义改造的道路上不断前进,逐步加强自己热爱国家、热爱人民的思想觉悟,严格地遵守国家的法律,逐步培养自己的劳动热情和劳动技能,我们就有可能对国家的社会主义建设事业做出更多的贡献,就有可能逐步地改造和提高自己,最后参加到工人阶级的光荣行列。到那时,我们不再是资本家而是工人了。"②次日,《人民日报》发表的社论也明确指出:"资本家真正放弃了剥削,以劳动为生,他们的社会成份就不再是资本家,而是自食其力的劳动者了,他们同工人、农民就没有矛盾了,他们就一身轻快不受社会责备了。"③

需要指出的是,无论是毛泽东的承诺,还是《告全国工商界书》和《人民日报》社论,都讲得非常清楚明白,就是将来资本家改造好了(即放弃剥削,自食其力)后可以变成工人阶级,但并未说加入全行业公私合营后就马上可以摘掉资本家的"帽子"。

到 1956 年底,全国私营工业户数的 99% 和私营商业户数的 82% 实现了

---

① 叶扬兵:《私营工商业改造中资本家"摘帽子"问题初探》,《中共党史研究》,2016 年第 9 期。

② 《中华全国工商业联合会第一届执行委员会第二次会议的文件汇编》,人民出版社,1955 年,第 46 页。

③ 《统一认识,全面规划,认真地做好改造资本主义工商业的工作》,《人民日报》,1955 年 11 月 22 日。

公私合营,对资本主义工商业的社会主义改造基本完成。

中共中央原计划用 18 年的时间,而实际上只用了 7 年的时间,社会主义改造就基本完成了。由于进展急促,工作中也有缺点和偏差。如前所述,1955 年夏季以后农业合作化以及对手工业和个体商业的改造中出现了一些问题。资本主义工商业的改造,有急于求成的缺点;小商小贩、小手工业者和只有轻微剥削的小业主本来是应当引导他们走合作化道路的,却把他们与资本家一起带进了合营企业;对于一部分原工商业者的使用和处理也不很适当。同时,在对公有制实现形式的认识上和对计划经济的理解上也有局限性。尽管如此,从根本上说,对于个体农业、手工业和资本主义工商业的社会主义改造是符合客观需要的,完成这些改造是一件有伟大历史意义的事情。

4.社会主义改造的伟大意义

【视频】社会主义改造基本完成(时长:1 分 19 秒)

中华人民共和国的成立和社会主义制度的确立,是 20 世纪中国历史上的第二次历史性巨变。社会主义改造是中国历史上最伟大、最深刻的社会变革,其意义在于:

第一,社会主义改造的完成,使中国实现了生产关系方面由私有制到公有制的伟大变革,它对生产力的发展直接起到了促进作用。社会主义改造的基本完成,我国社会的经济结构发生了根本变化,几千年来以生产资料私有制为基础的阶级剥削制度基本上被消灭,社会主义经济成了国民经济中的主导成分,社会主义经济制度在中国基本确立。农业和手工业由个体所有制变为社会主义的集体所有制,私营工商业由资本主义所有制变为社会主义所有制,这就使社会生产力从旧的生产关系的束缚中解放出来,为在社会主义条件下取得比资本主义更快更好的现代化发展铺平了道路。社会主义改造的胜利,在一个几亿人口的大国中,能够比较顺利地实现消灭私有制这样复杂、困难和深刻的社会变革,不但没有破坏生产力,反而促进了工农业和整个国民经济的发展,并且得到人民群众的普遍拥护而没有引起巨大的社会动荡,这的确是伟大的历史性胜利。

第二,社会主义改造的完成,为中国全面进行社会主义建设奠定了基础,开辟了道路。社会主义改造的基本完成,标志着社会主义制度在中国的确立,实现了中国历史上最深刻、最伟大的社会变革,为中国的社会主义现代化建设奠定了基础,为当代中国一切发展进步奠定了根本政治前提和制度基础。

第三,社会主义改造的完成,使我国的阶级关系发生了根本的变化。我国已经基本上消灭了资本主义剥削制度和资产阶级,富农也放弃了剥削。

第四,社会主义改造的完成是国际共产主义运动的伟大创举,是对马克思主义理论的丰富、发展和创新。中国共产党在实践中把马克思列宁主义的基本原理同中国社会主义革命的具体实际相结合,创造性地开辟了一条适合中国的社会主义改造道路,以新的经验和思想丰富了马克思主义的科学社会主义理论。

(四)社会主义基本制度在中国的全面确立

1.社会主义基本政治制度的确立

人民代表大会制度。1954年9月,第一届全国人民代表大会第一次会议通过了《中华人民共和国宪法》,人民代表大会制度这一根本政治制度自此建立,这是新中国人民民主政治建设发展历程中具有标志性的事件。中国共产党领导的多党合作和政治协商制度。1954年12月,中国人民政治协商会议第二届全国委员会一次会议通过了《中国人民政治协商会议章程》,中国共产党领导的多党合作和政治协商制度是具有中国特色的新型政党制度。民族区域自治制度。1952年8月,《中华人民共和国民族区域自治实施纲要》公布施行,1954年通过的《中华人民共和国宪法》明确了民族区域自治制度。

2. 社会主义基本经济制度的确立

社会主义改造的完成,使农业和手工业由个体所有制变为社会主义集体所有制,私营工商业由资本主义所有制变为社会主义所有制,以公有制占主体地位的社会主义基本经济制度自此建立起来,这是中国进入社会主义社会的最主要标志。

3. 社会主义基本制度的确立为当代中国的一切发展奠定了根本政治前提和制度基础

社会主义基本政治制度的确立为中国发展进步奠定了政治基础,社会主义基本经济制度的建立为中国实现社会主义现代化创造了制度条件。历史发展证明,社会主义基本制度符合中国的实际情况和广大人民的切身利益,新时代必须坚持完善和发展中国特色社会主义制度。

【课堂小结】

新中国成立 70 多年来,中国共产党领导中国人民始终坚持解放思想、实事求是、与时俱进、科学发展、求真务实,坚持马克思主义的指导地位,坚持科学社会主义的基本原则,奋力拼搏,砥砺前行,在我国社会主义现代化建设中取得了全方位、开创性的伟大成就,推动党和国家各项事业发生了历史性变革。目前我国已成为世界第二大经济体,创造性地开辟了一条不同于西方发达资本主义国家的社会主义现代化建设之路,得到了世界多国的认可和支持。与此同时,各种历史虚无主义的杂音甚嚣尘上,它们戴着有色眼镜,惯用改革开放后取得的成就否定改革开放前的历史贡献,特别是通过否定新中国成立后的社会主义改造来抹黑中国共产党,歪曲社会主义,甚至企图否定中国共产党的领导和颠覆中国特色社会主义。

无疑,社会主义三大改造是中国共产党领导中国人民在探索我国社会主义现代化建设过程中进行的最为广泛而深刻的社会变革,奠定了中国社会主义现代化建设的制度和经济基础。没有新中国成立初期社会主义基本制度的确立,就没有今天中国特色社会主义建设的伟大成就,中国社会主义现代化建设也就无从谈起。

【思考题】

1. 为什么在 20 世纪 50 年代中国选择社会主义道路是历史的必然?

2. 中国向社会主义过渡的道路有何特点?

三、板书设计

专题十一　社会主义制度在中国的确立是历史和人民的选择

一、从新民主主义向社会主义过渡的开始

　1. 完成民主革命遗留任务和恢复国民经济

　2. 新民主主义社会是一个过渡性质的社会吗

二、社会主义道路:历史和人民的选择

　1. 社会主义工业化道路的选择

　2. 党在过渡时期总路线反映了历史必然性

三、具有中国特点的社会主义改造

　1. 社会主义工业化与社会主义改造同时并举

　2. 实行社会主义改造的国内外条件

　3. 社会主义改造的主要内容

　4. 社会主义改造的伟大意义

四、社会主义基本制度在中国的全面确立

　1. 社会主义基本政治制度的确立

　2. 社会主义基本经济制度的确立

　3. 社会主义基本制度的确立为当代中国的一切发展奠定了根本政治前提和制度基础

四、学生阅读书目推荐

1.【经典文献】

（1）毛泽东：《在中国共产党第七届中央委员会第二次全体会议上的报告》，1949 年 3 月 5 日。

（2）中共中央宣传部：《为动员一切力量把我国建设成为一个伟大的社会主义国家而斗争——关于党在过渡时期总路线的学习和宣传提纲》，1953 年 12 月。

（3）刘少奇：《在中国共产党第八次全国代表大会上的政治报告》，1956 年 9 月 15 日。

2.【延伸阅读】

（1）张晓芳：《中国社会主义工业化道路的早期探索》，《北京大学学报》（哲学社会科学版），2019 年第 4 期。

（2）王赟鹏：《毛泽东与中国工业化道路的历史转换》，《求索》，2019 年第 5 期。

（3）常利兵：《"组织起来"的历史实践及其思想意涵——以社会史视角理解新中国的农业社会主义改造》，《中共党史研究》，2017 年 11 期。

（4）王雅馨：《新中国成立初期农业合作化运动的影响》，《社会科学家》，2013 年第 7 期。

五、习近平总书记相关论述

1. 新中国成立后，以毛泽东同志为核心的党的第一代中央领导集体带领人民，在迅速医治战争创伤、恢复国民经济的基础上，不失时机提出了过渡时期总路线,创造性地完成了由新民主主义革命向社会主义革命的转变,使中国这个占世界四分之一人口的东方大国进入了社会主义社会,成功实现了中国历史上最深刻最伟大的社会变革。新民主主义革命的胜利,社会主义基本制度的确立,为当代中国一切发展进步奠定了根本政治前提和制度基础。

——习近平:《纪念毛泽东同志诞辰 120 周年座谈会上的讲话》(2013 年 12 月 26 日)

2. 夺取全国政权后,我们党团结带领人民制定《共同纲领》、1954 年宪法,确定了国体、政体、国家结构形式,建立了国家政权组织体系。我们党进而团结带领人民进行社会主义改造,确立了社会主义基本制度,成功实现了中国历史上最深刻最伟大的社会变革,为当代中国一切发展进步奠定了根本政治前提和制度基础。

——习近平:《坚持和完善中国特色社会主义制度推进国家治理体系和治理能力现代化》(2020 年 1 月 1 日)

3. 道路问题是关系党的事业兴衰成败第一位的问题,道路就是党的生命。毛泽东同志指出:"革命党是群众的向导,在革命中未有革命党领错了路而革命不失败的。"我们党在革命、建设、改革各个历史时期,坚持从我国国情出发,探索并形成了符合中国实际的新民主主义革命道路、社会主义改造和社会主义建设道路、中国特色社会主义道路,这种独立自主的探索精神,这种坚持走自己路的坚定决心,是我们党不断从挫折中觉醒、不断从胜利走向胜利的真谛。鲁迅先生有句名言:其实地上本没有路,走的人多了,也便成了路。中国特色社会主义,是科学社会主义理论逻辑和中国社会发展历史逻辑的辩证统一,是根植于中国大地、反映中国人民意愿、适应中国和时代发展进步要求的科学社会主义,是全面建成小康社会、加快推进社会主义现代化、实现中华民族伟大复兴的必由之路。只要我们坚持独立自主走自己的路,毫不动摇坚持和发展中国特色社会主义,我们就一定能在中国共产党成立 100 年时全面建成小康社会,就一定能在新中国成立 100 年时建成富强民主文明和谐的社会主义现代化国家。

　　——习近平:《在新进中央委员会的委员、候补委员学习贯彻党的十八大精神研讨班上的讲话》(2013 年 1 月 5 日)

专题十二／社会主义建设的成就与探索中的曲折

1956 年社会主义改造基本完成之后，社会主义制度在我国确立起来，标志着中国进入开始全面建设社会主义的历史阶段。在这一历史阶段，怎样建设社会主义、怎样巩固和发展社会主义没有一成不变的现成道路可循，必须在实践中进行艰苦探索。1956 年苏共二十大后，中国共产党人决心走自己的路，开始探索适合中国情况的社会主义建设道路。

一、教学说明

本专题对应教材第八章，包括四个问题，即"第二次结合"思想的提出，探索社会主义建设道路取得的理论成果，探索社会主义建设道路出现的曲折及其教训，建设的成就与探索的成果。探索中国的社会主义建设道路，必须把马克思列宁主义基本原理同中国具体实际相结合。毛泽东明确提出1956 年"第二次结合"思想，这为探索适合中国情况的社会主义建设道路提供了基本的指导原则。在探索过程中，有成就也有曲折，我们应该如何正确认识这些成就与曲折，如何看待中国社会主义建设道路的早期探索和中国特色社会主义建设道路的关系，应当汲取社会主义建设探索中的哪些经验和教训，这些是本专题学习所必须厘清的问题。

1. 教学目标

（1）知识目标

中国共产党对中国社会主义建设道路早期探索的主要成果，正确认识中国探索社会主义建设道路过程中发生的曲折及其原因。

（2）能力与素质目标

使大学生以辩证唯物主义和历史唯物主义科学评价历史人物，正确看待前进中的失误和成绩，树立正确的历史观。

2. 教学重点难点

（1）教学重点

党在社会主义建设道路探索的重要成果，包括中国共产党第八次全国代表大会的内容与意义，《论十大关系》《关于正确处理人民内部矛盾的问题》的内容及意义，其他重要理论成果和实践成就。

（2）教学难点

中国社会主义建设探索中出现的严重曲折及其原因、教训，科学评价中国共产党早期探索社会主义建设道路的实践。

3. 教学方法

综合运用理论讲授法、案例分析法、讨论式教学法及智慧教学工具。

4. 学时安排

4 学时。

5. 参考资料及教学资源

（1）《"中国近现代史纲要"专题教学指南》（2018 年版·试行）。

（2）《毛泽东传》，中央文献出版社，2013 年。

（3）《中华人民共和国史稿》，人民出版社，2012 年。

（4）视频：《我们走在大路上》，中央宣传部、中央党史和文献研究院、国家发展改革委、国家广播电视总局、中央广播电视总台、中央军委政治工作部共同摄制 24 集大型文献专题片。

二、教学内容设计

【课程导入】

以毛泽东同志为主要代表的中国共产党人,率领中国人民取得新民主主义革命胜利,从根本上结束了中华民族百年来遭受西方帝国主义侵略与凌辱的历史,开辟了一个中国亘古未有的新局面。新中国成立后,他们又马不停蹄地从国家走向繁荣富强、民族实现伟大复兴的根本前提出发,进行一场新的性质不同的社会主义革命和社会主义建设。在世界上人口最多、一穷二白、面貌依旧的东方农业大国的错综复杂的历史环境中,他们坚持走自己的路,在艰辛而又开创性地探索一条具有中国特点的社会主义革命和建设道路的征途中,既有过凯歌行进的时期,又经历了曲折发展的岁月,还曾遭遇大动乱的年代。他们不管面临的是顺境还是逆境,都始终以百折不挠的精神努力前行,获得了许多弥足珍贵的经验与教训,取得了社会主义革命和建设的伟大成就,为当代中国一切发展进步奠定了坚实的基础。

【课程讲授】

(一)“第二次结合”思想的提出

1956 年,社会主义基本制度的全面确立,标志着中国进入开始全面建设社会主义的历史阶段。中国已经是一个社会主义国家,但又是一个经济文化落后、人口众多、幅员辽阔、发展极不平衡的国家。怎样建设社会主义,怎样巩固和发展社会主义,并没有现成的道路可循,必须在实践中进行艰苦的探索。探索中国的社会主义建设道路,首先有一个如何把马克思列宁主义基本原理同中国具体实际相结合的问题。“第二次结合”思想,是 1956 年 4 月初毛泽东在中共中央书记处会议上明确提出的。其主要内容是:最重要的是要独立思考,把马克思列宁主义的基本原理同中国革命和建设的具体实际相结合。民主革命时期,吃了大亏之后才成功地实现了这种结合,取得了新民主主义革命的胜利。现在是社会主义革命和建设时期,要进行"第二次结合",找出在中国怎样建设社会主义的道路。

毛泽东提出的关于实行马克思主义同中国实际的"第二次结合"的任务,为探索适合中国情况的社会主义建设道路,提供了基本的指导原则。"第二次结合"思想的提出,为中国共产党续写"探路"鸿篇破题。

(二)探索社会主义建设道路取得的理论成果

1956 年至 1976 年的 20 年间,中国共产党在领导全国各族人民探索社会主义建设道路的过程中,既取得了社会主义建设多方面的伟大成就,也取得了多方面的思想理论成果。

1.《论十大关系》的发表

【视频】《论十大关系》(时长:1 分 40 秒)

从 1955 年底起,党中央对经济建设问题进行了一次较长时间的、系统的调查研究。从 1956 年 2 月到 4 月,毛泽东等先后听取了国务院工业、农业、运输业、商业、财政等 35 个部委的工作汇报。这是新中国成立以来中共中央领导集体开展的一次广泛而深入的对经济工作的调查研究。在听取汇报的基础上,毛泽东逐渐形成《论十大关系》的基本思路,并先后在 4 月 25 日中央政治局扩大会议和 5 月 2 日最高国务会议上作了《论十大关系》的报告。这个报告,总结经济建设的初步经验,借鉴苏联建设的经验教训,概括提出了十大关系。

关于重工业和轻工业、农业的关系,讲话肯定了重工业是我国建设的重点,同时强调决不可以因此忽视生活资料,尤其是粮食的生产,强调要"适当地调整重工业和轻工业、农业的投资比例,更多地发展农业、轻工业"。

关于沿海工业和内地工业的关系,讲话根据历史形成的中国的全部轻工业、重工业70%在沿海,30%在内地的现状,指出"为了平衡工业发展的布局,内地工业必须大力发展"。这样做也有利于战备。同时,考虑到新的战争短时期内打不起来,又指出要更多地利用和发展沿海工业,这"可以使我们更有力量来发展和支持内地工业",而对沿海工业采取消极态度是不对的。

关于经济建设和国防建设的关系,讲话指出,第一个五年计划期间军政费用占国家预算支出的30%,这个比重太大了,要求在第二个五年计划期间降低到20%,以便抽出更多的资金多搞经济建设。"我们一定要加强国防,因此,一定要首先加强经济建设。"因为经济建设发展更快了,国防建设才会有更大的进步。

关于国家、生产单位和生产者个人的关系,讲话指出,必须照顾到国家、集体、个人三方面的利益,不能只顾一头。兼顾三者利益,也就是"军民兼顾""公私兼顾"。特别是鉴于苏联斯大林时期在农村强制推行农产品义务交售制的危害,把农民害得很苦,这样积累资金极大地损害了农民的积极性。毛泽东幽默风趣而又深感痛心地说:"你要母鸡多生蛋,又不给它米吃,又要马儿跑,又要马儿不吃草。世界上哪有这样的道理!"要求以苏联在这个问题上犯的严重错误为借鉴,注意处理好国家和农民的关系。

关于中央和地方的关系,毛泽东认为,应当在巩固中央统一领导的前提下,扩大一点地方的权力,给地方更多的独立性,让地方办更多的事情,这对建设强大的社会主义国家比较有利。他说:"有中央和地方两个积极性,比只有一个积极性好得多。我们不能像苏联那样,什么都集中到中央,把地方卡得死死的,一点机动权也没有。"这也是在体制上要求突破苏联模式。毛泽东还提出要在统一领导的前提下,给工厂以适当的权力,留一点机动的余地。

关于汉族和少数民族的关系,毛泽东在讲话中提醒人们,要坚持民族平等、民族团结和各民族共同繁荣的原则,不搞大汉族主义和地方民族主义,积极帮助少数民族发展经济建设和文化建设。

关于党和非党的关系,毛泽东指出,苏联把其他党派搞得光光的,只剩下共产党,很少能听到不同意见。中国共产党则要把各民主党派的积极性调动起来,让他们参政议政,虚心听取他们的意见,采取与民主党派"长期共存、互相监督"的方针,致力于社会主义建设事业。

关于革命和反革命的关系,毛泽东要求今后社会上的镇反要少捉少杀,机关、学校、部队里面清查反革命要坚持"一个不杀,大部不捉"的方针,同时给他们以生活出路和改过自新的机会。

关于是非关系,毛泽东指出,党内党外都要分清是非,对待犯错误的同志要采取"惩前毖后,治病救人"的方针,一看二帮。

关于中国和外国的关系,毛泽东明确提出"向外国学习"的口号,指出我们的方针是,一切民族、一切国家的长处都要学,但是必须有分析有批判地学,不能盲目地学,不能一切照抄,机械搬运。

这十大关系,围绕一个基本方针,即"一定要努力把党内党外、国内国外的一切积极的因素,直接的、间接的积极因素,全部调动起来,把我国建设成为一个强大的社会主义国家"。这成为同年 9 月召开的中共八大的指导思想。

《论十大关系》是以毛泽东同志为主要代表的中国共产党人开始探索中国自己的社会主义建设道路的标志,它在新的历史条件下从经济方面(这是主要的)和政治方面提出了新的指导方针,为中共八大的召开作了理论准备。《论十大关系》中"以苏联为鉴戒"的思想更加清晰、明确起来。后来,毛泽东回顾说:"前八年照抄外国的经验。但从一九五六年提出十大关系起,开始找到自己的一条适合中国的路线。"讲话提出的一些重要原则都被采纳,成为中共八大关于第二个五年计划建议的指导思想,例如:保持重工业、轻工业、农业的合理的比例,充分利用沿海工业基地,充分发挥地方积极性,正确处理国家、集体、个人三者关系等。

2.中共八大路线的制定

【视频】中共八大(时长:2分钟)

1956年9月15日至27日,中国共产党第八次全国代表大会在北京举行。这次大会是在社会主义改造基本完成、党面临着新的形势和任务的情况下召开的。这次大会对探索我国建设社会主义道路做出了重要贡献。这次大会的任务是,总结从中共七大以来的经验,团结全党,团结国内外一切可能团结的力量,为了建设一个伟大的社会主义的中国而奋斗。

大会的主要内容及历史功绩在于:

第一,正确分析了社会主义改造基本完成后中国社会的主要矛盾和主要任务。国内主要矛盾已经不再是工人阶级和资产阶级的矛盾,而是人民对于经济文化迅速发展的需要同当前经济文化不能满足人民需要的状况之间的矛盾;全国人民的主要任务是集中力量发展社会生产力,实现国家工业化,逐步满足人民日益增长的物质和文化需要;还有阶级斗争,还要加强人民民主专政,但根本任务已经是在新的生产关系下保护和发展生产力。

第二,在经济建设上,大会坚持既反保守又反冒进,即在综合平衡中稳步前进的方针。周恩来的报告回顾了"一五"计划的执行情况,提出了近年来党领导经济工作中所发现的突出问题,大会针对此强调指出,应根据需要和可能合理地规定国民经济的发展进度,把计划放在既积极又稳妥可靠的基础上,以保证国民经济比较均衡地发展,为此强调要按客观经济规律办事,既要防止右倾保守主义倾向,也批判了建设中曾经出现的"左"的偏向。

第三,在政治建设上,提出要扩大社会主义民主、健全社会主义法制,使党和政府的活动做到"有法可依"和"有法必依"。

第四,在执政党建设上,强调要提高全党的马克思列宁主义思想水平,健全党内民主集中制,坚持集体领导制度,反对个人崇拜,发展党内民主和人民民主,加强党和群众的联系。

第五,作出了经济体制改革的重要尝试。陈云提出"三个主体、三个补充"的思想,即国家经营和集体经营是主体,一定数量的个体经营为补充;计划生产是主体,一定范围的自由生产为补充;国家市场是主体,一定范围的自由市场为补充。这个思想为大会所采纳,并写入大会决议,成为探索适合中国特点的经济体制的重要步骤,从理论和实践上突破了过去单一公有制的计划经济的传统观念。

大会在充分发扬民主的基础上,选出了党的第八届中央委员会,毛泽东当选为中央委员会主席,刘少奇、周恩来、朱德、陈云为副主席,邓小平为总书记,由他们组成中央政治局常务委员会。

中共八大确定的路线是正确的。它正确地分析了社会主要矛盾的变化,提出了发展社会生产力、实现国家工业化、建设社会主义强国的主要任务,制定了政治上、经济上、思想上、组织上的一系列正确方针,为党的建设与社会主义事业指明了方向。其中许多方针和设想都富有创造精神,体现了探索中国社会主义建设道路的初步成果,对我国社会主义建设事业具有长远的重要意义。但后来中共八大路线被中断。

3.《关于正确处理人民内部矛盾的问题》的发表

1956 年,我国进入了全面建设社会主义时期。与此同时,国际国内形势的变化中出现了一些不安定的因素。

【课堂讨论】毛泽东为什么提出要正确处理人民内部矛盾这个问题?

从国际因素看,1956 年苏共二十大,赫鲁晓夫作的"秘密报告",尖锐地揭露了斯大林混淆敌我矛盾和人民内部矛盾造成的严重后果。由于全盘否定斯大林,在东欧社会主义国家和整个国际共产主义运动中引起了巨大震动,相继发生波兹南事件和匈牙利事件,在波兰的波兹南和匈牙利的布达佩斯等地先后出现严重的罢工、游行示威和骚乱。波匈事件平息后,周恩来曾率代表团访问苏联、波兰、匈牙利,就进一步发展兄弟党之间的关系与合作同各国领导人交换了意见,为改善苏、波、匈关系做了大量工作。周恩来善意地对赫鲁晓夫指出,在波兰问题上,苏联处理得不够好,中苏两党在对待社会主义国家之间及社会主义内部矛盾问题上分歧日益明显。

从国内因素看,由于受苏共二十大和波匈事件的影响,由于社会主义改造完成得非常急促,社会生活变化也很深刻,人们对这种刚刚建立的社会主义制度还不太适应,还不大习惯,加上经济建设中未能完全克服的冒进,使经济和政治生活中出现某些紧张,国内政治生活中人民内部矛盾日益突出。1956 年下半年,有些城市,粮食、肉类还有日用品,就出现了供应紧张的情况。所以一些地方发生了工人罢工、学生罢课的事件,农村发生少数农民闹退社风潮。对出现的新的情况,我们广大的党员和干部精神准备不足,把这些闹事的和这些提尖锐批评意见的,一概看作敌我矛盾。

国际共运中风云变幻的形势,国内出现的新情况,引起了中共中央的高度重视与思考。社会主义社会的矛盾包含哪些方面的内容?其运动规律、特征及相互关系、作用如何?怎样处理社会主义社会出现的各种矛盾?正是针对这种情况,毛泽东在深入思考后,提出要分清两类矛盾,要把正确处理人民内部矛盾作为国家政治生活的主题。

1957 年 2 月 27 日,在有 1800 多人出席的扩大的最高国务会议上,毛泽东发表了《关于正确处理人民内部矛盾的问题》的重要讲话,系统地阐述了关于正确处理人民内部矛盾的理论、方针和政策。

第一,提出严格区分和正确处理社会主义社会两类矛盾的理论,把正确处理人民内部矛盾作为国家政治生活的主题。毛泽东提出,社会主义社会存在着敌我矛盾和人民内部矛盾。敌我矛盾是对抗性的矛盾;人民内部矛盾,一般说来是在人民利益根本一致基础上的矛盾。矛盾性质不同,解决的方法也不同。解决敌我矛盾，需要采用强制的、专政的方法；解决人民内部矛盾只能采用民主的方法。人民内部矛盾若处理不当，也可能转化为对抗性的矛盾。

第二，论述了社会主义社会的基本矛盾及其特点。毛泽东指出，矛盾是普遍存在的。社会主义社会充满着矛盾，正是这些矛盾推动着社会主义社会不断向前发展。社会主义社会的基本矛盾仍然是生产力与生产关系、经济基础与上层建筑之间的矛盾，它们之间存在着既相适应又相矛盾的情况。不过社会主义社会的基本矛盾与旧社会的矛盾具有不同的性质和情况。社会主义社会的基本矛盾，可以经过社会主义制度本身的自我调整和自我完善加以解决。

第三，提出了正确处理人民内部矛盾的一系列方针。在人民内部的政治生活中，实行"团结—批评—团结"方针；在经济工作中实行"统筹兼顾，适当安排"的方针，兼顾国家、集体、个人三方利益；在共产党与民主党派关系上，实行"长期共存，互相监督"的方针；在科学文化工作中，实行"百花齐放，百家争鸣"的方针。在处理这些矛盾时都要加强思想政治工作，要坚持社会主义道路和共产党的领导这两条最重要的原则。毛泽东提出正确处理人民内部矛盾的问题，有一个重要的指导思想，这就是："团结全国各族人民进行一场新的战争——向自然界开战，发展我们的经济，发展我们的文化，使全体人民比较顺利地走过目前的过渡时期，巩固我们的新制度，建设我们的新国家。"

《关于正确处理人民内部矛盾的问题》是一篇重要的马克思主义文献。它创造性地阐述了社会主义社会矛盾学说，是对科学社会主义理论的重要发展，对中国社会主义事业具有长远的指导意义。《关于正确处理人民内部矛盾的问题》所阐述的深刻思想，为社会主义制度的自我改革、完善、巩固和发展，为中国共产党制定调动一切积极因素并且尽可能地化消极因素为积极因素建设社会主义的基本方针,提供了十分重要的理论依据,是指导中国社会主义改革和发展的奠基作之一,为进行改革及使社会主义制度得到完善和发展奠定了理论基石。它从理论上解决了社会主义社会发展动力的问题,是中国共产党人探索我国社会主义建设道路的重要成果,是中共八大路线的继续和发展。

此后,毛泽东在1957年整风中,又提出建设"六有"(又有集中又有民主,又有纪律又有自由,又有统一意志、又有个人心情舒畅)政治局面等思想,这些是中共八大路线的继续和发展,是党探索社会主义建设道路的新成果。

(三)探索社会主义建设道路出现的曲折及其教训

探索在中国如何建设社会主义,是一个十分艰难的过程。建设社会主义,就必须不断探索如何解决社会主义条件下的阶级斗争和社会主义建设中的规模速度问题。由于多方面的原因,党在这两个问题上发生了多次失误或严重失误,使探索过程出现曲折甚至重大曲折。其主要是:反右派斗争严重扩大化、"大跃进"和人民公社化运动,特别是"文化大革命",这一全局性的、长时间的"左"的严重错误使党、国家和各族人民遭到新中国成立以来时间最长、范围最广、损失最大的挫折。对探索中出现的错误、挫折及其给社会主义建设带来的损失,《关于建国以来党的若干历史问题的决议》从多方面进行了阐述,为我们正确认识这一问题提供了思想指导。

1.反右派斗争严重扩大化

1957年,在整风运动中,极少数资产阶级右派分子乘机鼓吹所谓"大鸣""大放""大民主",向党和社会主义制度发动进攻。为了坚持党对社会主义事业的领导,巩固新生的社会主义制度,党领导群众进行了反右派斗争。6月8日,中共中央发出关于组织力量准备反击右派分子进攻的内部指示。同日,《人民日报》发表题为《这是为什么?》的社论。此后,全国陆续开展了大规模的反右派斗争。1958年夏,反右派斗争基本结束。对极少数资产阶级右派分子的猖狂进攻进行坚决的反击是完全正确和必要的,但是反右斗争被严重地扩大化了,它把大量的人民内部矛盾当作了敌我矛盾,把一些知识分子、爱国人士和党内干部错划为"右派分子",挫伤了一些干部和群众的积极性,造成了不幸的后果。从1959年到1964年,党先后给大约30余万被错划为"右派分子"的人摘掉了帽子。1978年,党中央决定对尚未摘帽的错划为"右派分子"的同志全部摘帽,彻底平反。1981年底,这项工作基本完成。

2. "大跃进"和人民公社化运动

1958年5月5日至23日,中国共产党第八次全国代表大会第二次会议在北京举行。大会正式通过了中共中央根据毛泽东的倡议而提出的"鼓足干劲、力争上游、多快好省地建设社会主义"的总路线及其基本点。正如《关于建国以来党的若干历史问题的决议》所指出的,"党的八大二次会议通过的社会主义建设总路线及其基本点,其正确的一面是反映了广大人民群众迫切要求改变我国经济文化落后状况的普遍愿望,其缺点是忽视了客观的经济规律。"这次会议还根据毛泽东的意见,正式改变了八大一次会议关于国内主要矛盾已经转变的正确分析,认为当前我国社会的主要矛盾仍然是无产阶级同资产阶级、社会主义道路同资本主义道路的矛盾,这就确认了毛泽东关于社会主义社会阶级斗争问题的"左"倾理论。会议号召全党和全国人民,认真贯彻执行社会主义建设总路线,争取在15年,或者在更短的时间内,在主要工业产品产量方面赶上和超过英国。毛泽东在会上讲话,强调要破除迷信,解放思想,发扬敢想敢说敢做的创造精神。会后,在全国各条战线上,迅速掀起"大跃进"高潮。1958年8月,中共中央政治局扩大会议估计当年粮食产量将从1957年的1850亿千克增加到3000亿—3500亿千克。基于这种过高的估计,会议要求各省、自治区党委把工作重心从农业转到工业方面,并正式决定和公开宣布1958年的钢产量要从1957年535万吨增加到

1070万吨,全国随即出现全民大炼钢铁运动。农村不顾秋收大忙,抽调5000万劳动力炼钢;城市的机关、团体、学校以至街道居民都支起炉灶大炼钢铁,高指标、瞎指挥和浮夸风盛行。

"大跃进"运动违背客观规律,严重破坏社会生产力,打乱正常生产秩序,造成国民经济各部门之间、积累和消费之间比例严重失调。经济工作中急躁冒进的"左"倾错误,使国民经济遭受严重挫折,人民生活受到很大的影响。从1961年起,国家不得不用5年时间进行经济调整。

【课堂提问】如何正确评价"大跃进"运动?

中国是一个一穷二白的国家,长期遭受西方列强的欺辱。革命胜利后,党和国家工作重心转移到经济建设上来,从中共中央、毛泽东到广大人民群众,都迫切希望早日改变贫穷落后面貌,把中国尽快建设成为一个繁荣富强的国家,让全国人民都过上好日子。因此,大家当时的想法是把建设的速度加快再加快,加上当时以美国为首的西方国家对中国进行挑衅,使中国处于严峻的国际环境下,更加激发了全党全国人民奋发图强的决心和意志。但是,由于对经济建设缺乏经验,对经济规律缺乏认识,对社会主义建设的长期性和艰巨性思想准备不足,犯了主观主义、官僚主义、骄傲自满的错误,滋长了盲目蛮干、强迫命令、浮夸风、高指标、高速度等作风,结果事与愿违,使全国的工农业生产遭到严重破坏,国民经济的发展陷入困境之中。

1958年7月1日《红旗》杂志第3期刊发的《全新的社会,全新的人》一文中,比较明确地提出"把一个合作社变成一个既有农业合作又有工业合作基层组织单位,实际上是农业和工业相结合的人民公社"。这是在报刊上第一次提到"人民公社"的名字。同年8月6日,毛泽东到河南新乡七里营人民公社视察,赞扬人民公社好。9日,毛泽东在山东同当地负责人谈话时说:"还是办人民公社好,它的好处是可以把工、农、商、学、兵结合在一起,便于领导。"①毛泽东的谈话在《人民日报》发表后，"人民公社好"的口号立即传遍全国。1958 年 8 月 29 日，中共中央政治局在北戴河举行扩大会议，肯定了人民公社是"一大二公"，是过渡到共产主义的一种最好的组织形式，并作出了《中共中央关于在农村建立人民公社问题的决议》。《决议》下达后，全国迅速形成了人民公社化运动的热潮。到 9 月底，全国共建成人民公社，23384 个，每社平均 4797 户。到 10 月底，全国 74 万多个农业生产合作社改组成 2.6 万多个人民公社，参加公社的农户有 1.2 亿户，占全国总农户的 99% 以上，全国农村基本上实现了人民公社化。

在人民公社化运动中，许多地方混淆了全民所有制和集体所有制的界限，混淆了社会主义和共产主义的界限，刮起了一股"共产风"，严重侵犯了农民的经济利益，挫伤了集体和农民的积极性，破坏了农村生产力，使农业经济的发展遭到了重大损失。党中央和毛泽东及时发现了这些问题，并给予了纠正。

毛泽东是"大跃进"和人民公社化运动的积极倡导者和推动者，又是中共中央领导集体中较早地觉察并实际纠正"左"倾错误的领导人。1958 年 11 月，毛泽东主持召开第一次郑州会议，指出当时大有立即宣布全民所有、废除商业、消灭商品生产之势，发展下去势必会重犯苏联剥夺农民的历史性错误。从这时起到 1959 年 7 月庐山会议前期，毛泽东领导全党和全国人民对已经觉察到的错误进行了初步纠正。但是，由于党和国家领导人是在肯定建设社会主义总路线、大跃进、人民公社"三面红旗"的前提下进行的纠"左"，没有从根本上认识到"左"的指导思想的错误，所以，纠"左"的努力，总的都是在"左"倾指导思想的大框架内进行的，而且沿着把阶级斗争当作

---

① 《毛主席视察山东农村强调部署各项工作必须通过群众鸣放辩论办人民公社的好处是把工农商学兵合在一起便于领导》，《人民日报》，1958 年 8 月 13 日。

解决社会主要矛盾的思路,认为怀疑或者否定"大跃进"和人民公社,那就是观潮派和算账派,就是"右倾""保守"。因而"左"倾错误没有彻底纠正,形势没有根本好转。特别是庐山会议后期又发生重大反复,纠"左"被中断,形势出现逆转。

【课堂提问】如何汲取"反右倾"斗争的经验教训?

"反右倾"斗争对党的工作产生了极大的消极影响,教训是深刻的。首先,必须实事求是地开展反倾向斗争,有"左"反"左",有右反右,是什么问题就解决什么问题,既不夸大也不缩小,更不能捕风捉影,无限上纲,这样才能使党在工作指导上不犯或少犯方向性的错误。只有这样,才能使这种斗争更符合客观实际,更好地保证党的建设工作指导思想的正确。其次,必须要有正常的党内生活,发扬党内民主,反对个人专断,才能集中全党的智慧,形成和坚持正确的路线方针。最后,必须正确认识党内斗争与阶级斗争的关系不能把二者简单等同起来,不能搞"残酷斗争,无情打击",应把"团结批评团结"作为开展党内斗争的原则。但是庐山会议上的斗争,严重背离了这一正确原则。

庐山会议后,随着"反右倾"斗争在全国的开展,"左"倾错误在经济领域中不仅没能纠正,反而继续发展。再加上当时的自然灾害和苏联政府背信弃义地撕毁合同,我国国民经济受到极大损害。1959年到1961年发生严重困难,国民经济比例严重失调的局面继续加剧,出现了巨大的财政赤字和市场紧张的情况,农业生产遭到极大破坏,党和人民面临新中国成立以来最严重的经济困难。

严峻的现实教育和启发了中国共产党和全国人民,全党和中央逐步清醒过来,决心调整政策,纠正错误。毛泽东在1960年6月撰写的《十年总结》一文中指出,对于社会主义革命和建设,我们已经有了十年的经验了,但还有很大的盲目性,还有一个很大的未被认识的必然王国,我们要以第二个十年时间去调查它、研究它,从中找出固有规律,以便利用这些规律为社会主义革命和建设服务。同年 11 月在为中共中央起草的指示中,都讲到自己在"大跃进"期间所犯的错误,做了自我批评。

党的指导方针的重大转变,是从大兴调查研究之风、端正党的思想路线入手的。1961 年 1 月,中共八届九中全会决定对国民经济实行"调整、巩固、充实、提高"的八字方针,毛泽东在会上号召全党大兴调查研究之风。随后,他领导的三个调查组分赴浙江、湖南、广东农村基层作调查。刘少奇、周恩来、朱德、陈云、邓小平等也深入基层进行调查研究。在中央领导人的带动下,全党兴起调查研究之风,一扫主观主义和官僚主义的错误,在一定程度上端正了实事求是的思想路线,保证了经济调整任务的顺利完成。

党和国家对农业、工业、商业、文教科技等方面的政策进行了调整,推动国民经济转入 1962 年至 1965 年的三年调整时期。

1962 年 1 月 11 日至 2 月 7 日,中共中央在北京召开了扩大的中央工作会议。中央和中央各部门、各中央局、各省、市、地、县的主要负责人以及一些重要厂矿和部队的负责干部共 7000 多人参加了会议,通常称为七千人大会。会上,毛泽东作了长篇讲话,强调健全党的民主集中制,要求全党必须在总结正反两方面经验的基础上逐步加深对社会主义建设规律的认识,对几年来工作中发生的缺点错误承担了责任,作了诚恳的自我批评。这次会议,虽然不可能从指导思想上彻底纠正"左"的错误,但是会议对待缺点错误的比较实事求是的态度,恢复和发扬了党内的民主精神和自我批评精神,统一了全党的认识,对全面贯彻调整国民经济的八字方针起了极其重要的作用。

在对经济进行调整的同时,党和国家在政治上也采取了一些措施,调整各方面关系。进行了党员干部的甄别平反工作,为几年来主要是在"反右倾"斗争中被错误批判和处分的绝大多数人进行了平反;贯彻落实党的知识分子政策,重新肯定我国知识分子的绝大多数已经是劳动人民的知识分子;给被划为"右派分子"的大多数人摘了"右派分子"的帽子。

通过一系列行之有效的政策、措施,到 1962 年底,国民经济形势趋向好转,结束了 4 年连续赤字的状况,渡过了自 1959 年开始的三年困难时期。到 1965 年,国民经济全面调整时期结束时,严重失调的国民经济比例关系已基本趋于协调,工农业生产超过或接近了历史最高水平,财政收支平衡,还清了对苏联的债款,市场供应明显改善,人民生活好转,国民经济重新出现欣欣向荣的景象。1964 年底到 1965 年初召开的第三届全国人民代表大会第一次会议提出"四个现代化"的宏伟目标,并宣布:调整国民经济的任务已经基本完成,整个国民经济将进入一个新的发展时期。今后发展国民经济的主要任务,是要在不太长的历史时期内,把我国建设成为一个具有现代农业、现代工业、现代国防和现代科学技术的社会主义强国,赶上和超过世界先进水平。

实行国民经济调整方针后,急于求成、急于过渡的错误虽然得到遏制,但"左"倾错误在经济工作指导思想上并没有得到彻底纠正,而在政治和思想方面还有发展。1962 年 9 月,中共八届十中全会在北京召开。毛泽东在会上对当时阶级斗争形势作了不切实际的估计,进而把社会主义社会中仍在一定范围存在的阶级斗争扩大化绝对化。他在会议公报中写道:"在无产阶级革命和无产阶级专政的整个历史时期,在由资本主义过渡到共产主义的整个历史时期(这个时期需要几十年,甚至更多的时间),存在着无产阶级和资产阶级之间的阶级斗争,存在着社会主义和资本主义两条道路的斗争"。因此,他要求从现在起,阶级斗争必须年年讲,月月讲,天天讲。1962 年 2 月,毛泽东进而提出"阶级斗争,一抓就灵",同年 9 月又提出"以阶级斗争为纲"的方针。这样,毛泽东就发展了他在 1957 年反右派斗争后提出的无产阶级同资产阶级的矛盾仍然是我国社会的主要矛盾的观点,阶级斗争扩大化的观点进一步系统化、理论化。

从1963年开始,全国一大批农村社队和少数城市分别进行了以"四清"(清账目、清财物、清仓库、清工分)和"五反"(反对贪污盗窃、反对投机倒把、反对铺张浪费、反对分散主义、反对官僚主义)为主要内容的社会主义教育运动。"四清""五反"被视为国内反修防修、挖修正主义根子的一个重大战略措施。1965年初,中共中央政治局召开的全国工作会议上,错误地提出了运动的重点是"整党内那些走资本主义道路的当权派",这就把斗争的矛头集中指向党的各级领导人,成为后来发动"文化大革命"的重要理论依据。

3."文化大革命"及其结束

从1966年5月到1976年10月,是"文化大革命"时期。"文化大革命"是一场由领导者错误发动,被反革命集团利用,给党、国家和各族人民带来严重灾难的内乱。它使中国共产党、国家和各族人民遭到新中国成立以来时间最长、范围最广、损失最大的挫折。这个时期历史的主要特点是:全局性的、长时间的"左"的错误始终占据统治地位,但全党、全军和全国各族人民同"左"的错误和林彪、江青反革命集团的斗争一直没有停止过,并终于以党和人民的胜利结束了这场内乱。

"文化大革命"是毛泽东发动和领导的。毛泽东发动"文化大革命"的出发点是要反对修正主义、防止资本主义复辟、维护党的纯洁性和寻求中国自己的社会主义建设道路。新中国成立后,他为此做过多次尝试。然而到了20世纪60年代中期,在"以阶级斗争为纲"的指导思想支配下,毛泽东对当时国内阶级斗争形势以及党和国家的政治状况作出严重的错误估计,甚至认为"中央出了修正主义",整个国家面临资本主义复辟的现实危险,因此只有实行"文化大革命",公开地、全面地、自下而上地发动群众来揭发上述阴暗面,才能把被"走资本主义道路的当权派"篡夺的权力重新夺回来。对于毛泽东为什么发动"文化大革命"以及"文化大革命"错在哪里,邓小平作出了明确的回答:"搞'文化大革命'","就毛主席本身的愿望来说,是出于避免资本主义复辟的考虑,但对中国本身的实际情况作了错误的估计。首先把革命的对象搞错了,导致了抓所谓'党内走资本主义道路的当权派'。这样打击了原来在革命中有建树的、有实际经验的各级领导干部,其中包括刘少奇同志在内。"①

毛泽东发动"文化大革命"的主要论点是:一大批资产阶级的代表人物、反革命的修正主义分子,已经混进党里、政府里、军队里和文化领域的各界里,相当大的一个多数的单位的领导权已经不在马克思主义者和人民群众手里。党内走资本主义道路的当权派在中央形成了一个资产阶级司令部,它有一条修正主义的政治路线和组织路线,在各省、市、自治区和中央各部门都有代理人。"文化大革命"实质上是一个阶级推翻一个阶级的政治大革命,以后还要进行多次。上述论点曾被概括为所谓"无产阶级专政下继续革命的理论"。他在晚年提出的这些理论及其实践严重地背离了客观实际,明显地脱离了毛泽东思想的轨道,是毛泽东在"以阶级斗争为纲"的指导思想支配下,对当时国内阶级斗争形势以及党和国家的政治状况作出的严重错误的估计。历史已经证明,毛泽东发动"文化大革命"的主要论点,既不符合马克思列宁主义,也不符合中国实际。这些论点对当时国内阶级形势以及党和国家政治状况的估计,是完全错误的。在这种错误理论指导下的错误实践,不是也不可能是任何意义上的"革命"。

"文化大革命"的发生不是偶然的,它是多种因素共同作用的结果,而最主要的是"左"的错误发展到"以阶级斗争为纲"的恶果。

1975 年 1 月 13 日至 17 日,第四届全国人民代表大会第一次会议在北京召开。周恩来在政府工作报告中重申了实现四个现代化的宏伟蓝图。大

---

① 《邓小平文选》(第二卷),人民出版社,1994 年,第 346 页。

会决定了周恩来为总理、邓小平等为副总理的国务院领导人选。四届全国人大一次会议闭幕后,周恩来病重,邓小平在毛泽东的支持下担任国务院第一副总理,实际主持中共中央和国务院的日常工作。受命于危难之际的邓小平,以其巨大的革命魄力和卓越的领导才干,开始了对党和国家各项工作的全面整顿。

经过八年"文化大革命",问题成堆,困难重重。1975 年,邓小平着手对各方面的工作进行整顿,形势开始有了明显好转,国民经济工作趋于正常,文艺界也出现了活跃的局面。这次整顿实际上是后来拨乱反正的预演,唤醒了人们长期受到"左"的错误压抑的理性思考,促使人民群众朦胧地感到了中国未来的方向。

邓小平领导的整顿最初得到毛泽东的支持。但是随着整顿的深入发展,逐渐涉及"文化大革命"的指导思想及其政策本身。毛泽东希望在肯定"文化大革命"的理论和实践的前提下,结束"文化大革命"。1975 年 11 月20 日,毛泽东提议要邓小平主持中共中央政治局会议,作出一个肯定"文化大革命"的决议,总的评价是"七分成绩,三分错误"。邓小平婉言拒绝了这个提议。毛泽东不能容忍邓小平系统地纠正"文化大革命"的错误,在 1975年底发动了所谓"批邓、反击右倾翻案风"运动。"四人帮"趁机把一大批老一辈革命家和老干部重新打倒,全国又陷入混乱。

1976 年 1 月 8 日,周恩来逝世,举国悲痛。人民群众自发地进行各种形式的悼念活动,表现出人民群众对周恩来、邓小平等人的怀念和呼唤。它使中共中央领导层中的相当一批人看到了当时中国人心的向背,看清了人民的意志,是全国人民反对"四人帮"倒行逆施的集中表现。

1976 年 9 月 9 日,毛泽东逝世。江青反革命集团加紧了夺取党和国家最高领导权的阴谋活动。叶剑英、李先念等老一辈无产阶级革命家与主持中央日常工作的华国锋取得一致意见,于 10 月 6 日晚断然采取行动,对江青、王洪文、张春桥、姚文元及"四人帮"在北京的骨干分子实行隔离审查,随后,又果断采取措施粉碎了上海等地"四人帮"余党企图发动的武装叛乱。10月14日,中共中央公布粉碎"四人帮"的消息,举国上下一片欢腾。至此,延续了十年的"文化大革命"终于以人民的胜利宣告结束。

【课堂讨论】如何认识"文化大革命"之所以会发生并且持续十年之久的原因?

"文化大革命"之所以会发生并且持续十年之久,有着复杂的多方面的原因。

由于社会主义运动的历史不长,社会主义国家的历史更短,社会主义社会的发展规律有些已经比较清楚,更多的还有待于继续探索。中国共产党过去长期处于战争和激烈的阶级斗争的环境中,对于迅速到来的新生的社会主义社会和全国规模的社会主义建设事业,缺乏充分的思想准备和科学研究。因此,对于什么是社会主义、怎样建设社会主义的问题,并没有完全搞清楚。

由于中国共产党的历史特点,在社会主义改造基本完成以后,在观察和处理社会主义社会发展进程中出现的政治、经济、文化等方面的新矛盾新问题时,容易把已经不属于阶级斗争的问题仍然看作是阶级斗争,并且面对新条件下的阶级斗争,又习惯于沿用过去熟习而这时已不能照搬的进行大规模急风暴雨式群众性斗争的旧方法和旧经验,从而导致阶级斗争严重扩大化。同时,这种脱离现实生活的主观主义的思想和做法,由于把马克思、恩格斯、列宁、斯大林著作中的某些设想和论点加以误解或教条化,反而显得有"理论根据"。这就造成把社会主义国家实行的某些具体制度和具体政策当作社会主义本质来坚持,把阶级斗争扩大化的理论迷误当成对马克思列宁主义的所谓继承和发展,把党内不同意见的正常争论当作两条路线的斗争,甚至直接说成是阶级斗争。

阶级斗争扩大化的错误继续发展,并最终演变成"文化大革命"这样的全局性的严重错误,其中一个重要原因,就是党的民主集中制和集体领导制度遭到了严重破坏,致使党无法依靠制度的和集体的力量及时地发现并纠正错误。毛泽东逐渐脱离实际和脱离群众,主观主义和个人专断作风日益严重,日益凌驾于党中央之上,使党和国家政治生活中的集体领导原则和民主集中制不断受到削弱以至破坏。国际共产主义运动史上由于没有正确解决领袖和党的关系问题而出现过的一些严重偏差,对中国共产党也产生了消极的影响。中国是一个封建历史很长的国家,种种历史原因又使得中国共产党没有能把党内民主和国家政治社会生活的民主加以制度化、法律化,或者虽然制定了法律,却没有获得应有的权威。这就提供了一种条件,使党的权力过分集中于个人,这样也就使党和国家难于防止和制止像"文化大革命"这样全局性错误的发生和发展。

【课堂提问】"文化大革命"留下了哪些深刻的教训?

(1)必须科学对待马克思列宁主义,准确把握中国基本国情,从实际出发探索中国自己的建设社会主义道路。

(2)必须正确认识社会主义社会的主要矛盾和党的主要任务,集中力量发展生产力,而不能"以阶级斗争为纲"。

(3)必须改革和完善党和国家的领导制度,健全民主集中制和集体领导原则,反对任何形式的个人崇拜和个人专断。

(4)必须发展社会主义民主,加强社会主义法制,而不能实行"大民主"和"造反有理"。

(5)必须制定正确的党的建设的方针和政策,不断加强执政党的建设,而不能把阶级斗争作为加强党的建设的主要内容和主要方法。

【课堂讨论】如何理解彻底否定"文化大革命"的含义?

彻底否定"文化大革命",是具有特定的含义的。它是指彻底否定以"文化大革命"为总题目的那一套理论、方针、方法、组织和活动,而不是说凡是在那十年中所发生的一切都要予以否定。道理很清楚,在那十年间,中国共产党和人民除了进行"文化大革命"外,还做了其他许多事情,包括在任何时期为了生存和发展都必须进行的生产活动和其他活动。虽然其他工作也受到"文化大革命"的严重影响,但它们本身并不具有"文化大革命"的特定内容,也不是"文化大革命"本身不可缺少的有机组成部分。这就是说,从1966—1976年的十年虽然被称之为"文化大革命"时期,只是因为"文化大革命"是这十年独有的,用以同其他历史时期相区别,而绝不是说这十年间除了"文化大革命"之外,没有做其他任何事。恰恰相反,新中国成立后其他时期所进行的工农业生产、基本建设、教育和科研、文化和卫生以及社会消费等人类社会维持正常生活不可缺少的一切,这十年也照样都是有的,只不过打上了"文化大革命"的烙印罢了。因此,对"文化大革命"本身和这十年的历史是必须加以区别的。对"文化大革命"本身必须彻底否定,而对这十年的历史,对于具有复杂内容的客观历史进程,是不能简单地、笼统地全盘否定的。

历史已经判明,"文化大革命"是一场由领导者错误发动,被反革命集团利用,给党、国家和各族人民带来严重灾难的内乱。"文化大革命"的发生,对于中国共产党、新中国和中国人民来说,是一场灾难。"文化大革命"的理论和实践必须从根本上否定。但是对于这一错综复杂的历史时期还要作全面的、历史的、实事求是的分析。

在这个历史时期,毛泽东仍然领导全党和全国人民,坚持了社会主义的基本制度和人民民主专政的国体,维护了党和国家的统一,国务院和人民解放军还能进行许多必要的工作;毛泽东仍然警觉地注意维护中国的安全,顶住了霸权主义的压力,执行正确的对外政策,坚决支持各国人民的正义斗争,并且提出了"三个世界"划分的战略思想和"中国永远不称霸"的重要思想。在这期间，毛泽东和周恩来等一起，及时调整了中国的对外战略，打开了中美关系正常化的大门，恢复了中国在联合国的合法席位，开拓了外交和对外往来的新局面。这一切，都为后来的改革开放提供了良好的国际环境。

历史总是在曲折中前进，不可能是一帆风顺的。列宁曾经把共产主义事业的艰巨性、探索性形象地比作一座需要我们千辛万苦攀登的未经勘察、人际未到的高山，攀登这样的高山，"有时要迂回前进，有时要向后折转，放弃已经选定的方向而试探着从不同的方向走"①。"文化大革命"的错误和挫折并没有摧毁中国共产党。它能够从自己所犯的错误中学习，最终还是依靠自身的力量和人民群众的支持、帮助彻底纠正了这些错误，使党和国家的工作重新回到正确的轨道。中国共产党和广大人民群众在"文化大革命"中同"左"的错误和林彪、江青反革命集团的斗争是艰难曲折的，并且一直没有停止过。事实证明，中国共产党作为一个对人民负责任的马克思主义政党，在政治上具有自我净化、自我发展的能力。

（四）建设的成就　探索的成果

中国从开始全面建设社会主义以来，尽管经历过严重的曲折，但从总体上说，社会主义建设取得的成就是巨大的。这主要表现在以下几个方面：

1. 独立的、比较完整的工业体系和国民经济体系的建立

从"一五"时期（即执行发展国民经济的第一个五年计划的时期）开始到1976年的20多年，是中国社会主义现代化事业打基础的重要发展时期。尽管经历了"大跃进"和"文化大革命"的严重挫折，这个时期中国经济的发展速度仍然是比较快的。1952年到1978年，工农业总产值平均年增长率为8.2%，其中工业年均增长11.4%。谷物和主要工业产品产量在世界上的排名明显提前。在这期间，国家经济实力显著增强。

---

① 《列宁选集》（第四卷），人民出版社，1995年，第179页。

这一时期最大的建设成就,是基本建立了独立的、比较完整的工业体系和国民经济体系,从根本上解决了工业化中"从无到有"的问题。新中国刚刚成立时,由于没有自己独立的工业体系,主要工业产品全部依赖进口。从"一五"计划开始,国家以苏联援建的156项重点工程、694个大中型建设项目为中心,进行了大规模投资,建成了一批门类比较齐全的基础工业项目,涉及冶金、汽车、机械、煤炭、石油、电力、通讯、化学、国防等领域,为国民经济的进一步发展打下了坚实的基础。主要工业品的生产能力有了飞跃的发展。铁路、交通运输等基础设施建设方面,这个时期同样得到了较快的发展,初步形成了全国的路网骨架。

从国防和国家安全的考虑出发,这一时期开展了大规模的"三线"建设。从1964年"三五"时期开始到1980年"五五"时期结束,共投资2052亿元。这不仅极大地增强了国防力量,而且对改善工业布局和城市布局起了重要的促进作用。

独立的、比较完整的工业体系和国民经济体系的建立,使中国在赢得政治上的独立之后赢得了经济上的独立,为中国以后的发展奠定了牢固的物质技术基础,而且也为中国同包括西方发达国家在内的世界各国在平等互利的原则下发展对外贸易和经济往来创建了前提。

为了给国内的和平建设创造一个安定的环境,人民解放军出色地完成了东南沿海地区对敌斗争、平息西藏武装叛乱、中印边境自卫反击作战、珍宝岛自卫反击作战、西沙群岛自卫反击作战等重大作战任务,保卫了祖国的统一和安全。

【案例】新中国头30年社会主义建设的伟大成就

新中国是在旧中国半殖民地半封建社会的破烂摊子的基础上开始进行恢复和建设的。到1951年在基本完成国民经济恢复和民主改革任务之后。党中央和毛泽东主席适时提出了过渡时期的总路线。到1956年胜利地完成了社会主义三大改造。基本上建立了崭新的社会主义经济制度,为生产快速发展和人民生活水平的提高开辟了广阔道路。在全面建设社会主义的征程中,全国人民意气风发,斗志昂扬,迸发出前所未有的冲天干劲,尽管有曲折,但总的来看取得的成就是极其辉煌的。从1949年到1978年的近30年间,新中国在"一穷二白"的基础上以资本主义发达国家望尘莫及的速度,逐步建立了独立的比较完整的工业体系和国民经济体系。

一、国民经济总量大幅度增长

根据张凤波主编的《中国宏观经济结构与政策》推算的结果,我国的GDP1952年为680.9亿元,到1978年增加为3488.6亿元,增长4.12倍,年均增长6.5%。这样的经济增长速度不仅在我国是史无前例的,而且在世界上也十分罕见,远远超出了战后世界GDP每年平均增长的速度。世界银行提供的资料表明,GDP世界年均增长速度在50-60年代为4.8%,70年代为3.4%,80年代为2.9%,其中属于发达国家的经合组织(OECD)成员国的平均增长率60年代为4.9%,70年代为3.2%,80年代为2.6%,都比我国改革开放前30年的增长速度低得多。

二、工业生产快速增长

解放前,我国工业非常落后,基本上没有自己的机器制造业,连一个螺丝钉也要从外国进口。建国后,经过30年的努力,建成了门类比较齐全、独立的、比较完整的工业体系。这种成就的取得,主要应归功于社会主义经济制度的建立,在社会主义公有制基础上,全国工业建设获得了快速发展。1952—1980年,工业投资累计达3955.19亿元,工业新增固定资产达到2734.5亿元,年均新增94.29亿元。随着工业建设的发展,工业生产也得到迅速发展。1952年工业生产总值为343.3亿元,1980年增至4992亿元,按可比价格计算,在28年间增长17.9倍,年均增长11%。从各个时期的工业生产总指数来看,以1952年为100,到1957年为228.6,年均增长18%;到

1965 年为 452.6,年增增长 12.3%;到 1978 年为 1598.6,年均增长 11.22%。

在 1949—1978 年间,我国工业建设的伟大成就还突出表现在一大批重点工程陆续建成投产上。首先是从"一五"时期开始的以 156 项重点工程为中心,由限额 694 个项目组成的大规模建设工程陆续建成投产;后来一大批举世闻名的项目,如大庆油田,万吨水压机,万吨级远洋货轮及 5 万吨远洋油轮,10 万吨水力发电机组,百万伏高压标准电容器,武汉、南京长江大桥和三门峡等水利工程,以及以"两弹一星"为代表的一批世界高科技产品,都是在那个时候甚至是在三年自然灾害的困难时期和"文革"时期相继问世的。这一系列惊人的伟大成就,不仅在当时对推动经济社会发展起了巨大作用,而且为改革开放的建设积累了重要经验,奠定了重要的物质基础。

三、农业生产的巨大成就

农业生产的发展是通过土改和互助合作运动,不断调整改善农业经济制度和生产关系来

推动的。解放后,按可比价格计算,农业总产值指数增长的速度,以 1952 年为 100,到 1978 年增至 229.6,即 26 年间增至原来的 2.3 倍,年均增长 3.25%。这在中国历史上是空前的,在世界史上也是罕见的。通过农产品产量的增长情况也可以说明我国在那几十年中农业的发展是十分迅速的。

1. 种植业的迅速发展。如粮食从 1949 年的 11320 万吨增至 1979 年33212 万吨,即增长 1.93 倍以上,年均增长 3.78%;同期棉花从 44.5 万吨增至 220.7 万吨,增长 3.96 倍,年均增长 5.68%。油料从 256.4 万吨增至 643.5 万吨,增长 7.14 倍,年均增长 7.5%;红黄麻从 3.7 万吨增至 108.9 万吨,增长 28.43 倍,年均增长 12.37%。特别值得一提的是作为"宝中宝"的粮食,即便在 1966 至 1976 年的十年"文革"期间也是年年丰收,产量从 1965 年的 19445 万吨增至 1976 年的 28631 万吨,年均增长 3.94%。

2.畜牧业迅速发展。解放后畜牧业恢复很快,到 1952 年牲畜总头数已恢复到解放前最高水平,达到 2.28 亿头;"一五"时期结束时的 1957 年达 3.28 亿头,即"一五"时期年均增长 7.6%。这是一个很了不起的增长速度。后来虽经历三年困难时期和十年"文革",但总的来说发展还是比较快的。从 1962 年到 1978 年之间,牲畜存栏数从 30481.9 万头增至 56511.9 万头,即 16 年之间增长 85%以上,年均增长 3.9%以上。

四、其他生产建设的巨大成就

除工农业生产的迅速发展外,其他如建筑、交通运输、商业、科教文卫等各条战线在建国后的前 30 年间都在同步地蓬勃发展,成就辉煌。如交通运输业已从建国初期的极端落后状态发展成陆运、水运、空运、管道等多种运输方式组成的初具规模的综合运物体系,其中铁路通车里程从 1949 年的 2.2 万公里增到 1980 年的 5.19 万公里.增长了 1.36 倍;同期公路从 8.07 万里增至 88.82 万里,增长了 10 倍;民航里程增长 15.82 倍;商业的发展虽然在当时因为未建立市场经济体制而受到一定限制,但随着工农业生产的发展,其成就依然是很可观的,社会商品零售总额从 1952 年的 277 亿元,增到 1981 年的 2350 亿元,共增长 7.5 倍。科学技术、教育、文化、体育、卫生事业方面的成就也十分显著,在短短的几十年间,就从根本上改变了旧中国的极其落后面貌。

——资料来源:丁冰:《新中国前 30 年生产建设的伟大成就》,《高校理论战线》,1999 年 10 期。

【案例分析】新中国成立以来的建设,可以分为两个大的阶段,第一阶段是从 1949 年新中国成立到 1978 年 12 月党的十一届三中全会召开,这是新中国的前 30 年。第二阶段是从十一届三中全会召开开始改革开放到现在,这是新中国的后 40 年。新中国前 30 年的建设历程,是极其复杂而曲折的 30 年。从总体看,这 30 年取得了巨大的成就,这些成就,是不容否定的历史事实,是 30 年社会主义建设的主导方面。我们不能因为在社会主义建设中犯了错误,就全盘否定了 30 年的建设成就。新中国前 30 年的社会主义建设,成就是主要的,这些成就,既巩固和发展了社会主义,也为后 40 年的改革开放并取得辉煌的成就奠定了坚实的基础。

通过案例我们看到,新中国成立后的 30 年,我们通过没收官僚买办资产阶级的资产、改造资本主义工商业和连续五个五年计划的建设,积累起全民所有和集体所有的巨大财富,并改变了旧中国工业集中于沿海地区的不合理布局,建立起了独立的比较完整的工业体系和国民经济体系;发展了地方和社队工业,进行了大规模农田和水利基本建设,极大地改善了农业生产条件。这就为改革开放后工农业生产的飞速发展提供了雄厚的物质基础。同时,新中国成立后教育、科技、文化、卫生、体育事业的迅猛发展,也为改革开放后的经济、科技、文化等方面的大发展准备了必不可少的人才条件。正如《关于建国以来党的若干历史问题的决议》所指出的:"我们现在赖以进行现代化建设的物质技术基础,很大一部分是这个期间建设起来的;全国经济文化建设等方面的骨干力量和他们的工作经验,大部分也是在这个期间培养和积累起来的"。因此,我们绝不能全面否定前 30 年的成就和工作,也绝不表明那段历史对后 30 年无足轻重、可有可无。

那么后 30 年的成就辉煌和突出贡献又是怎样在前 30 年的基础上继承、扬弃、完善和创新的呢?邓小平在 1980 年说过一段话,对此作了很好的回答。他说:"三中全会以后,我们就是恢复毛泽东同志的那些正确的东西嘛,就是准确地、完整地学习和运用毛泽东思想嘛。基本点还是那些。从许多方面来说,现在我们还是把毛泽东同志已经提出、但是没有做的事情做起来,把他反对错了的改正过来,把他没有做好的事情做好。今后相当长的时期,还是做这件事。当然,我们也有发展,而且还要继续发展。"①

2.人民生活水平的提高与文化、教育、医疗、科技事业的发展

中国共产党和人民政府始终十分关注人民群众的生活,把满足人民基本生活需要作为发展经济的根本目的。通过兴修水利、开展农田基本建设、培育推广良种、提倡科学种田,较大幅度地提高了粮食生产水平和抵御自然灾害的能力。在全国人民节衣缩食支援国家工业化基础建设的情况下,尽管人民群众生活逐年改善的增幅不大,但初步满足了占世界1/4人口的基本生活需求,这在当时被世界公认是一个奇迹。

新中国成立后在文化建设方面的一件大事,就是扫除文盲、大力推广普通话,并加大对基础教育和高等教育的投资。文学艺术工作尽管不断受到"左"的干扰,但在古为今用、洋为中用、百花齐放、推陈出新文艺方针的指引下,仍然取得了重要的成就。戏剧、电影、音乐、舞蹈、小说、散文和诗歌等都涌现出大批优秀作品。

医疗事业也得到蓬勃发展。人均预期寿命,1949年为35岁,1975年提高到68.8岁。

取得一批重要的科技成果。新中国在核技术、人造卫星和运载火箭等尖端科学技术领域,取得一系列重要的成就。1964年10月,中国成功地爆炸了第一颗原子弹。1967年6月,爆炸了第一颗氢弹。1970年1月,第一枚中远程导弹发射成功。同年4月,第一颗人造地球卫星发射成功。1975年,可回收人造地球卫星试验成功。这些成就表明,中国在尖端科技领域的某些方面正接近世界先进水平。

新中国先后制定了两个科学技术长远发展规划。其中,1956年制定的第一个十二年发展规划提前实现。1963年又提前制定了十年发展规划。新

---

① 《邓小平文选》(第二卷),人民出版社,1994年,第300页。

中国还在 1949 年 11 月就成立了中国科学院,一些重要的现代科学分支和新兴应用技术,也在这一时期逐步发展起来。华罗庚、李四光、茅以升、竺可桢、童第周、钱三强、钱学森、邓稼先、郭永怀、袁隆平、陈景润等一批科学家为国家科学技术的发展作出了重大贡献。

这一时期涌现出的像大庆和大寨那样艰苦创业的英雄集体,涌现出的大量英雄模范人物,如雷锋、王进喜、焦裕禄等,集中反映了当时的社会道德和精神风貌。

3. 国际地位的提高与国际环境的改善

新中国从建立之日起,就把捍卫民族独立、国家主权和维护世界和平、促进人类进步事业作为对外工作的目标,努力为国内和平建设创造良好的外部环境。

新中国在成立初期,一面奉行独立自主基础上的"一边倒"政策,积极争取苏联和其他社会主义国家对中国国内建设与外交工作的支持、援助;一面不失时机地发展同西方国家的民间外交,同这些国家进行贸易往来,以民(间)促官(方),以经(济)促政(治),并在 1964 年实现了中法建交。1950 年至 1953 年的抗美援朝战争,以及随后召开的日内瓦国际会议和万隆会议,极大地提高了新中国的国际地位。中国同印度、缅甸等国共同倡导的和平共处五项原则,成为处理国与国关系的公认的国际准则。

1960 年 1 月到 1963 年 3 月,中国先后同缅甸、尼泊尔、蒙古、巴基斯坦、阿富汗等国妥善地解决了边界问题。

20 世纪 50 年代,亚洲、非洲、拉丁美洲的广大地区出现了民族解放运动的高潮。中国在支持民族解放运动中同广大发展中国家建立了友好关系。这些国家积极争取恢复新中国在联合国的合法席位,并在 1971 年 10 月获得成功。从此,中国在联合国中发挥日益重要的作用,成为维护世界和平、反对霸权主义的一支中坚力量。

新中国长期不懈的外交努力,终于打开了中美关系正常化的大门。20世纪60年代末,尼克松就任美国总统,开始检讨美国的对华政策,向中国领导人发出改善关系的信息。毛泽东、周恩来敏锐地觉察到美方的变化,抓住时机向美国发起了"乒乓外交",被国际舆论称为"小球转动了大球"。1972年2月,美国总统尼克松访华,中美双方在上海发表联合公报。同年9月,中日两国发表关于建交的联合声明。随着中美关系开始正常化,1972年出现了西方国家对华建交热潮,中国外交格局发生重大变化。中国同英国、荷兰、希腊、联邦德国等国先后建立大使级外交关系,同西方国家的关系从此出现重大转机。中苏关系也趋于缓和。这为后来中国逐步实行对外开放政策创造了有利条件。同中国建交的国家,从1965年的49个增加到1976年的111个,仅1970年以后的新建交国就有62个。

中国进入改革开放新时期后,邓小平曾指出:"我们能在今天的国际环境中着手进行四个现代化建设,不能不铭记毛泽东同志的功绩。"[①]

4. 探索中形成的建设社会主义的若干重要原则

以毛泽东同志为主要代表的中国共产党人在创建新中国和探索适合中国情况的社会主义建设道路过程中,逐步形成或进一步完善了具有中国特点的社会主义根本制度。在此基础上,毛泽东等领导人作出了一系列重要的理论创造。

在探索刚刚起步时,毛泽东就论述了必须实行马克思主义与中国实际"第二次结合"的基本思想,提出了社会主义社会矛盾的学说,阐明了调动一切积极因素建设社会主义的基本方针。

此后,毛泽东等又进一步总结经验,对社会主义的发展阶段问题初步作出了正确的论述,提出了中国实现现代化的目标、步骤,并且阐述了社会主

[①] 《邓小平文选》(第二卷),人民出版社,1994年,第172页。

义建设的若干重要原则。

关于社会主义的发展阶段,毛泽东指出:社会主义这个阶段,又可能分为两个阶段,第一个阶段是不发达的社会主义,第二个阶段是比较发达的社会主义。后一阶段可能比前一阶段需要更长的时间。

关于社会主义现代化建设的战略目标和步骤,毛泽东强调:为了建设社会主义,必须大力推进中国的现代化事业。社会主义现代化建设的战略目标,是要把中国建设成为一个具有现代农业、现代工业、现代国防和现代科学技术的强国。为此,应当采取"两步走"的发展战略,第一步,建立一个独立的比较完整的工业体系和国民经济体系;第二步,全面实现农业、工业、国防和科学技术的现代化,使中国的经济走在世界前列。

在社会主义经济建设方面,毛泽东提出,要实行以农业为基础、以工业为主导的方针,正确处理重工业、轻工业和农业的关系,以农、轻、重为序发展国民经济;在优先发展重工业的条件下,坚持工业和农业并举、重工业和轻工业并举、中央工业和地方工业并举、大中小企业并举等"两条腿"走路的方针;发展社会主义商品生产,利用价值规律;正确解决好综合平衡的问题,处理好积累和消费、生产和生活的问题,处理好国家、集体和个人的关系,统筹兼顾,适当安排。

在社会主义民主政治建设方面,毛泽东提出,要把"造成一个又有集中又有民主,又有纪律又有自由,又有统一意志、又有个人心情舒畅、生动活泼,那样一种政治局面"作为努力的目标;把正确处理人民内部矛盾作为国家政治生活的主题,坚持人民民主,尽可能团结一切可以团结的力量;处理好中国共产党同各民主党派的关系,坚持长期共存、互相监督的方针,巩固和扩大爱国统一战线;切实保障人民当家作主的各项权利,尤其是人民参与国家和社会事务管理的权利;社会主义法制要保护劳动人民利益,保护社会主义经济基础,保护社会生产力。

在社会主义文化建设方面,毛泽东提出,要坚持马克思主义的指导地位,实行"百花齐放、百家争鸣"的方针,对古今中外的优秀文化实行古为今用、洋为中用、百花齐放、推陈出新的方针;思想政治工作是经济工作和其他一切工作的生命线,要实行政治和经济的统一、政治和技术的统一、又红又专的方针;知识分子在革命和建设中具有重要作用,要建设一支宏大的工人阶级知识分子队伍;要向科学进军,不能走世界各国发展科学技术的老路,而应独立自主、自力更生、奋发图强,努力赶超世界先进水平。

在国防建设和军队建设方面,毛泽东提出必须加强国防、建设现代化正规化国防军和发展现代化国防技术的重要指导思想,还提出国防建设要服从国家经济建设大局的方针,并为巩固国防制定了积极防御的战略思想,积累了军事斗争同政治斗争、外交斗争相结合的独创性经验。

在执政条件下加强共产党自身建设方面,毛泽东最早觉察到帝国主义的"和平演变"战略的危险,号召共产党人提高警惕,同这种危险作斗争。同时,他又十分警惕党在执政以后可能产生的种种消极现象。为此,他提出:共产党员必须坚持共产主义的远大理想,务必继续地保持谦虚、谨慎、不骄、不躁的作风,继续地保持艰苦奋斗的作风;各级领导干部必须自觉地运用人民赋予的权力为人民服务,依靠人民群众行使这个权力,并接受人民群众的监督;必须以普通劳动者的姿态出现,平等待人;必须防止在共产党内、在干部队伍中形成特权阶层、贵族阶层,坚决地反对党内和干部队伍中的腐败现象;必须切实解决"培养无产阶级革命事业的接班人"的问题。

以毛泽东同志为主要代表的中国共产党人所阐明的这些重要思想,系统地回答了在一个半殖民地半封建的东方大国,如何实现新民主主义革命和社会主义革命的问题之后,对建设什么样的社会主义、怎样建设社会主义进行了艰辛探索,积累了在中国这样一个社会生产力水平十分落后的东方大国进行社会主义建设的重要经验,以创造性的内容为马克思主义宝库增添了新的财富。这些思想成果,为党继续进行探索并系统形成中国特色社会主义理论体系提供了重要的基础。

毛泽东是探索中国社会主义建设道路的开创者。他领导全党和全国人民顶住来自外部的各种影响和压力,坚持不懈地进行这种探索。毛泽东等老一辈革命家作为中国社会主义建设道路开创者的历史功绩,将永远载入党和国家的史册。

【课堂小结】

社会主义探索建设的成就就是全国人民在中国共产党领导下,顶住了国外反华势力的压力,坚持独立自主、自力更生、艰苦奋斗才取得的,成就来之不易。即使在中国共产党和毛泽东犯了严重错误的历史时期,社会主义建设的各项事业仍然取得了举世公认的重要成就。中国共产党在中华人民共和国成立以后的历史,总的说来,是党在马克思列宁主义、毛泽东思想指导下,领导全国各族人民进行社会主义革命和社会主义建设并取得巨大成就的历史。这是这一时期历史发展的主题和主线。我们的成就和成功经验是党和人民创造性地运用马克思列宁主义的结果,是社会主义制度优越性的表现,是全党和全国各族人民继续前进的基础。历史一再证明,中国人民是伟大的人民,中国共产党是伟大的党,社会主义具有顽强的生命力。

【思考题】

1. 为什么说毛泽东是探索中国社会主义建设道路的开创者? 怎样科学认识毛泽东对社会主义建设道路的探索?

2. 怎样认识建立独立的、比较完整的工业体系和国民经济体系的重大意义?

3. 中国社会主义建设道路的探索历程与经验启示。

三、板书设计

> 专题十二　社会主义建设的成就与探索中的曲折
>
> 一、"第二次结合"思想的提出
>
> 二、探索社会主义建设道路取得的理论成果
>
> 三、探索社会主义建设道路出现的曲折及其教训
>
> 四、建设的成就　探索的成果

四、学生阅读书目推荐

1.【经典文献】

（1）毛泽东:《论十大关系》,1956 年 4 月 25 日。

（2）毛泽东:《关于正确处理人民内部矛盾的问题》,1957 年 2 月 27 日。

（3）习近平:《在纪念毛泽东同志诞辰 120 周年座谈会上的讲话》,2013 年 12 月 26 日。

2.【延伸阅读】

（1）荣开明:《科学认识毛泽东对中国社会主义建设道路的探索》,《观察与思考》,2019 年第 10 期。

（2）陈晋:《1949—1976:怎样看社会主义革命和建设时期的成就与失误》,《湘潮》,2019 年第 6 期。

（3）杨德山、刘鑫:《新中国成立以来中国特色社会主义现代化道路探索的历程及经验》,《理论探讨》,2019 年第 6 期。

（4）肖贵清:《毛泽东对社会主义建设道路的艰辛探索及历史地位》,《求

索》,2019 年第 5 期。

五、习近平总书记相关论述

1. 毛泽东同志为中国新民主主义革命的胜利、社会主义革命的成功、社会主义建设的全面展开,为实现中华民族独立和振兴、中国人民解放和幸福,作出了彪炳史册的贡献。

——习近平:《在纪念毛泽东同志诞辰 120 周年座谈会上的讲话》(2013 年 12 月 26 日)

2. 社会主义基本制度确立以后,如何在中国建设社会主义,是党面临的崭新课题。毛泽东同志对适合中国情况的社会主义建设道路进行了艰苦探索。他以苏联的经验教训为鉴戒,提出要创造新的理论、写出新的著作,把马克思列宁主义基本原理同中国实际进行"第二次结合",找出在中国进行社会主义革命和建设的正确道路,制定把我国建设成为一个强大的社会主义国家的战略思想。在中国共产党领导下,我国各族人民意气风发投身中国历史上从来不曾有过的热气腾腾的社会主义建设。在不长的时间里,我国社会就发生了翻天覆地的变化,建立起独立的比较完整的工业体系和国民经济体系,独立研制出"两弹一星",成为在世界上有重要影响的大国,积累起在中国这样一个社会生产力水平十分落后的东方大国进行社会主义建设的重要经验。

——习近平:《在纪念毛泽东同志诞辰 120 周年座谈会上的讲话》(2013 年 12 月 26 日)

3. 新中国成立前后,毛泽东同志就提出了统筹兼顾、"弹钢琴"等思想方法和工作方法。他说:"弹钢琴要十个指头都动作,不能有的动,有的不动。但是,十个指头同时都按下去,那也不成调子。要产生好的音乐,十个指头的动作要有节奏,要互相配合。党委要抓紧中心工作,又要围绕中心工作而同时开展其他方面的工作。我们现在管的方面很多,各地、各军、各部门的工作,都要照顾到,不能只注意一部分问题而把别的丢掉。凡是有问题的地方都要点一下,这个方法我们一定要学会。"《论十大关系》是毛泽东同志运用普遍联系观点阐述社会主义建设规律的典范。在《关于正确处理人民内部矛盾的问题》一文中,毛泽东同志进一步提出了"统筹兼顾、适当安排"的方针。

——习近平:《在省部级主要领导干部学习贯彻党的十八届五中全会精神专题研讨班上的讲话》(2016 年 1 月 18 日)

4.70 年来,全国各族人民同心同德、艰苦奋斗,取得了令世界刮目相看的伟大成就。今天,社会主义中国巍然屹立在世界东方,没有任何力量能够撼动我们伟大祖国的地位,没有任何力量能够阻挡中国人民和中华民族的前进步伐。

——习近平:《在庆祝新中国成立 70 周年大会上的讲话》(2019 年 10 月 1 日)

5. 不能用改革开放后的历史时期否定改革开放前的历史时期,也不能用改革开放前的历史时期否定改革开放后的历史时期。

——习近平:《在新进中央委员会的委员、候补委员学习贯彻党的十八大精神研讨班上发表的重要讲话》(2013 年 1 月 5 日)

专题十三／中国特色社会主义的开辟与接续发展

一、教学说明

本专题对应教材第九章。重点讲述 1978 年至党的十八大中国共产党领导人民进行改革开放,开创并推进中国特色社会主义接续发展的生动历程。本专题共包括三个问题,即党的思想路线的重新确立与中国特色社会主义的开创、改革开放深入推进与中国特色社会主义的接续发展、中国特色社会主义的巨大成就和历史经验。

1. 教学目标

(1)知识目标

让学生了解改革开放和社会主义现代化建设的理论与实践成果,在此基础上引导学生正确认识改革发展中的矛盾与问题,深刻认识改革开放是决定当代中国命运的关键抉择。

(2)能力与素质目标

引导学生充分认识改革的时代性、整体性、全局性,坚定中国特色社会主义道路自信、理论自信、制度自信和文化自信。

2. 教学重点和难点

（1）教学重点

深刻认识党的十一届三中全会的重要意义；正确评价改革前三十年与改革开放四十年的社会主义建设历史。

（2）教学难点

如何理解改革开放是党的一次伟大觉醒，也是中国人民和中华民族发展史上的一次伟大革命？

3. 教学方法

综合运用理论讲授法、案例教学法、讨论式教学法。

4. 学时安排

3 学时。

5. 参考资料及教学资源

(1)《"中国近现代史纲要"专题教学指南》(2018 年版·试行)。

(2)于光远：《1978 大转折十一届三中全会的台前幕后》，中央编译出版社，2008 年。

(3)视频：电视政论片《复兴之路》第 4 集《伟大转折》(中央电视台出品)。

二、教学内容设计

【课程导入】

"文化大革命"结束后，以党的十一届三中全会的召开为标志，中国历史进入到改革开放与建设中国特色社会主义的新的时期。改革开放是党的历史上一次伟大觉醒，正是这个伟大觉醒孕育了党从理论到实践的伟大创造。

【课程讲授】

(一)党的思想路线的重新确立与中国特色社会主义的开创

1. 历史性的伟大转折

1976年10月粉碎"四人帮",结束了"文化大革命"。粉碎"四人帮"后的两年间,虽然各项工作有所进展,但党在指导思想上继续延续"左"的错误,当时主持中央工作的领导人坚持"两个凡是"的错误方针。"两个凡是"即:"凡是毛主席作出的决策,我们都坚决拥护,凡是毛主席的指示,我们都始终不渝地遵循。"这是1977年2月7日两报一刊(《人民日报》《解放军报》《红旗》杂志)联合发表的《学好文件抓住纲》的社论中提出的。"两个凡是"的实质就是维护毛泽东晚年的错误,维护"文化大革命"的错误理论、路线、方针、政策。这种观点的出现,说明长期以来"左"的指导思想还未从根本上改变,"文化大革命"的错误理论与实践没有得到及时纠正。在"两个凡是"思想的束缚下,党和国家的工作出现了在徘徊中前进的局面。徘徊的中国,仍然无法摆脱"文化大革命"的阴影。

"两个凡是"提出后,首先站出来反对的是邓小平。他敏锐地看出这是一个关系到中国何去何从的要害问题。针对"两个凡是"的错误主张,早在1977年4月10日,尚未恢复工作的邓小平就给中央写信,提出"必须世世代代地用准确的完整的毛泽东思想来指导我们全党、全军和全国人民"。同年5月,他又旗帜鲜明地提出:"'两个凡是'不行","不符合马克思主义"。

在全党的强烈要求下,1977年7月召开的党的十届三中全会决定恢复邓小平在1976年被撤销的一切职务。

1977年8月12日至18日召开的中国共产党第十一次全国代表大会,宣告"文化大革命"结束。

【视频】真理标准问题大讨论(时长:5分22秒)

1978年5月11日,《光明日报》发表了《实践是检验真理的唯一标准》的特约评论员文章,重申了"实践是检验真理的唯一标准"这一马克思主义认识论基本原理。尽管文章只是对马克思主义的基本常识作正面阐述,但实际上是从思想路线的高度旗帜鲜明地批判了"两个凡是"的错误方针,引起巨大社会反响。邓小平、叶剑英、胡耀邦等同志支持和领导了关于真理标准问题的大讨论。《解放军报》《人民日报》《光明日报》等报刊连续发表讨论文章,一批老同志以不同方式支持或参与讨论,各省、市、自治区和各大军区主要领导也相继发表讲话或文章,表明支持的态度。理论界、学术界、新闻界站在讨论前沿,踊跃参与。

关于真理标准问题大讨论是全国性思想解放运动,它冲破了长期以来"左"倾思想的束缚,推动了拨乱反正工作的顺利进行,成为改革开放的思想先导,为党重新确立实事求是的思想路线,实现历史性的转折奠定了思想理论基础。

1978 年 11 月 10 日至 12 月 15 日,中共中央在北京召开工作会议。在与会者的强烈要求下,中央政治局作出为"天安门事件""反击右倾翻案风"等重大错案平反的决定。12 月 13 日,邓小平在中央工作会议闭幕式上发表《解放思想,实事求是,团结一致向前看》的讲话,这篇讲话统一了全党的思想,既是中央工作会议的总结,也是随后召开的党的十一届三中全会的主题报告。如今人们称它为新时期改革开放的宣言书。

1978 年 12 月 18 日至 22 日,党的十一届三中全会在北京召开。全会的中心议题是,把全党工作的重点转移到社会主义现代化建设上来。全会彻底否定了"两个凡是"的错误方针,高度评价了关于真理标准问题的讨论,重新确立解放思想、实事求是的指导思想,实现了思想路线的拨乱反正;停止使用"以阶级斗争为纲"的口号,作出了把党和国家的工作重点转移到社会主义现代化建设上来的决策,实现了政治路线的拨乱反正;全会决定健全民主集中制,加强集体领导,健全党规党纪,严肃党纪,重新确立了正确的组织路线。这次全会作出了实行改革开放的战略决策。

党的十一届三中全会是党的历史上具有伟大意义的历史性转折：

第一，从根本上结束了长期以来的"左"倾错误，完成了党的工作重心的转移，开始了中国共产党在思想、政治、组织等领域的全面拨乱反正，重新确立了党的马克思主义的思想路线、政治路线、组织路线，形成了以邓小平同志为核心的第二代中央领导集体。

第二，结束了粉碎"四人帮"以来党的工作在徘徊中前进的局面，将中国的社会主义事业引向健康发展的道路。

第三，揭开了社会主义改革开放的序幕。以这次全会为起点，中国共产党正式开辟了建设中国特色社会主义的新道路，标志着中国从此进入了改革开放和社会主义现代化建设的历史新时期。

2. 拨乱反正任务的胜利完成

党的十一届三中全会后，党和国家按照实事求是、有错必纠的原则加快了平反冤假错案的步伐，妥善解决历史遗留问题，调整各方面的社会政治关系，为实现改革开放和开创现代化建设的新局面奠定了社会基础和群众基础。

在拨乱反正的过程中，在打碎个人崇拜和教条主义的精神枷锁的同时，也有极少数人打着"解放思想"的幌子，对新中国成立以来党的错误加以夸大和渲染，企图从根本上否定党的领导，否定社会主义道路，影响到安定团结的局面。1979 年 3 月，邓小平在理论工作务虚会上提出了"坚持社会主义道路，坚持人民民主专政，坚持共产党的领导，坚持马克思列宁主义、毛泽东思想这四项基本原则"，"是实现四个现代化的根本前提"。四项基本原则对排除来自"左"的和右的方面的干扰和影响，保证改革开放和现代化建设事业的顺利进行，提供了可靠的政治基础。

全面拨乱反正，要从指导思想上排除"左"的和右的错误倾向，统一全党和全国人民的思想,必须对新中国成立以来中国共产党的重大历史问题做出科学总结。其中,核心问题是如何正确评价毛泽东和毛泽东思想的历史地位。早在 1978 年秋,针对有的人仍在坚持"两个凡是"、而有的人则在否定毛泽东的路上越走越远的倾向,重新出来工作的邓小平就主张形成一个关于这些重要历史问题的决议,对新中国成立以来正反两方面的历史经验进行全面和认真的总结。

【课堂提问】对毛泽东和毛泽东思想作出正确评价有何重大意义?

毛泽东的事业和思想并不是他个人的事业和思想,而是党的事业和思想。实事求是、恰如其分地评价毛泽东,绝不仅仅是一个历史领域的问题,而是正确认识中国的历史、现实和未来的要求。毛泽东的一生是成千上万救国救民的仁人志士探索民族复兴的一个缩影,折射着中华民族在复兴之路上的光荣与梦想、艰辛与曲折。更重要的是,毛泽东是中国共产党的主要缔造者和领导者,他对中国现代历史的影响,在很大程度上与中国共产党追求实现中国梦联系在一起,他关于中华民族前途和命运的思考,融于中国共产党的集体智慧之中。因此,肯定毛泽东的历史贡献,具体地历史地分析毛泽东晚年的错误,恰如其分地评价毛泽东,有利于深刻认识中华民族近百年来的奋斗历程,有利于全面评价中国共产党在中国发展中的历史作用。

从 1979 年 11 月起,在邓小平主持下,中共中央着手起草《关于建国以来党的若干历史问题的决议》。就在决议起草过程中,外交部接到中国驻意大利大使馆传过来的一份特殊申请,著名的意大利女记者法拉奇要求赴北京采访邓小平。1980 年 8 月,邓小平在中南海连续两次接受了法拉奇的特殊采访。

【视频】法拉奇采访邓小平(时长:4 分 38 秒)

西方十多家有影响的媒体同时发表了法拉奇采访邓小平的文章。一时间,"天安门城楼上的毛主席像将永远保留下去"成为许多报刊的大字标题。

邓小平巧妙地通过法拉奇的笔,为科学评价毛泽东和毛泽东思想奠定了基调。邓小平明确要求全党旗帜鲜明地维护毛泽东的历史地位,坚持和发展毛泽东思想。

经过一年半时间的讨论和修改,1981 年 6 月,党的十一届六中全会通过了《关于建国以来党的若干历史问题的决议》。《决议》的核心是正确地评价了毛泽东和毛泽东思想的历史地位。决议指出:毛泽东同志是伟大的马克思主义者,是伟大的无产阶级革命家、战略家和理论家。他虽然在"文化大革命"中犯了严重错误,但是就他的一生来看,他对中国革命的功绩远远大于他的过失。他的功绩是第一位的,错误是第二位的。决议对毛泽东思想的科学体系和活的灵魂(即实事求是、群众路线、独立自主)作了概括,决议强调:"毛泽东思想是我们党的宝贵的精神财富,它将长期指导我们的行动。"

《关于建国以来党的若干历史问题的决议》的通过,具有重要历史意义:

第一,决议的起草和通过表明,中国共产党是在政治上、理论上成熟的坚强的马克思主义政党,在政治上具有自我净化、自我发展的能力,能够深刻反省错误、纠正错误,勇于探索新道路。

第二,决议的通过,在一系列重大问题上,统一了全党和全国人民的思想,为维护全党和人民的团结,为社会主义建设事业的健康发展,提供了基本保证。

第三,决议的通过,标志着党和国家在指导思想上拨乱反正的胜利完成。决议对新中国成立以来的重大历史事件作出了基本结论,从根本上否定了"文化大革命"的理论和实践,肯定了党的十一届三中全会以来逐步确立的适合中国情况的建设社会主义现代化强国的道路,进一步指明了中国社会主义事业和党的工作继续前进的方向。

(二)改革开放深入推进与中国特色社会主义的接续发展

1.改革开放的起步与深入推进

党的十一届三中全会之后,农村率先进行了经济体制的改革,探索实行农村联产责任制。

【案例】农村改革的起步

1978年12月召开的党的十一届三中全会,讨论了农业发展问题,同意试行《关于加快农业发展若干问题的决定(草案)》等两个农业文件,在政策上给农民开了不少口子,包括允许社员保留自留地,发展家庭副业和农村集市贸易。然而,很少有人注意到,就是这样一次实现历史转折的会议,关于农业的两个文件,还清清楚楚地规定了两个"不许":"不许分田单干,不许包产到户"。的确,要在具体工作上实现转折,并不是一件容易的事,还有一段艰难的路程。但是,农民们却等不及了。就在京西宾馆召开十一届三中全会的同时,远在2000里之外的安徽凤阳县梨园公社小岗村的农民在寒冷的冬夜里,也在秘密地开一个会。他们通过的"文件"只有一页纸,上面写着:我们分田到户,干部要是为这事坐牢,大家把他们的小孩养活到18岁。这份农民的契约,现在已成为中国农村改革史上最有价值的文物。

1978年的冬天,对于安徽的农民来说,确实很难熬。这一年,安徽遭受特大旱灾。大旱之下,粮食歉收。时任小岗生产队队长的严俊昌说:小岗年年缺粮,家家户户都要讨饭。照这个路走下去,确实实在没有办法。通过我们领导班子讨论,小岗要想救活我们的命,只有分田到户。但是分田到户,政策也不允许,那肯定我们的干部要批斗坐牢。大家就议论,干部既然为我们干了,我们也不能不管,我们写个协议书,小孩养活到18岁。时任小岗生产队副队长的严宏昌说:我们这样一做呢,群众积极性特别高涨,群众起早贪黑,不再是像生产队那样吹破哨子,砸破铁也没有人上工。实行责任制后就不一样了,天一亮群众就到地里去了。

　　小岗村包干到户的秘密,很快就暴露了。包产到户毕竟是刚刚下发的中央文件明令禁止的。20世纪60年代初,全国不少地方曾出现过包产到户的做法,但无一例外地都遭到严厉批判和打击,很多干部为此被处分、被撤职。这是有过教训的。为此,公社责令小岗回到包产到组,组再小,那也算集体。但小岗人死活不干。公社于是就以停发种子、肥料、耕牛和贷款来惩罚。1979年4月初,中共凤阳县委书记陈庭元到小岗检查工作,听公社汇报后,要他们放小岗村一马。民以食为天。自发起来寻找生存之路的,不仅仅是小岗。离小岗村不到300里地的安徽肥西县山南公社,找了一个借口,给农民"借地"。1978年9月15日,中共山南区委书记汤茂林,悄悄地来到山南公社黄花村召开会议,议题只有一个,那就是想个什么办法,争取在明年多打点粮食度饥荒。最后,还是汤茂林提出,把地借给农民种麦,叫借地种麦,种保命麦。群众都很支持这个决定。

　　黄花村借地种麦的消息,传到了同属山南镇的小井庄。小井庄人的做法更干脆,把地先包给社员,先试一年再说。黄花村和小井庄的做法,引起了轩然大波。在山南镇的街道,在小井庄的墙上,一时间贴满了指责批评的大字报。一封状告山南区委书记汤茂林的信也送到了安徽省委第一书记万里的手上。告状信的标题有点吓人——《汤茂林领导10万人到何处去?》。围绕包产到户的争论越来越厉害了,有人要求省委表态。1979年2月6日,安徽省委专门召开会议讨论。省委第一书记万里亲自主持。常委会意见也不一致。有人说,中央文件明确讲得清清楚楚,不许包产到户,不许分田单干。我们现在搞,不是和中央对着干吗?他一言,你一语,意见统一不起来。万里最后讲话了,说:这些事都要经过实践检验才能说明问题。所以他主张山南公社作为省委的试点,即使将来山南公社因为包产到户走到资本主义道路上去了也不要怕,我们有办法把他们拉回来。虽然万里说在山南公社搞包产到户试点,不宣传,不报道,不推广。但是,山南公社搞包产到户试点的消息还是在四周传开了。一时间，分地的地方多起来了。四五天里，山南区其他 5 个公社，全都偷偷地搞起了包产到户。不到一个月，肥西县 40% 的生产队搞了包产到户。

就在安徽等地自发探索农村改革之时，1979 年 3 月 15 日，《人民日报》发表了一封署名张浩的读者来信，对有些地方实行的"分田到组""包产到组"提出了批评。《人民日报》加写的编者按中，也明确指出"分田到组""包产到组"是错误做法，不符合党的政策。多年的政治运动，使人们对报纸的"风向"分外敏感。包产到组都不行，包产到户那就更不行了。中央人民广播电台播出张浩来信的那天，滁县地委书记王郁昭在嘉山县。他感到问题严重，立即赶回地委，发布了一个电话通知。通知说，春耕大忙已经开始，各种生产责任制一律不变，到秋后看实际效果再定，有什么问题地委负责。这时候，安徽省委第一书记万里下到了县里面。时任中共安徽嘉山县横山公社党委书记的韩继发回忆了当时的情景，他说：在最关键的时候，万里 3 月 18 日来了，从两点钟到四点钟，我们给他汇报。我给他汇报说：万书记，我们还有顾虑。他说，你顾虑什么。我讲，张浩文章，我们前天听到的，我看他是对我这来的。万里说，张浩文章，《人民日报》头版头条，《人民日报》可给你粮吃？《人民日报》可给你油吃？能叫农业增产就是好办法，能叫农民、集体、国家增就是好办法。哪有那么多的资本主义，怕什么？

万里虽然嘴上这么说，但他心里并不踏实。他利用到北京开会的机会，想争取中央"尚方宝剑"的支持。万里后来回忆说："我首先和陈云同志商量，我说已经搞起来了，告诉他。他正在参加全国人民代表大会，他在主席团，他休息的时候，我到他那里，我说怎么办？他说，我双手赞成。我给小平同志讲，小平说：不要争论，你们就这样干下去。"

终于到了收获的季节。包产到户的效应，以惊人的事实呈现在人们面前。以小岗村为例，合作化后 23 年，小岗村没向国家贡献过一斤粮食。而

1979 年,小岗村农民向国家交粮 65000 斤,油料 20000 斤,归还国家贷款 800 元,人均收入从过去的 20 元增加到 400 元。思想的禁锢太久了,思想的束缚很难一时解开。即使有了丰收的实践检验,对包产到户的争议依然没有停止。

1980 年 1 月,在全国农村人民公社经营管理会议上,安徽的包产到户成了批判的靶子。有人说安徽调动的是农民个体生产积极性,不符合社会主义方向。中央某部委的杂志,刊发了《分田单干必须纠正》等文章,矛头直指包产到户。一些地方还组织工作队,纠正单干。在安徽,省委 4 月在蚌埠、芜湖召开的地市委书记碰头会上,包产到户成了批判对象。

这时,邓小平看了大批来自包产到户一线的情况反映。他说话了,明确肯定了包产到户。1980 年 5 月 31 日,邓小平在同中央负责人谈话时说:"农村政策放宽以后,一些适宜搞包产到户的地方搞了包产到户,效果很好,变化很快。安徽肥西县绝大多数生产队搞了包产到户,增产幅度很大。'凤阳花鼓'中唱的那个凤阳县,绝大多数生产队搞了大包干,也是一年翻身,改变面貌。有的同志担心,这样搞会不会影响集体经济。我看这种担心是不必要的。"邓小平提出了农村改革一条最重要的原则:"从当地具体条件和群众意愿出发,这一点很重要。"邓小平对包产到户的支持,真是一场及时雨。

包产到户的曲折历程,除了让我们感叹,改革要冲破思想的束缚是何等的艰难,也让我们感叹当年的民主气氛。就是邓小平说话了,争论也没有结束。1980 年 9 月召开的各省、市、自治区党委第一书记座谈会上,支持和反对包产到户的两种意见,互不相让,甚至爆发了激烈争论。一位不赞成包产到户的北方省委书记说:集体经济是阳光大道,不能动摇。一位赞同包产到户的南方省委书记说:你走你的阳关道,我过我的独木桥。当时在中共中央书记处研究室工作的吴象,就是根据争论中这句典型的话,写了一篇文章《阳关道与独木桥》,讲了包产到户的由来,发表在《人民日报》上。争论归争论。在事实面前,包产到户还是得到大多数人的支持。

1980 年 9 月 27 日,中央以 75 号文件的形式印发了这次座谈会的纪要。这份文件,规定了"两个允许":允许边远山区和贫困落后地区"可以包产到户,也可以包干到户";一般地区已经实行包产到户的,如果群众不要求改变,"就应允许继续实行"。从"两个不许"到"两个允许",包产到户终于有了合法的"户口"。1982 年的元旦,对于广大农民来说,是一个欢乐祥和的新年。就是从这一年开始,一直到 1986 年,中共中央连续五年发出五个"一号文件",肯定包产到户、包干到户的各种农业生产责任制,都是社会主义集体经济的生产责任制。与以往不同的是,这次农村改革没有采取一刀切的做法,而是充分尊重农民的自愿,因地制宜。在一些生产力发展较快的地方,社会化、专业化分工较高,统分结合的双层经营方式,也同样显示了强大的生命力。

农村改革所释放出来的生产力是惊人的。1979 年到 1984 年 5 年间,中国平均每年增产粮食 170 亿公斤,棉花 1300 万担。1984 年全国粮食总产超过 8000 亿斤。温饱问题,这个困扰了中国农民许多年的大问题,通过这样一场改革便基本解决了。1984 年,中国以一个前所未有的粮食丰收年,迎来了国庆 35 周年。游行的队伍中,得到实惠的农民簇拥着"一号文件"和"联产承包好"的彩车,欢呼着走过天安门。

——资料来源:熊亮华、陈晋:《联产承包——冒风险农民自发包产到户解争端中央推进农村改革》,《新湘评论》2020 年第 13 期。

【案例分析】中国农村改革的发明权属于农民。安徽等省的基层干部和农民群众,在省委支持下,探索试行包产到组、包产到户、包干到户等多种形式的农业生产责任制。实行家庭联产承包责任制是农民的首创,反映了当时我国一些地方的农民摆脱贫困的迫切要求。最先尝试改革的是安徽省凤阳县梨园公社小岗生产队的农民。1978 年 11 月,小岗村村民偷偷搞起生产责任制,无意中拉开了中国农村改革的序幕。小岗是全县有名的"吃粮靠返销,用钱靠救济,生产靠贷款"的"三靠村"。为了解决温饱问题,村民们偷偷地将土地包产到户,小岗村村民在大包干秘密誓言上揿上了红手印,宣布了一种新的生产关系悄悄降临。小岗所在的县、地区和省领导以不同方式支持了大包干。这一年,小岗生产队获得大丰收。大包干在整个安徽很快推开了。各地农村联产责任制都取得了很好的效果,这引起中央的重视。中共中央连续发出文件,反复肯定了包产到户这一联产承包责任制的生产形式,明确包产到户、包干到户是社会主义集体经济的生产责任制,是合作经济的一个经营层次。

在中共中央的支持和推动下,以包产到户、包干到户为主要形式的家庭联产承包责任制,在全国各地逐渐推广开来。

【课堂讨论】如何理解农村家庭联产承包制与合作化的关系?

家庭联产承包制继承了合作化的成果,纠正了合作化的缺点和偏差,是合作化的完善和发展,但不是否定合作化。

首先,实行家庭联产承包制后,坚持了土地等基本生产资料的公有制,继承了合作化把小农经济改造成为集体经济的成果。土地是集体所有的,农户只有经营权,没有所有权,集体有权根据实际情况的变化进行调整。它与合作化以前的农民小私有制度根本不同。

其次,家庭联产承包制纠正了合作化的缺点和偏差。冲破了合作化以来集中统一经营的模式,实行集体和家庭双层经营,主要形式是家庭联产承包。家庭联产承包制实行以后,农民对集体所有的土地具有充分的经营自主权,它在土地集体所有制的基础上,将农民家庭承包经营的积极性和集体经济的优越性结合起来,克服过去管理过分集中造成的弊病,解决了合作化以来长期存在的分配中的平均主义"大锅饭"问题,较好地实现了按劳分配,调动了农民生产的积极性,促进了农业的发展。

这期间,城市经济体制改革也开始进行探索。如逐步扩大国有企业经营自主权,进行城市经济体制综合改革试点等。

在此期间,对外开放迈出较大的步伐。中国实行对外开放战略方针的第一个重大举措,是1980年3月中央决定在深圳、珠海、汕头、厦门创办经济特区作为对外开放的窗口和改革的试验场,使之成为引进外资和先进技术的前沿地区。

1982年9月,党的十二大正式提出"建设有中国特色社会主义"的崭新命题。党的十二大以后,经济体制改革全面展开。乡镇企业异军突起,成为农村经济的龙头,给农村经济的发展注入了新的生机和活力。1984年10月,党的十二届三中全会通过《关于经济体制改革的决定》,总结了新中国成立以来特别是党的十一届三中全会以来经济体制改革的经验,比较系统地提出和阐明了经济体制改革中的一系列重大理论和实践问题,指出我国社会主义经济是在公有制基础上的有计划的商品经济。

对外开放进一步扩大。将全海南岛辟为经济特区,并进一步开放了14个沿海港口城市,把长江三角洲、珠江三角洲、闽南厦(门)漳(州)泉(州)三角地区开辟为沿海经济开放区,逐步形成了"经济特区—沿海开放城市—沿海经济开放区—内地"多层次、有重点、点面结合的对外开放格局。

1987年召开的党的十三大比较系统地阐述了关于社会主义初级阶段的理论,完整地概括了"一个中心、两个基本点"的基本路线,制定了下一步经济体制改革和政治体制改革的基本任务和奋斗目标,正式制定了社会主义现代化建设"三步走"的战略部署:第一步,实现国民生产总值比1980年翻一番,解决人民的温饱问题。这个任务已经基本实现;第二步,到20世纪末,使国民生产总值再增长一倍,人民生活达到小康水平;第三步,到21世纪中叶,人均国民生产总值达到中等发达国家水平,人民生活比较富裕,基本实现现代化。

党的十三大是党的历史上非常重要的一次代表大会。它的一个最突出的特点,就是第一次系统地阐述了关于社会主义初级阶段的理论和党在这个阶段的基本路线。这是坚持实事求是的思想路线,对社会主义进行再认识所取得的一个重大的理论成果,是对科学社会主义理论的突出贡献,为实行改革开放,建设中国特色的社会主义奠定了理论基础。"三步走"发展战略及相关政策的制定,解决了中国现代化建设的目标、步骤等关系全局的重大问题,对中国未来几十年的发展产生了深远的影响。

党的十二大以后的几年间,中国经济在加速发展、取得巨大成就的同时,也出现了明显的通货膨胀和物价大幅度上涨的问题。1988 年夏季,又不适当地实行价格改革"闯关",结果诱发了全国性的抢购风潮,使经济秩序陷入混乱局面。国内外敌对势力妄图利用人们对物价上涨和腐败现象的不满来制造事端,从根本上否定中国共产党的领导和社会主义制度。长期以来,一些西方国家对社会主义国家推行和平演变战略。此时东欧一些社会主义国家开始出现动荡。当时在国际上几乎是所有的西方国家的主流形态都认为中国也必然会改变颜色,西方一些预言家甚至认为他们有一个计划在 21 世纪初要在红场举行一个埋葬社会主义的葬礼,多米诺骨牌也要在中国发挥作用。随着西方敌对势力趁机加紧渗透,国内一股资产阶级自由化思潮沉渣泛起,自由化分子宣传资产阶级的民主和自由,进行反党反社会主义的活动。1989 年春夏的严重政治风波,是国际的大气候和中国自己的小气候所决定了的,是极少数敌对势力利用党在工作中的失误,利用人民群众对腐败现象的不满,掀起的一场有计划、有组织、有预谋的政治动乱。平息这场风波,巩固了我国的社会主义阵地和十年改革开放的成果,也给党和人民提供了有益的经验教训。中国经受住了严重政治风波的考验,改革开放深入发展。

2.改革开放新的历史性突破

1992年,改革开放走到了一个新的起点。一方面,经济全球化进程加快,高新技术产业迅猛发展,为我国加入全球性竞争和合作提供了机遇;另一方面,我国经济运行中存在的深层次性问题尚需解决。同时,社会主义在世界范围内的实践陷入低潮,西方敌对势力大肆宣扬"共产主义大溃败",不可避免地投射到国内。一时间,一些人对社会主义前途缺乏信心,对改革开放存在质疑和争论。能否坚持党的基本路线不动摇,抓住机遇、加快发展,把改革开放和社会主义现代化建设继续向前推进,成为影响20世纪90年代中国发展的大问题。正是在改革开放的重要关口,邓小平再次以他特有的政治勇气和政治智慧,为中国指明了道路。

1992年初邓小平视察南方,发表重要谈话。邓小平阐明了社会主义的本质是"解放生产力,发展生产力,消灭剥削,消除两极分化,最终达到共同富裕";提出了"计划和市场都是经济手段"和"三个有利于"标准等重要观点。

《在武昌、深圳、珠海、上海等地的谈话要点》是《邓小平文选》第三卷中篇幅最长、理论分析最完整的著作,也是《邓小平文选》第三卷的终卷篇,实际上可视为对全书阐述的建设中国特色社会主义理论的提升和总结,具有重要的理论价值和实践意义。

第一,邓小平的南方谈话是一篇解放人的思想的力作,是把改革开放和现代化建设推进到新阶段的又一个解放思想、实事求是的宣言书,发挥出巨大的精神动力作用。

坚持解放思想、实事求是的思想路线,推进理论创新,是南方谈话的突出特点。南方谈话贯穿的中心思想,就是必须坚定不移地贯彻执行党的"一个中心、两个基本点"的基本路线,解放思想,实事求是,抓住有利时机,加快改革开放步伐,集中精力把经济建设搞上去,不断地把有中国特色的社会主义事业全面推向前进。在遭受到国际国内政治风波严峻考验的重大历史关头，邓小平系统地总结了党的十一届三中全会以来党的基本实践和基本经验，强调必须坚持一个中心，两个基本点的基本路线，把握时机，不断地发展经济，深刻回答长期困扰和束缚人们思想的许多重大认识问题，将人们从对社会主义的教条化理解中解放出来，从而为20世纪90年代中国经济的持续发展打下了思想基础。

第二，邓小平的南方谈话阐述了一系列重大理论问题，揭示了社会主义的本质和建设中国特色社会主义的根本规律，奠定了建设中国特色社会主义理论内容的基本框架，以新的观点和新的论述丰富和发展了马克思主义的理论宝库。

自从科学社会主义问世以来，"什么是社会主义、怎样建设社会主义"这个基本问题就成为马克思主义者探索的重大课题。作为改革开放和现代化建设的总设计师，邓小平从党的十一届三中全会开始，就在努力探索建设中国特色社会主义道路的问题。邓小平既继承前人又突破陈规，表现出了开辟马克思主义新境界的巨大理论勇气，破除来自"左"的方面和右的方面的干扰，总结了我国社会主义建设正反两方面历史经验和改革开放以来的新鲜经验以及其他社会主义国家兴衰成败的经验教训，提出和深化了一系列重要的理论观点，涉及思想路线、发展道路、发展阶段、根本任务、发展速度、发展动力、外部条件、政治保证、领导核心、依靠力量等关于建设中国特色社会主义的一系列重大问题，比较全面地回答了"什么是社会主义，怎样建设社会主义"这个根本问题，把对社会主义的认识提高到新的科学水平，使建设中国特色社会主义的理论形成比较完备的体系。南方谈话是以邓小平同志为主要代表的中国共产党人建设中国特色社会主义理论的经典之作，标志着邓小平理论走向成熟、形成系统。南方谈话是中国特色社会主义发展史上的一座里程碑和马克思主义中国化思想史上的重要篇章，是马克思主义的突破性著作。

第三，邓小平的南方谈话对改革开放、对建立和完善社会主义市场经济体制、对整个中国特色社会主义事业，对我国的长治久安具有重大的现实意义和深远的历史意义。

南方谈话表现了以邓小平同志为核心的党的第二代领导集体以高度的历史责任感对以江泽民同志为核心的党的第三代领导集体，对全党、全国人民所作的政治交代。其核心思想是坚持党的基本路线一百年不动摇，坚持建设有中国特色社会主义道路不动摇。它既坚定了人们对社会主义的信念，也坚定了继续坚持改革开放的信心。南方谈话科学回答了实践发展中面临的一系列重大问题，为中国特色社会主义的进一步发展开拓了巨大发展空间，对于我国的经济体制改革指明了方向，为党的十四大确定建立社会主义市场经济体制目标奠定了坚实基础。以邓小平南方谈话和十四大为标志，中国社会主义改革开放和现代化建设进入从计划经济体制向社会主义市场经济体制转变的新阶段，中国改革开放的步伐更加矫健。

1993 年，党的十四届三中全会通过《中共中央关于建立社会主义市场经济体制若干问题的决定》，进一步明确了建立社会主义市场经济体制的基本框架。1997 年 9 月，党的十五大召开，明确回答了中国的改革开放和现代化建设继续向前发展的一系列重大理论问题和实践问题，把邓小平理论写入《中国共产党章程》，从而为中国特色社会主义事业的跨世纪发展提供了根本保证。

3. 中国特色社会主义事业的跨世纪发展

2000 年 2 月，江泽民在广东考察工作时提出了中国共产党要"始终代表中国先进生产力的发展要求，始终代表中国先进文化的前进方向，始终代表中国最广大人民的根本利益"为核心内涵的"三个代表"重要思想。"三个代表"重要思想是对马克思列宁主义、毛泽东思想、邓小平理论的继承和发展，反映了当代世界和中国的发展变化对党和国家工作的新要求,是加强和改进党的建设、推进我国社会主义自我完善和发展的强大理论武器,是中国共产党集体智慧的结晶,是党必须长期坚持的指导思想。始终做到"三个代表",是中国共产党的立党之本、执政之基、力量之源。2002 年 11 月,党的十六大把"三个代表"重要思想写入党章,并明确了全面建设小康社会的奋斗目标,提出要在 21 世纪头二十年,全面建设惠及十几亿人口的更高水平的小康社会。世纪之交,以江泽民同志为核心的第三代领导集体经受了种种风险考验,成功地将中国特色社会主义推向 21 世纪。

以胡锦涛同志为总书记的党中央立足社会主义初级阶段基本国情,总结我国发展实践,借鉴国外发展经验,牢牢抓住并科学回答了"实现什么样的发展、怎样发展"这个核心问题,形成了科学发展观,成功在新的历史起点上坚持和发展了中国特色社会主义科学发展观,第一要义是发展,核心是以人为本,基本要求是全面协调可持续,根本方法是统筹兼顾。它深刻认识和回答了新形势下实现什么样的发展、怎样发展等重大问题,成为发展中国特色社会主义必须坚持和贯彻的重大战略思想。科学发展观是同马克思列宁主义、毛泽东思想、邓小平理论、"三个代表"重要思想既一脉相承又与时俱进的科学理论,是马克思主义关于发展的世界观和方法论的集中体现,是马克思主义中国化重大成果,是中国共产党集体智慧的结晶,是发展中国特色社会主义必须长期坚持的指导思想。2012 年党的十八大正式将科学发展观确立为党的指导思想。

(三)中国特色社会主义的巨大成就和历史经验

改革开放以来,中国共产党人领导人民以一往无前的进取精神和波澜壮阔的创新实践,谱写了中华民族自强不息、顽强奋进新的壮丽史诗,始终坚持将马克思主义基本原理与中国具体实践相结合,成功地开创和推动了中国特色社会主义的发展,极大地改变了中国的面貌、中华民族的面貌、中国人民的面貌、中国共产党的面貌。我国改革开放和现代化建设取得了巨大成就,为全面建设小康社会、实现社会主义现代化开辟了广阔的前景。

1. 中国特色社会主义取得的巨大成就

(1)国民经济保持持续快速健康发展,人民生活总体上达到小康水平,现代化建设事业稳步推进,综合国力和国际竞争力显著提高。改革开放以来,我们始终坚持以经济建设为中心,不断解放和发展社会生产力。2010年,中国经济总量上升为世界第二。中国经济发展经受住了2008年国际金融危机的严峻考验。中国依靠自己的力量稳定解决了13亿人口的吃饭问题。人民生活总体上实现了由温饱到小康的历史性跨越。人民的总体健康水平已超过中等收入国家的平均水平,处于发展中国家前列。

国家先后启动了东部地区率先发展战略、西部大开发战略、东北等老工业基地振兴战略和中部地区崛起战略,激发了各大经济区域的发展活力。通过积极推进城镇化,2007年至2012年,城镇化率由45.9%提高到52.6%。

国家创新体系、科技基础设施和自主创新能力建设得到加强。正负电子对撞机、载人航天飞船成功返回和绕月探测卫星成功发射、北斗卫星导航系统、第一艘航母"辽宁舰"入列等,标志着中国在科技研究的一些"高、精、尖"领域,取得重大进展。

(2)社会主义市场经济体制初步建立并不断完善,各项改革事业取得重大进展。改革开放以来,社会主义市场经济体制初步建立并日益完善,更具活力、更加开放的经济体系正在形成。确立了公有制为主体、多种所有制经济共同发展这一社会主义初级阶段的基本经济制度,实行按劳分配为主体、多种分配方式并存的基本分配制度。财税、金融、流通、住房、医疗、教育等改革不断深化。国有企业改革稳步推进。

(3)全方位对外开放取得新突破,形成全方位、多层次、宽领域的对外开放格局。2001年12月11日中国加入世界贸易组织后,对外贸易进入了新的发展阶段。从1978年到2012年,中国外贸进出口总额从206亿美元提高到38668亿美元,跃居世界第二,其中出口额跃居世界第一位,进出口结构优化,贸易大国地位进一步巩固。外汇储备跃居世界第一,对外投资大幅度增长,实际使用外资额累计超过1万亿美元。中国经济对世界经济增长的贡献率不断提升。在"引进来"的同时,加快实施"走出去"战略,跻身对外投资大国行列。

(4)社会主义民主政治建设取得重要进展。改革开放以来,我们始终坚持中国特色社会主义政治发展道路,不断深化政治体制改革,发展社会主义民主政治,党和国家领导体制日益完善,全面依法治国深入推进,中国特色社会主义法律体系日益健全,人民当家作主的制度保障和法治保障更加有力,人权事业全面发展,爱国统一战线更加巩固和发展,人民依法享有和行使民主权利的内容更加丰富、渠道更加便捷、形式更加多样。以宪法为基础的中国特色社会主义法律体系在逐步完备。社会治安综合治理取得新成效。

(5)社会主义精神文明建设成效显著。改革开放以来,我们始终坚持发展社会主义先进文化,加强社会主义精神文明建设,坚持用马克思主义中国化的最新成果武装全党、教育人民,大力推进马克思主义理论研究和建设工程,培育和践行社会主义核心价值观,传承和弘扬中华优秀传统文化,坚持以科学理论引路指向,以正确舆论凝心聚力,以先进文化塑造灵魂,以优秀作品鼓舞斗志,爱国主义、集体主义、社会主义精神广为弘扬,时代楷模、英雄模范不断涌现,文化艺术日益繁荣,网信事业快速发展,全民族理想信念和文化自信不断增强,国家文化软实力和中华文化影响力大幅提升。改革开放铸就的伟大改革开放精神,极大丰富了民族精神内涵,成为当代中国人民最鲜明的精神标识。建设中国特色社会主义的共同理想形成广泛共识。

(6)民族政策和宗教政策得到全面贯彻。改革开放以来,我们始终认真坚持实行民族区域自治制度,积极支持各少数民族参与管理国家事务,充分行使宪法和法律赋予的各项自治权利,自主管理本地区、本民族的内部事务,形成了中华各族人民团结奋斗、共同繁荣发展的良好局面。在中央政府大力支持下,民族自治地方经济迅速发展。尊重和保护各民族宗教信仰自由,积极引导宗教与社会主义社会相适应。

(7)推进国防和军队建设。改革开放以来,我们始终坚持党对军队的绝对领导,不断推进国防和军队现代化,人民军队维护国家主权、安全、发展利益的能力显著增强。人民解放军坚持以新时期军事战略方针为统揽,以推进中国特色军事变革为主线,以军事斗争准备为龙头,按照建设信息化军队、打赢信息化战争的战略目标,全面推进国防和军队现代化建设。

(8)祖国统一大业取得重大进展。改革开放以来,我们始终坚持推进祖国和平统一大业,实施"一国两制"基本方针,相继恢复对香港、澳门行使主权,洗雪了中华民族百年屈辱。我们坚持一个中国原则和"九二共识",加强两岸经济文化交流合作,推动两岸关系和平发展,坚决反对和遏制"台独"分裂势力,牢牢掌握两岸关系发展主导权和主动权。中央政府严格实行"一国两制""港人治港""澳人治澳"、高度自治的方针,保持了香港和澳门特别行政区的繁荣与稳定。

2005年3月14日,十届全国人大三次会议高票通过《反分裂国家法》,将中国人民维护国家领土主权完整的坚强决心通过立法形式表达出来。

(9)积极开展全方位外交。改革开放以来,我们始终坚持独立自主的和平外交政策,始终不渝走和平发展道路、奉行互利共赢的开放战略,坚定维护国际关系基本准则,维护国际公平正义。我们实现由封闭半封闭到全方位开放的历史转变,积极参与经济全球化进程,致力于建设一个持久和平、共同繁荣的和谐世界,全方位地开展对外工作,为推动人类共同发展作出了应有贡献。中国的国际影响日益扩大,国际地位显著提高,在国际社会发挥着重要的作用。

（10）全面推进党的建设新的伟大工程。改革开放以来,我们始终坚持加强和改善党的领导,积极应对在长期执政和改革开放条件下党面临的各种风险考验,持续推进党的建设新的伟大工程,保持党的先进性和纯洁性,保持党同人民群众的血肉联系。逐步形成了以全面推进党的建设新的伟大工程来推动中国特色社会主义伟大事业发展的格局。从1999年起,先后开展"三讲"教育、以实践"三个代表"重要思想为主要内容的保持共产党员先进性教育活动和深入学习实践科学发展观活动。

2. 改革开放新时期积累的宝贵经验

习近平总书记在庆祝改革开放四十周年大会上的讲话中强调,改革开放新时期的宝贵经验是党和人民弥足珍贵的精神财富,必须倍加珍惜、长期坚持,在实践中不断丰富和发展。

第一,必须坚持党对一切工作的领导,不断加强和改善党的领导。改革开放的实践启示我们:中国共产党领导是中国特色社会主义最本质的特征,是中国特色社会主义制度的最大优势。正是因为始终坚持党的集中统一领导,我们才能实现伟大历史转折、开启改革开放新时期和中华民族伟大复兴新征程,才能成功应对一系列重大风险挑战、克服无数艰难险阻,才能既不走封闭僵化的老路也不走改旗易帜的邪路,而是坚定不移走中国特色社会主义道路。坚持党的领导,必须不断改善党的领导,让党的领导更加适应实践、时代、人民的要求。在坚持党的领导这个决定党和国家前途命运的重大原则问题上,全党全国必须保持高度的思想自觉、政治自觉、行动自觉,丝毫不能动摇。

第二,必须坚持以人民为中心,不断实现人民对美好生活的向往。改革开放的实践启示我们:为中国人民谋幸福,为中华民族谋复兴,是中国共产党人的初心和使命,也是改革开放的初心和使命,必须以最广大人民根本利益为我们一切工作的根本出发点和落脚点,坚持把人民拥护不拥护、赞成不赞成、高兴不高兴作为制定政策的依据,顺应民心、尊重民意、关注民情、致力民生,既通过提出并贯彻正确的理论和路线方针政策带领人民前进,又从人民实践创造和发展要求中获得前进动力,让人民共享改革开放成果,激励人民更加自觉地投身改革开放和社会主义现代化建设事业。

第三,必须坚持马克思主义指导地位,不断推进实践基础上的理论创新。改革开放的实践启示我们:创新是改革开放的生命。实践发展永无止境,解放思想永无止境。

第四,必须坚持走中国特色社会主义道路,不断坚持和发展中国特色社会主义。改革开放的实践启示我们:方向决定前途,道路决定命运。我们要把命运掌握在自己手中,就要有志不改、道不变的坚定。改革开放以来,我们党全部理论和实践的主题是坚持和发展中国特色社会主义。中国特色社会主义道路是当代中国大踏步赶上时代、引领时代发展的康庄大道,必须毫不动摇走下去。

第五,必须坚持完善和发展中国特色社会主义制度,不断发挥和增强我国制度优势。改革开放的实践启示我们:制度是关系党和国家事业发展的根本性、全局性、稳定性、长期性问题。我们扭住完善和发展中国特色社会主义制度这个关键,为解放和发展社会生产力、解放和增强社会活力、永葆党和国家生机活力提供了有力保证,为保持社会大局稳定、保证人民安居乐业、保障国家安全提供了有力保证,为放手让一切劳动、知识、技术、管理、资本等要素的活力竞相迸发,让一切创造社会财富的源泉充分涌流不断建立了充满活力的体制机制。

第六,必须坚持以发展为第一要务,不断增强我国综合国力。改革开放的实践启示我们:解放和发展社会生产力,增强社会主义国家的综合国力,是社会主义的本质要求和根本任务。只有牢牢扭住经济建设这个中心,毫不动摇坚持发展是硬道理、发展应该是科学发展和高质量发展的战略思想，推动经济社会持续健康发展，才能全面增强我国经济实力、科技实力、国防实力、综合国力，才能为坚持和发展中国特色社会主义、实现中华民族伟大复兴奠定雄厚物质基础。

第七，必须坚持扩大开放，不断推动共建人类命运共同体。改革开放的实践启示我们：开放带来进步，封闭必然落后。中国的发展离不开世界，世界的繁荣也需要中国。我们统筹国内国际两个大局，坚持对外开放的基本国策，实行积极主动的开放政策，形成全方位、多层次、宽领域的全面开放新格局，为我国创造了良好国际环境、开拓了广阔发展空间。

第八，必须坚持全面从严治党，不断提高党的创造力、凝聚力、战斗力。改革开放 40 年的实践启示我们：打铁必须自身硬。办好中国的事情，关键在党，关键在坚持党要管党、全面从严治党。我们党只有在领导改革开放和社会主义现代化建设伟大社会革命的同时，坚定不移推进党的伟大自我革命，敢于清除一切侵蚀党的健康肌体的病毒，使党不断自我净化、自我完善、自我革新、自我提高，不断增强党的政治领导力、思想引领力、群众组织力、社会号召力，才能确保党始终保持同人民群众的血肉联系。

第九，必须坚持辩证唯物主义和历史唯物主义世界观和方法论，正确处理改革发展稳定关系。改革开放 40 年的实践启示我们：我国是一个大国，决不能在根本性问题上出现颠覆性错误。我们坚持加强党的领导和尊重人民首创精神相结合，坚持"摸着石头过河"和顶层设计相结合，坚持问题导向和目标导向相统一，坚持试点先行和全面推进相促进，既鼓励大胆试、大胆闯，又坚持实事求是、善作善成，确保了改革开放行稳致远。

改革开放的实践充分证明，党的十一届三中全会以来我们党团结带领全国各族人民开辟的中国特色社会主义道路、理论、制度、文化是完全正确的，形成的党的基本理论、基本路线、基本方略是完全正确的。改革开放的巨大成就充分证明,改革开放是党和人民大踏步赶上时代的重要法宝,是决定当代中国命运的关键一招。没有改革开放就没有中国特色社会主义。只有中国特色社会主义才能发展中国。中国特色社会主义为中华民族伟大复兴作出历史性的指引,为社会主义重振树立了历史性的界碑,使科学社会主义在21世纪焕发出新的蓬勃生机,为人类对更好社会制度的探索提供了中国智慧中国方案。

【课堂小结】

党的十一届三中全会重新确立马克思主义的思想路线、政治路线、组织路线。从此,我国改革开放拉开了大幕。党作出实行改革开放的历史性决策,是基于对党和国家前途命运的深刻把握,是基于对社会主义革命和建设实践的深刻总结,是基于对时代潮流的深刻洞察,是基于对人民群众期盼和需要的深刻体悟。改革开放是中国人民和中华民族发展史上一次伟大革命,正是这个伟大革命推动了中国特色社会主义事业的伟大飞跃!改革开放极大改变了中国的面貌、中华民族的面貌、中国人民的面貌、中国共产党的面貌。中华民族迎来了从站起来、富起来到强起来的伟大飞跃!中国特色社会主义迎来了从创立、发展到完善的伟大飞跃!中国人民迎来了从温饱不足到小康富裕的伟大飞跃!中华民族正以崭新姿态屹立于世界的东方!

【思考题】

1. 为什么说党的十一届三中全会是新中国成立以来的伟大历史转折?

2. 中国特色社会主义是怎样开创和接续发展的?

三、板书设计

专题十三　中国特色社会主义的开辟与接续发展

一、党的思想路线的重新确立与中国特色社会主义的开创

  1. 历史性的伟大转折

  2. 拨乱反正任务的胜利完成

二、改革开放深入推进与中国特色社会主义的接续发展

  1. 改革开放的起步与深入推进

  2. 改革开放新的历史性突破

  3. 中国特色社会主义事业的跨世纪发展

三、中国特色社会主义的巨大成就和历史经验

  1. 中国特色社会主义取得的巨大成就

  2. 改革开放新时期积累的宝贵经验

四、学生阅读书目推荐

1.【经典文献】

（1）习近平:《在庆祝改革开放四十周年大会上的讲话》,《人民日报》, 2018 年 12 月 19 日。

（2）习近平:《在庆祝海南建省办经济特区 30 周年大会上的讲话》,《人民日报》,2018 年 4 月 14 日。

2.【延伸阅读】

（1）陈锡添:《东方风来满眼春——邓小平同志在深圳纪实》,《深圳特区报》,1992 年 3 月 26 日。

五、习近平总书记相关论述

1.改革开放是我们党的一次伟大觉醒,正是这个伟大觉醒孕育了我们党从理论到实践的伟大创造。改革开放是中国人民和中华民族发展史上一次伟大革命,正是这个伟大革命推动了中国特色社会主义事业的伟大飞跃!

——习近平:《在庆祝改革开放四十周年大会上的讲话》(2018 年 12 月 18 日)

2.40 年的实践充分证明,改革开放是党和人民大踏步赶上时代的重要法宝,是坚持和发展中国特色社会主义的必由之路,是决定当代中国命运的关键一招,也是决定实现"两个一百年"奋斗目标、实现中华民族伟大复兴的关键一招。

——习近平:《在庆祝改革开放四十周年大会上的讲话》(2018 年 12 月 18 日)

3.改革开放 40 年的实践启示我们:方向决定前途,道路决定命运。我们要把命运掌握在自己手中,就要有志不改、道不变的坚定。改革开放 40 年来,我们党全部理论和实践的主题是坚持和发展中国特色社会主义。在中国这样一个有着 5000 多年文明史、13 亿多人口的大国推进改革发展,没有可以奉为金科玉律的教科书,也没有可以对中国人民颐指气使的教师爷。鲁迅先生说过:"什么是路? 就是从没路的地方践踏出来的,从只有荆棘的地方开辟出来的。"中国特色社会主义道路是当代中国大踏步赶上时代、引领时代发展的康庄大道,必须毫不动摇走下去。

——习近平:《在庆祝改革开放四十周年大会上的讲话》(2018 年 12 月 18 日)

专题十四 党的十八大以来党和国家事业发生的历史性变革

一、教学说明

经过长期努力,中国特色社会主义进入新时代。中国特色社会主义进入了新时代,这是世情国情党情变化的必然结果,是社会主要矛盾运动的必然结果,也是党的十八大以来党和国家事业发生历史性变革的结果,是中国共产党人带领全国各族人民长期不懈奋斗的结果。本专题对应教材第十章。共包括两个问题,即党和国家的历史性成就和历史性变革、中国特色社会主义进入新时代的丰富内涵和伟大意义。

1.教学目标

(1)知识目标

让学生了解党的十八大以来党和国家事业发生的历史性变革及其意义,认识发生这一系列深刻变革的根本原因;了解中国特色社会主义进入新时代的丰富内涵和伟大意义;了解习近平新时代中国特色社会主义思想的历史地位。

（2）能力与素质目标

引导学生深刻认识只有中国特色社会主义才能发展中国，坚定中国特色社会主义道路自信、理论自信、制度自信和文化自信。

2. 教学重点和难点

（1）教学重点

党的十八大以来党和国家事业发生的历史性变革；中国特色社会主义进入新时代的涵义与意义；中国特色社会主义进入新时代我国社会主要矛盾的新变化。

（2）教学难点

如何理解党的十八大以来党和国家事业发生的历史性变革的原因及其意义？

3. 教学方法

综合运用理论讲授法、案例教学法、讨论式教学法及智慧课堂教学手段。

4. 学时安排

2 学时。

5. 参考资料及教学资源

（1）《"中国近现代史纲要"专题教学指南》（2018 年版·试行）。

（2）中共中央宣传部：《习近平新时代中国特色社会主义思想三十讲》，学习出版社，2018 年。

（3）视频：政论专题片《将改革进行到底》（中共中央宣传部、中央全面深化改革领导小组办公室组织指导，中央电视台承担制作）

（4）政论专题片《不忘初心 继续前进》（中共中央宣传部、中共中央文献研究室、中共中央党史研究室、国家发展和改革委员会、国家新闻出版广电总局、中央军委政治工作部、中央电视台联合摄制）

二、教学内容设计

【课程导入】

2012 年 11 月召开的党的十八大,标志着中国已经进入全面建成小康社会的决定性阶段,开启了中国特色社会主义新时代。党的十八大以来,党和国家事业在极不平凡的发展中发生了历史性变革、取得了历史性成就,为中国特色社会主义进入新时代提供了重要的发展依据。

【课程讲授】

(一)党和国家的历史性成就和历史性变革

1. 党和国家的历史性成就的主要表现

党的十八大以来,面对世界经济复苏乏力、局部冲突和动荡频发、全球性问题加剧的外部环境,面对我国经济发展进入新常态等一系列深刻变化,我们坚持稳中求进工作总基调,迎难而上,开拓进取,取得了改革开放和社会主义现代化建设的历史性成就。主要表现在:

第一,经济建设取得重大成就。经济保持中高速增长,综合国力和国际影响力显著提升,经济总量稳居世界第二位,对世界经济增长贡献率超过 30%。结构不断优化,推动经济迈向更高发展水平。我国国内生产总值 2017 年达到 82.7 万亿元,占世界生产总值的比重上升到 15.2%。现在,我国是世界第二大经济体、制造业第一大国、货物贸易第一大国、商品消费第二大国、外资流入第二大国,我国外汇储备连续多年位居世界第一,中国人民在富起来、强起来的征程上迈出了决定性的步伐!

第二,全面深化改革取得重大突破。通过了 360 多个重大改革方案,出台了 1500 多项改革举措,夯基垒台、立柱架梁,全面深化改革的主体框架基本确立。

【视频】将改革进行到底(时长:2 分 57 秒)

【案例】雄安新区规划出炉背后的高层决策

2017 年的春天注定不平静。4 月 1 日,一则重磅消息为亿万国人带来春的讯息。新华通讯社受权发布:中共中央、国务院决定设立河北雄安新区。这是以习近平同志为核心的党中央作出的一项重大的历史性战略选择。"千年大计、国家大事"8 个字昭示着雄安新区设立的重大意义。

新区选址白洋淀周边的河北省雄县、容城、安新三县。此前,雄安新区规划一直高度保密,某种程度上也可以视为避免出现以往政策红利引发的房地产过度炒作现象。实际上,设立河北雄安新区作为深入推进京津冀协同发展的一项重大决策部署,以习近平同志为核心的党中央早就已经开始谋篇布局了。

党的十八大以来,党中央提出了京津冀协同发展、有序疏解北京非首都功能的战略构想。习近平总书记多次深入北京、天津、河北考察调研,多次主持召开会议研究和部署实施,作出一系列重要指示,倾注了大量心血。由 16 位顶尖级专家组成的京津冀协同发展专家咨询委员会,对多个选址进行实地考察调研。京津冀协同发展,除了设立北京城市副中心以外,在河北再设立一个新区,这件事习近平总书记早就在心里谋划了。2013 年 8 月,在北戴河主持研究河北发展问题时,习近平总书记强调要推动京津冀协同发展。2014 年 2 月,他考察北京市并主持召开座谈会,明确提出京津冀协同发展的重大战略。在 2014 年年底召开的中央经济工作会议上,习近平总书记强调,京津冀协同发展的核心问题是疏解北京非首都功能,降低北京人口密度,促进经济社会发展与人口资源环境相适应。

方向愈加清晰,思路更加明确,在京外设立一座新城的战略构想逐渐成熟。

实现京津冀协同发展,是今天中国作为世界第二大经济体、经济发展步入新常态的大时代背景下爬坡过坎的必然选择,也是在中国北方打造新增长极的迫切需要。

2015 年 2 月 10 日,中央财经领导小组第 9 次会议审议研究京津冀协同发展规划纲要。习近平总书记在讲话中提出"多点一城、老城重组"的思路。"一城"就是要研究思考在北京之外建设新城问题。

为了深入推进京津冀协同发展,中央专门成立了京津冀协同发展领导小组,张高丽同志任组长。2015 年 4 月 2 日和 4 月 30 日,习近平总书记先后主持召开中共中央政治局常委会会议和中央政治局会议研究《京津冀协同发展规划纲要》。"深入研究、科学论证,规划建设具有相当规模、与疏解地发展环境相当的集中承载地"成为京津冀协同发展的重要内容。

新区选在哪儿? 这事关发展全局,要经得起历史检验。根据习近平总书记的重要指示,京津冀协同发展领导小组先后十几次组织领导小组办公室、国务院有关部门、河北省委和省政府、京津冀协同发展专家咨询委员会等有关方面召开会议,就雄安新区设立的重大问题进行专题研究,综合考虑区位、交通、土地、水资源和能源保障、环境承载、人口及经济社会发展状况等因素,经过多轮对比、反复论证新区选址。备选的地方实际上是四个。一场场科学论证、一步步深入推进。"雄县 - 容城 - 安新"这一方案在几个方案比选中逐步得到确认,最终脱颖而出。

2016 年 3 月 24 日,习近平主持召开中共中央政治局常委会会议,听取北京市行政副中心和疏解北京非首都功能集中承载地有关情况的汇报并作了重要讲话。习近平强调:北京正面临一次历史性抉择,从摊大饼转向在北京中心城区之外,规划建设北京城市副中心和集中承载地,将形成北京新的"两翼",也是京津冀区域新的增长极。

2016 年 5 月 27 日,中共中央政治局会议审议了《关于规划建设北京城市副中心和研究设立河北雄安新区的有关情况的汇报》。"雄安新区"首次出现在汇报稿的标题之中,设立新区的战略构想逐渐变为现实。"雄安"——未来之城的名字,取自"雄县、安新县"各一字,朗朗上口、声名远扬,既尊重历史,又寓意吉祥,契合国家实现"两个一百年"奋斗目标、实现中华民族伟大复兴的中国梦的内在要求。

雄安新区地处北京、天津、保定腹地,距离北京 105 千米、距离保定只有 30 千米,距离石家庄 155 千米,距离天津 105 千米,区位优势明显。雄安新区东至大广高速、京九铁路,南至保沧高速,西至京港澳高速、京广客专,北至荣乌高速、津保铁路等交通干线,基本形成与北京、天津、石家庄、保定的半小时通勤圈,同时具备空港优势,距离北京新机场约 55 千米,交通便捷通畅,完全可以满足高端高新产业的发展需要。雄安新区生态环境优良、资源环境承载能力较强,拥有华北平原最大的淡水湖白洋淀,多条河流在区域内交汇,宛若"华北江南"。雄安新区范围内人口密度低,建筑少,拆迁量不大。核心区所辖人口尚不到 10 万人,仅相当于北京的一个社区。可开发建设的土地较充裕且可塑性强,具备一定的城市基础条件。现有开发程度较低,发展空间充裕,正是集中承接北京非首都功能疏解的首选之地。河北雄安新区建成以后,将和北京城市副中心一起,形成北京新的两翼,既可以疏解北京非首都功能,又可以拓展区域发展空间。

对河北雄安新区的规划建设,总书记倾注了很多心血,可以说从规划到实施,从顶层设计到具体落地,都有明确的思路和要求。

2017 年 2 月 23 日上午,中共中央总书记、国家主席、中央军委主席习近平从中南海出发,驱车 100 多千米,专程到河北省安新县实地察看规划新区核心区概貌。在大王镇的田野上,在展开的一张规划图前,总书记仔细察看区位、规划状况,详细了解人口搬迁安置、区域内的地质水文条件等情况。

"这地方老百姓生活得怎么样?人口密度有多大?拆迁人口有多少?"习近平总书记向河北省委书记赵克志询问。他叮嘱:设立雄安新区,一定要让老百姓得到更多的实惠，要有实实在在的获得感。在河北省安新县实地考察后，总书记主持召开河北雄安新区规划建设工作座谈会。他特别强调，规划建设北京城市副中心和河北雄安新区是推进京津冀协同发展的两项战略举措，是历史性的战略选择，是千年大计、国家大事。雄安新区将是我们留给子孙后代的历史遗产，必须坚持"世界眼光、国际标准、中国特色、高点定位"理念，努力打造贯彻新发展理念的创新发展示范区。"要坚持用最先进的理念和国际一流水准规划设计建设，经得起历史检验。"

雄安新区不是简单地平地建一个新城市，而是要走出一条用新发展理念建设现代化城市的新路径。

根据总书记的要求，要把它瞄准未来的标准，未来的城市去打造。

河北雄安新区不同于一般意义上的新区，其定位首先是疏解北京非首都功能集中承载地。总书记指出：基本公共服务均等化是有序疏解北京非首都功能的重要前提。人往高处走，水往低处流。公共服务水平高的地方更具吸引力。总之基本公共服务跟老百姓的利益息息相关。抓实抓好，给老百姓更多的实惠，让他们有更多的获得感。

新区的建设，将紧紧围绕"人"这个核心谋篇布局，充分提高基本公共服务水平，发展社会事业，配套优质教育医疗等资源，提高对疏解北京非首都功能高端人才的吸引力。

雄安新区绝非传统工业和房地产主导的集聚区，创新驱动将是雄安新区发展基点，要进行制度、科技、创业环境的改革创新。这个地方要用新的体制，新的理念，新的方法来从事规划建设，不是说给河北再建一个新城，也不是河北人口的归大堆，更不是房地产商在这个地方淘金的地方。

白洋淀位于河北省中部，是河北第一大内陆湖，是著名的旅游胜地。在实地考察时，总书记来到白洋淀，考察那里的生态环境保护情况。总书记特别担心雄安新区的建设会破坏白洋淀的生态环境，所以对白洋淀的保护提出了明确的要求。强调一定要坚持生态优先,要落实绿色发展的理念,把生态环境建设好。他明确指出:建设雄安新区是一项历史性工程,一定要保持历史耐心,有"功成不必在我"的精神境界。如果说前期工作是以谋划筹备为主,接下来规划批准后就将转入建设实施阶段,要尊重城市开发建设规律,合理把握开发节奏,稳扎稳打,一茬接着一茬干。

水城共融犹如江南水乡,大量管廊地下藏,地底通道汽车穿梭忙,行人休闲走在马路上,街道两边传统特色建筑分外亮堂,河水穿城流淌,森林公园空气清新舒畅,被绿树隔离带包围的白洋淀碧波荡漾……京津冀协同发展专家咨询委员会组长徐匡迪院士这样描述未来雄安新区美丽如画的模样,崭新的生产、生活、生态三大发展空间让人无限向往。

——霍小光、张旭东、王敏、曹国厂、李亚红:《千年大计、国家大事》,《人民日报》,2017 年 4 月 14 日。

【案例分析】党的十八大以来,以习近平同志为核心的党中央提出京津冀协同发展战略,从顶层设计的战略角度考虑具体实施方案。如果说当年设立深圳经济特区和上海浦东新区是为了加快对外开放步伐、充当中外经济交流与合作的窗口和桥梁,那么,雄安新区的设立,则是新形势下探索全方位发展的示范区,是对新发展理念新的重大实践。"千年大计、国家大事""历史性战略选择"等表述,意味着雄安新区的建设既谋当下,也谋长远。按照党中央的期许,雄安新区要成为继改革开放之初以深圳特区为代表的珠三角开放和 20 世纪 90 年代初以浦东新区为代表的长三角发展之后,在新的历史时点上成为具有重要经济增长极示范意义。雄安新区设立将是新时期中国转型升级的一块试验田,将作为创新驱动发展的示范区。设立雄安新区是以习近平同志为核心的党中央作出的一项重大的历史性战略选择,也是关乎中国现代化历史进程的具有里程碑意义的大事件。雄安新区将坚持体制机制改革,打造一座创新发展之城。雄安新区的意义绝不仅仅是服务京津冀,更长远意义是在新时期起到改革开放创新引领的示范作用。体制机制改革将是新区发展的制度保障。在全面深化改革的大棋局中,雄安将争当"改革先锋",先行先试,探索新路,成为创新驱动发展、改革开放的高地。改革开放进入深水区,原有改革开放试验田的边际效应不可避免地出现相对递减,要推动改革开放继续向前走,就必须克服已有的路径依赖。雄安新区,可以说在一开始就被赋予了探寻走出"深水区"的新的改革开放路径的使命。以往新区的改革大都是"开放导向",雄安新区将首创改革驱动模式,有望引领经济体制的全面改革。

第三,民主法治建设迈出重大步伐。中国特色社会主义法治理论实现新飞跃,中国特色社会主义法治体系日益完善,加快建设法治政府进入新阶段,司法质量、效率和公信力大幅度提升,全社会法治观念明显增强。

【视频】人民民主新境界(时长:3分20秒)

第四,思想文化建设取得重大进展。现代公共文化服务体系建设步入发展快车道,文化产业蓬勃发展,全国文化及相关产业增加值从2012年的18071亿元增加到2016年的30254亿元。文化走出去步伐加快。

第五,人民生活不断改善。惠民政策力度不断加大,养老金和农村低保标准增幅远超GDP增速。保障性安居工程建设扎实推进,教育事业全面发展,人民健康和医疗卫生水平大幅提高。综合交通基础设施网络日趋完善,新业态不断涌现,就业状况持续改善。我国建成了包括养老、医疗、低保、住房在内的世界最大的社会保障体系,基本养老保险覆盖超过9亿人,医疗保险覆盖超过13亿人。2017年我国居民预期寿命为76.7岁。我国社会大局保持长期稳定,成为世界上最有安全感的国家之一。

第六,生态文明建设成效显著。修复水生陆生生态,防治水土流失,把绿色发展理念融入生产生活。2016年,我国单位GDP能耗、用水量分别比2012年下降17.9%和25.4%,主要污染物减排效果显著。引导应对气候变化国际合作,成为全球生态文明建设的重要参与者、贡献者、引领者。

【视频】守住绿水青山(时长:4分10秒)

第七,强军兴军开创新局面。着眼于实现中国梦强军梦,制定新形势下军事战略方针,全力推进国防和军队现代化。召开古田全军政治工作会议,恢复和发扬我党我军光荣传统和优良作风。国防和军队改革取得历史性突破,固本开新,重塑钢铁长城。加强练兵备战,锻造胜战之师。

【视频】强军路上(时长:3分57秒)

第八,港澳台工作取得新进展。牢牢掌握宪法和基本法赋予的中央对香港、澳门全面管治权,深化内地和港澳地区交流合作,保持香港、澳门繁荣稳定。坚持一个中国原则和"九二共识",推动两岸关系和平发展,坚决反对和遏制"台独"分裂势力,有力维护台海和平稳定。

第九,全方位外交布局深入展开。全面推进中国特色大国外交,形成全方位、多层次、立体化的外交布局,为我国发展营造了良好外部条件。实施共建"一带一路"倡议,倡导构建人类命运共同体,促进全球治理体系变革,为世界和平与发展作出新的重大贡献。

第十,全面从严治党成效卓著。增强政治意识、大局意识、核心意识、看齐意识,坚决维护党中央权威和集中统一领导。开展党的群众路线教育实践活动和"三严三实"专题教育,推进"两学一做"学习教育常态化制度化。贯彻新时期好干部标准,选人用人状况和风气明显好转。党的建设制度改革深入推进,党内法规制度体系不断完善。出台中央八项规定,严厉整治形式主义、官僚主义、享乐主义和奢靡之风,巡视利剑作用彰显。坚持反腐败无禁区、全覆盖、零容忍,坚定不移"打虎""拍蝇""猎狐",反腐败斗争压倒性态势已经形成并巩固发展。

【视频】党的自我革新(时长:3分21秒)

2. 党和国家的历史性变革

上述重大的历史性的成就带来深层次根本性变革。其主要表现在以下几个方面：

一是全面加强党的领导发生了深刻变革。针对过去一个时期党的领导弱化问题比较普遍的状况，党中央果断提出坚持和改善党的领导的重大政治要求，强调党的领导是做好党和国家各项工作的根本保证，确保了党始终能够总揽全局、协调各方。党的领导得到全面加强，党的领导被忽视、淡化、削弱的状况得到明显改变。

二是发展理念和发展方式发生了深刻变革。在发展理念方面，党的十八大以来，面对世界经济持续低迷和我国经济发展进入新常态的基本国情，党中央要求全党要充分认识"坚持创新发展、协调发展、绿色发展、开放发展、共享发展是关系我国发展全局的一场深刻变革"的重大意义和深远影响，推进了我国发展观念和发展方式的深刻变化。坚定不移贯彻新发展理念，发展观念不正确、发展方式粗放的状况得到明显改变。

三是各方面体制机制发生了深刻变革。针对我国各方面体制机制存在的突出矛盾和问题，党中央以前所未有的决心和力度推进全面深化改革，改革的系统性、整体性、协同性不断增强，人民群众获得感、幸福感、安全感不断提升，主要领域改革的主体框架在中国已经基本确立。坚定不移全面深化改革，各方面体制机制弊端阻碍发展活力和社会活力的状况得到明显改变。

四是全面依法治国发生了深刻变革。针对我国法治建设相对滞后，有法不依、执法不严、违法不究、司法不公等问题严重影响社会公平正义与和谐稳定的状况，2013 年 10 月，中国共产党召开了十八届四中全会，通过了《中共中央关于全面推进依法治国若干重大问题的决定》，法治中国建设的步伐大大加快。坚定不移全面推进依法治国，有法不依、执法不严、司法不公问题严重的状况得到明显改变。

五是党对意识形态工作的领导发生了深刻变革。针对境内外敌对势力加紧对我国进行意识形态渗透和各种错误思潮、观点给我国改革发展稳定带来的严重干扰,2013 年 8 月,党中央召开了全国宣传思想政治工作会议,对加强党对意识形态工作的领导作出重大工作部署。加强党对意识形态工作的领导,社会思想舆论环境的混乱状况得到明显改变,有效扭转了意识形态领域一度出现的被动局面,全党全社会思想上的团结统一更加巩固。

六是生态文明建设发生了深刻变革。针对导致发展不可持续和人民群众反映强烈的生态环境恶化问题,2015 年 5 月,中共中央、国务院印发了《关于加快推进生态文明建设的意见》,这是继党的十八大和十八届三中、四中全会对生态文明建设作出顶层设计后,中央对生态文明建设的一次全面部署,生态文明建设被放到更加突出的位置,美丽中国建设迈出了重要步伐。坚定不移推进生态文明建设,忽视生态环境保护、生态环境恶化的状况得到明显改变。

七是国防和军队现代化发生了深刻变革。党的十八大以来,党中央高度重视国防和军队改革问题。2013 年 11 月党的十八届三中全会通过的《中共中央关于全面深化改革若干重大问题的决定》对国防和军队改革做出重要部署,军队改革不断向纵深发展,改革成就斐然。坚定不移推进国防和军队现代化,人民军队中一度存在的不良政治状况得到明显改变。

八是中国特色大国外交发生了深刻变革。党的十八大以来,针对国际形势复杂多变的严峻挑战,党中央果断对外交总体布局作出战略谋划,为我国发展在国际上赢得了战略主动,为世界和平与发展作出了新的重大贡献。坚定不移推进中国特色大国外交,我国在国际力量对比中面临的不利状况得到明显改变。

九是全面从严治党发生了深刻变革。针对新形势下党执政面临许多新的重大风险考验和党内存在的腐败等突出问题,党中央对全面从严治党作出战略部署并以顽强的意志、空前的力度加以推进,着力解决好人民群众反映最强烈、对党的执政基础威胁最大的突出问题。坚定不移推进全面从严治党,管党治党宽松软状况得到明显改变。

党的十八大以来五年的成就是全方位的、开创性的,变革是深层次的、根本性的。这些历史性成就极大增强了我国的综合国力、国际影响力和人民获得感、幸福感、安全感,为党和国家事业全面发展奠定了更加坚实的基础,为中国特色社会主义进入新时代作出了开创性贡献。这些历史性变革的力度之大、程度之深、范围之广、成效之卓著,在党的历史上、在新中国历史上、在中华民族发展史上都具有极其重要的意义,必将对中国特色社会主义事业的发展产生全局性和根本性的影响。历史性变革和历史性成就是有机统一的,历史性变革推进历史性成就,历史性成就反映历史性变革。

3. 取得历史性变革和历史性成就的根本原因

【课堂讨论】取得历史性变革和历史性成就的根本原因何在?

党的十八大以来,之所以能取得历史性变革和历史性成就,是有着十分重要的原因的。

一是始终坚持和加强中国共产党的全面领导。中国特色社会主义最本质的特征是中国共产党领导,中国特色社会主义制度的最大优势是中国共产党领导,党是最高政治领导力量。党的理论和路线方针政策,是全党全国各族人民统一思想、统一意志、统一行动的依据和基础。只有党中央有权威,才能把全党牢固凝聚起来,进而把全国各族人民紧密团结起来,形成万众一心、无坚不摧的磅礴力量。坚持和加强党的全面领导,是党和国家的根本所在、命脉所在,是全国各族人民利益所在、幸福所在。

二是始终把握改革的正确方向。方向决定道路,道路决定命运。改革开放是一场深刻革命,必须坚持正确方向,沿着正确道路推进。只有始终坚持和加强党的全面领导,坚持马克思主义指导不动摇,坚持走中国特色社会主义道路不动摇,坚持社会主义基本制度不动摇,才能确保改革开放始终沿着正确道路前进。必须始终坚持用党的理论创新成果武装全党、指导实践。

三是始终系统谋划改革的科学路径和有效方法。处理好解放思想和实事求是的关系、整体推进和重点突破的关系、全局和局部的关系、顶层设计和摸着石头过河的关系、胆子要大和步子要稳的关系、改革发展稳定的关系,才能开创改革开放的新局面。

四是始终狠抓改革落实。党的十八大以来,全党正是在习近平总书记"空谈误国,实干兴邦""踏石留印、抓铁有痕"的要求下,更加坚定信心,更加责任担当,更加狠抓落实,更加干在实处,不断推进改革的思想自觉和行动自觉,始终围绕人民关心的问题去着力,解放和发展了社会生产力,促进了社会公平正义,使改革发展成果更多更公平惠及全体人民,符合人民群众的意愿,得到人民群众的拥护。

(二)中国特色社会主义进入新时代的丰富内涵和伟大意义

1.党的十九大作出"中国特色社会主义进入新时代"的重大判断

2017 年 10 月,党的十九大在北京举行。大会的主题是:不忘初心,牢记使命,高举中国特色社会主义伟大旗帜,决胜全面建成小康社会,夺取新时代中国特色社会主义伟大胜利,为实现中华民族伟大复兴的中国梦不懈奋斗。大会确立习近平新时代中国特色社会主义思想的历史地位。大会通过的党章修正案把习近平新时代中国特色社会主义思想确立为党的行动指南,实现了党的指导思想的又一次与时俱进。大会提出了新时代坚持和发展中国特色社会主义的基本方略("十四个坚持")。大会作出中国特色社会主义进入新时代、我国社会主要矛盾发生新变化的重大政治论断。确定决胜全面建成小康社会、开启全面建设社会主义现代化国家新征程的目标。对新时代推进中国特色社会主义伟大事业和党的建设伟大工程作出全面部署。大会通过的十八届中央委员会的报告,描绘了决胜全面建成小康社会、夺取新时代中国特色社会主义伟大胜利的宏伟蓝图,进一步指明了党和国家事业的前进方向,是中国共产党团结带领全国各族人民在新时代坚持和发展中国特色社会主义的政治宣言和行动纲领,是马克思主义的纲领性文献。

党的十九大在全面建成小康社会决胜阶段、中国特色社会主义进入新时代的关键时期召开的一次十分重要的大会。这次大会最重大的意义就在于正式把习近平新时代中国特色社会主义思想确立为党必须长期坚持的指导思想,深刻回答了新时代坚持和发展中国特色社会主义、怎样坚持和发展中国特色社会主义一系列重大理论和实践问题,高举了旗帜、指明了方向、明确了方略、描绘了蓝图。为夺取新时代中国特色社会主义伟大胜利奠定了坚实政治基础,为完成两个百年的奋斗目标提供了强大思想武器,为实现中华民族伟大复兴提供了行动指南。最重要的世界意义是拓展了发展中国家走向现代化的途径,为科学社会主义在 21 世纪的振兴提供了强大动力。

党的十九大报告深刻指出:"经过长期努力,中国特色社会主义进入了新时代,这是我国发展新的历史方位。"

中国特色社会主义进入了新时代这一重大政治论断,是我们党在科学把握时代趋势和国际局势重大变化,科学把握世情国情党情深刻变化的基础上作出的,有着充分的时代依据、理论依据和实践依据。

(1)这一重大政治论断,是根据中国特色社会主义进入新的发展阶段作出的。党的十八大以来,以习近平同志为核心的党中央科学把握国内外发展大势,顺应实践要求和人民愿望,推动党和国家事业发生历史性变革,领导人民取得改革开放和社会主义现代化建设的历史性成就。在新中国成立以来特别是改革开放以来我国发展取得的重大成就基础上,我国发展站到新的历史起点上,中国特色社会主义进入新的发展阶段。

（2）这一重大政治论断，是根据我国社会主要矛盾发生新变化作出的。社会主要矛盾状况及其变化是社会发展阶段性划分的重要依据。党的十九大提出，我国社会主要矛盾已经由人民日益增长的物质文化需要同落后的社会生产之间的矛盾，转化为人民日益增长的美好生活需要和不平衡不充分的发展之间的矛盾。这个论断，反映了我国发展的实际状况，揭示了制约我国发展的症结所在，指明了解决当代中国发展主要问题的根本着力点。我国社会主要矛盾发生变化，对我国发展全局产生广泛而深刻的影响。需要从新的历史方位、新的时代坐标，科学认识和全面把握我国社会主要矛盾的变化。

（3）这一重大政治论断，是根据历史交汇期新的奋斗目标作出的。从党的十九大到党的二十大，是"两个一百年"奋斗目标的历史交汇期，我们既要全面建成小康社会、实现第一个百年奋斗目标，又要乘势而上开启全面建设社会主义现代化国家新征程，向第二个百年奋斗目标进军。需要从新的历史方位、新的时代坐标，科学认识和全面把握这一鼓舞人心、切实可行的奋斗目标、宏伟蓝图。

（4）这一重大政治论断，是根据我国国际环境发生新变化作出的。世界正处于大发展大变革大调整时期，我国发展仍处于重要战略机遇期和历史机遇期。中国日益走近世界舞台中央，世界对中国的关注，从未像今天这样广泛、深切、聚焦；中国对世界的影响，也从未像今天这样全面、深刻、长远。同时也要看到，前景十分光明，挑战也十分严峻，我国正处在从大国走向强国的关键时期，外部环境更加复杂。需要从新的历史方位、新的时代坐标，科学认识和全面把握国际局势和周边环境的新变化。

中国特色社会主义进入了新时代，这是世情国情党情变化的必然结果，是社会主要矛盾运动的必然结果，也是党的十八大以来党和国家事业发生历史性变革的结果，是中国共产党人带领全国各族人民长期不懈奋斗的结果。

2. 中国特色社会主义进入新时代的内涵

(1)这个新时代,是承前启后、继往开来、在新的历史条件下继续夺取中国特色社会主义伟大胜利的时代。中国特色社会主义是党和人民90多年来奋斗、创造、积累的根本成就。中国特色社会主义是不断发展、不断前进的,需要一代又一代中国共产党人带领人民接续奋斗。在中国特色社会主义新时代,我们党治国理政第一位的任务,就是紧紧围绕坚持和发展中国特色社会主义这个主题,团结带领人民奋力实现"两个一百年"奋斗目标,谱写中国特色社会主义新的伟大篇章,让社会主义在中国展现出更加强大的生命力。

(2)这个新时代,是决胜全面建成小康社会、进而全面建设社会主义现代化强国的时代。到2020年如期全面建成小康社会,是党向人民、向历史作出的庄严承诺,实现这个目标后还必须举全党全国之力不懈奋斗。全面建成社会主义现代化强国,是第二个百年奋斗目标。从世界发展史看,已经实现现代化的国家和地区,其现代化大多经历了产业革命以来近300年时间才逐步完成,而我国要用100年时间走完发达国家几百年走过的现代化路程,这种转变不但速度、规模超乎寻常,变化的广度、深度和难度也超乎寻常。因此,坚忍不拔、锲而不舍地为全面建成小康社会、全面建成社会主义现代化强国而奋斗,是中国特色社会主义新时代的必然要求和历史任务。

(3)这个新时代,是全国各族人民团结奋斗、不断创造美好生活、逐步实现全体人民共同富裕的时代。人民对美好生活的向往,始终是我们党的奋斗目标。在中国特色社会主义新时代,党把不断创造美好生活、逐步实现全体人民共同富裕作为发展的目标和归宿,体现了以人民为中心的发展思想,体现了我们党全心全意为人民服务的根本宗旨,体现了中国特色社会主义的本质要求。党的重大任务,就是更加关注人民对美好生活新的多样化需求,更加关注社会公平正义,更加注重多谋民生之利、多解民生之忧,着力使全体人民在共建共享发展中有更多获得感、幸福感、安全感,着力使全体人民享有更加幸福安康的生活,着力在实现全体人民共同富裕上不断取得实实在在的新进展。

(4)这个新时代,是全体中华儿女勠力同心、奋力实现中华民族伟大复兴中国梦的时代。实现中华民族伟大复兴,是近代以来中国人民最伟大的梦想,凝聚了几代中国人的夙愿。新中国的成立,为民族复兴奠定了坚实基础。改革开放新的伟大革命,为民族复兴注入了强大生机活力。在中国特色社会主义新时代,中国比历史上任何时期都更接近、更有信心和能力实现中华民族伟大复兴的目标。凝聚起全体中华儿女同心共筑中国梦的磅礴力量,接续奋斗、砥砺前行,就一定能够到达民族复兴的光辉彼岸。

(5)这个新时代,是我国日益走近世界舞台中央、不断为人类作出更大贡献的时代。在中国特色社会主义新时代,面对国际格局和国际关系的深度调整,面对局部冲突和动荡频发、人类需要应对许多共同挑战的外部环境,我们必须统筹国内国际两个大局,始终高举和平、发展、合作、共赢的旗帜,恪守维护世界和平、促进共同发展的外交政策宗旨,牢牢把握构建人类命运共同体的目标追求,始终不渝走和平发展道路,奉行互利共赢的开放战略,坚持正确义利观,树立共同、综合、合作、可持续的新安全观,谋求开放创新、包容互惠的发展前景,促进和而不同、兼收并蓄的文明交流,始终做世界和平的建设者、全球发展的贡献者、国际秩序的维护者。在中国特色社会主义新时代,中国一定能为世界的和平与发展、人类的繁荣与进步作出新的更大贡献。

3.中国特色社会主义进入新时代的重大意义

中国特色社会主义进入新时代,在中华人民共和国发展史上、中华民族发展史上具有重大意义,在世界社会主义发展史上、人类社会发展史上也具有重大意义。

第一,从中华民族复兴的历史进程看,中国特色社会主义进入新时代,意味着近代以来久经磨难的中华民族迎来了从站起来、富起来到强起来的伟大飞跃,迎来了实现中华民族伟大复兴的光明前景。实现中华民族伟大复兴是近代以来中华民族团结奋斗的最大公约数,是中国共产党与生俱来的历史使命。中国共产党在民族蒙受苦难、探求光明的逆境中应运而生,带领人民历经28年浴血奋战,建立新中国,使"占人类总数四分之一的中国人从此站立起来了"。新中国成立以来特别是改革开放40年来,我们党团结带领人民成功走出一条中国特色社会主义道路,稳定解决了十几亿人的温饱问题,总体上实现小康,不久将全面建成小康社会,中国人民逐步富裕起来。历经苦难与辉煌、曲折与胜利、付出与收获,中国特色社会主义进入了新时代,中华民族正在实现从富起来到强起来的伟大飞跃。到21世纪中叶,我国将全面建成富强民主文明和谐美丽的社会主义现代化强国,物质文明、政治文明、精神文明、社会文明、生态文明将全面跃升,成为综合国力和国际影响力领先的国家,中华民族将以更加昂扬的姿态屹立于世界民族之林。

第二,从科学社会主义发展进程看,中国特色社会主义进入新时代,意味着科学社会主义在21世纪的中国焕发出强大生机活力,在世界上高高举起了中国特色社会主义伟大旗帜。20世纪80年代末90年代初,苏联解体、苏共垮台、东欧剧变,世界社会主义遭受严重曲折。"社会主义失败论""历史终结论"一度甚嚣尘上,"中国崩溃论"在西方也不绝于耳。然而,中国顶住了巨大压力和挑战,坚守和捍卫了社会主义。中国特色社会主义取得了巨大成功,创造出令人惊叹的"中国奇迹",谱写了社会主义发展的辉煌篇章,为历经磨难的社会主义注入强大生命力,在世界上重振了人们对社会主义的信心。进入新时代,中国特色社会主义这面旗帜在当今世界更加鲜艳夺目、更加令人神往,成为引领21世纪科学社会主义发展的伟大旗帜,成为振兴世界社会主义的中流砥柱。

第三,从人类文明进程看,中国特色社会主义进入新时代,意味着中国特色社会主义道路、理论、制度、文化不断发展,拓展了发展中国家走向现代化的途径,给世界上那些既希望加快发展又希望保持自身独立性的国家和民族提供了全新选择,为解决人类问题贡献了中国智慧和中国方案。在中国共产党领导下,改革开放40年来中国创造了世界历史上的发展奇迹,成功走出了一条独具特色的社会主义现代化道路,打破了发展中国家对西方国家现代化的"路径依赖",为它们树立了发展榜样,提供了全新选择。我国的实践向世界说明了一个道理,世界上没有一种普遍适用的发展模式,推动一个国家实现现代化并不是只有西方制度模式这一条道,各国完全可以走出自己的路。

总之,中国特色社会主义进入到新时代,充分表明了中华民族的伟大复兴已经踏入走向强国的新征程,充分表明曾经一度陷入低潮的科学社会主义实践终于走出了低谷,表明中国共产党人必将以战略上的更加成熟和自信肩负起新的历史使命。

【课堂小结】

一个国家、一个民族要振兴,就必须在历史前进的逻辑中前进、在时代发展的潮流中发展。中国特色社会主义进入了新时代,这是我国发展新的历史方位。这一重大政治论断,赋予党的历史使命、理论遵循、目标任务新的时代内涵,为深刻把握当代中国发展变革的新特征,增强贯彻落实习近平新时代中国特色社会主义思想的自觉性坚定性,提供了时代坐标和科学依据,具有重大现实意义和深远历史意义。

【思考题】

1. 如何理解中国特色社会主义进入新时代的涵义和我国社会主要矛盾的新变化?

2. 党的十八大以来党和国家事业发生了怎样的历史性变革? 其意义是

什么?

3.如何认识习近平新时代中国特色社会主义思想的历史地位?

三、板书设计

专题十四 十八大以来党和国家事业发生的历史性变革

一、党和国家的历史性成就和历史性变革

  1.党和国家的历史性成就的主要表现

  2.党和国家的历史性变革

  3.取得历史性成就和历史性变革的根本原因

二、中国特色社会主义进入新时代的丰富内涵和伟大意义

  1.中共十九大作出"中国特色社会主义进入新时代"的重大判断

  2.中国特色社会主义进入新时代的内涵

  3.中国特色社会主义进入新时代的重大意义

四、学生阅读书目推荐

1.【经典文献】

(1)《中共中央关于全面深化改革若干重大问题的决定》(2013 年 11 月 12 日中国共产党第十八届中央委员会第三次全体会议通过)。

(2)习近平:《决胜全面建成小康社会 夺取新时代中国特色社会主义伟大胜利——在中国共产党第十九次全国代表大会上的报告》,2017 年 10 月 18 日。

2.【延伸阅读】

(1)中共中央宣传部:《习近平新时代中国特色社会主义思想三十讲》

（第五讲《中国特色社会主义新时代标示我国发展新的历史方位》），学习出版社，2018 年。

五、习近平总书记相关论述

1. 五年来的成就是全方位的、开创性的，五年来的变革是深层次的、根本性的。五年来，我们党以巨大的政治勇气和强烈的责任担当，提出一系列新理念新思想新战略，出台一系列重大方针政策，推出一系列重大举措，推进一系列重大工作，解决了许多长期想解决而没有解决的难题，办成了许多过去想办而没有办成的大事，推动党和国家事业发生历史性变革。这些历史性变革，对党和国家事业发展具有重大而深远的影响。

——习近平：《决胜全面建成小康社会　夺取新时代中国特色社会主义伟大胜利——在中国共产党第十九次全国代表大会上的报告》（2017 年 10 月 18 日）

2. 新时代中国特色社会主义思想，是对马克思列宁主义、毛泽东思想、邓小平理论、"三个代表"重要思想、科学发展观的继承和发展，是马克思主义中国化最新成果，是党和人民实践经验和集体智慧的结晶，是中国特色社会主义理论体系的重要组成部分，是全党全国人民为实现中华民族伟大复兴而奋斗的行动指南，必须长期坚持并不断发展。

——习近平：《决胜全面建成小康社会　夺取新时代中国特色社会主义伟大胜利——在中国共产党第十九次全国代表大会上的报告》（2017 年 10 月 18 日）

专题十五／正确认识中华民族迎来从站起来、富起来到强起来的伟大飞跃

一、教学说明

本专题是对中国近现代史的基本总结。本专题共包括四个问题,概述了中国共产党义无反顾肩负起实现中华民族伟大复兴历史使命,引领中国实现从"东亚病夫"到站起来、富起来再到强起来的伟大飞跃的历史进程及其基本经验和启示。

1. 教学目标

(1)知识目标

通过对中国近现代历史的回顾总结,深入了解为什么中国特色社会主义进入新时代意味着近代以来久经磨难的中华民族迎来了从站起来、富起来到强起来的伟大飞跃。

(2)能力与素质目标

通过对中国近现代历史的回顾总结,深入理解中国人民选择了马克思主义,选择了中国共产党,选择了社会主义道路,选择了改革开放的正确性,从而树立在中国共产党领导下走中国特色社会主义道路的坚定信念。

2. 教学重点和难点

（1）教学重点

中华民族站起来、富起来到强起来的历史进程及其现实启示。

（2）教学难点

如何理解中国人民选择马克思主义、选择社会主义、选择中国共产党、选择改革开放这"四个选择"与中华民族迎来了站起来、富起来到强起来之间的关系问题？

3. 教学方法

综合运用理论讲授法、案例教学法、讨论式教学法。

4. 学时安排

2 学时。

5. 参考资料及教学资源

（1）《"中国近现代史纲要"专题教学指南》（2018 年版·试行）。

（2）中共中央宣传部：《习近平新时代中国特色社会主义思想三十讲》，学习出版社，2018 年。

（3）相关视频：政论专题片《不忘初心　继续前进》（中共中央宣传部、中共中央文献研究室、中共中央党史研究室、国家发展和改革委员会、国家新闻出版广电总局、中央军委政治工作部、中央电视台联合摄制）

二、教学内容设计

【课程导入】

中国是世界上少有的历史文化从未间断、一直延续至今的国家，创造了博大精深的中华文化，为人类文明进步作出了重要贡献。1840 年的鸦片战争，无疑是中国人心中永远的痛，从此国门洞开，列强蜂拥而至，内忧外患，无约不损、无战不败，甚至一度到了危如累卵、大厦将倾的地步。在沉沉的暗夜里，在厚厚的冻土下，一粒梦的种子也在深深地植根、悄悄地萌发，这就是民族复兴之"中国梦"。整个中国近现代史也是中国人民努力寻求和实现国家富强、民族振兴、人民幸福的"中国梦"的历史。

【课程讲授】

（一）实现中华民族伟大复兴是中国共产党的历史使命

1840年鸦片战争后，由于西方列强的入侵和封建王朝的腐朽统治，近代中国变得积贫积弱，民族内忧外患交织、人民生灵涂炭。直至1921年中国共产党成立，才真正找到了国家和民族的出路，中国人民的命运才开始转变。中国共产党肩负起实现中华民族伟大复兴的历史使命，团结带领人民进行了艰苦卓绝的斗争，谱写了气吞山河的壮丽史诗。

【案例】中国梦的昨天、今天和明天

实现中国梦，是一个渐进的历史过程，是由一个又一个阶段性的奋斗目标连接起来的，和人民幸福的愿景与感受息息相关。那么在中国共产党构想未来的过程中，中国梦是怎样一步步清晰起来，并让中国人一步步去接近它的呢？

昨天的"解放"

中国梦是近代中国积贫积弱的处境刺激出来的。没有衰落的低谷，就没有崛起的梦想。

1932年11月1日，上海《东方杂志》发布一个启事，向各界知名人士提出两个问题并征集答案：一个是"梦想中的未来中国是怎样"，另一个是"个人生活中有什么梦想"。一石激起千重浪，几十个社会名流寄来答案。有人说，自己的梦想"是个共老共享的平等社会"；有人相信，"未来的中国是大众的中国"；有人比较乐观，认为"理想中的中国是能实现孔子'仁'的理想，罗素科学的理想与列宁共产主义的理想"；有人比较悲观，说："在这漫长的冬夜里,只感到冷,觉得饿,只听见许多人的哭声,这些只能够使人做噩梦……"

　　就在人们纷纷攘攘、莫衷一是的时候,距离上海不到 1000 公里的江西瑞金,中国共产党在一年前就创建了中华苏维埃共和国。这是"广大被剥削被压迫的工农兵士劳苦群众的国家",虽然还不成熟,但毕竟是中国共产党对中国梦想的初步实践。毛泽东当时担任这个新国家临时中央政府的主席。在此前的一篇描绘未来梦想的信中,他写道:我们"不是算命先生,未来的发展和变化,只应该也只能说出个大的方向……它是站在海岸遥望海中已经看得见桅杆尖头了的一只航船,它是立于高山之巅远看东方已见光芒四射喷薄欲出的一轮朝日,它是躁动于母腹中的快要成熟了的一个婴儿"。中国人的梦想和中国革命的未来,被描述得如诗如歌。因为那时已经开始探索出一条创建中华人民共和国的革命道路。在这条道路上,追求的第一个阶段的梦想,就是实现民族独立和人民解放。

　　所谓民族独立,就是彻底摆脱近代以来遭受帝国列强的欺压,把中国人从半殖民地社会中解放出来;所谓人民解放,就是把中国人从旧社会的压迫和剥削中解放出来,实现平等。一句话,就是让"中国人站立起来"。这个目标和梦想,在 1949 年中华人民共和国成立的时候,实现了。如果没有民族独立和人民解放,再远大和美丽的梦想也都无从谈起。

　　今天的"小康"

　　1956 年,中国确立社会主义制度后,中国共产党勾画的新的中国梦想,本质上就是要在站起来的基础上,走向富起来、强起来。毛泽东当时的设想,是让中国"变成一个大强国而又使人可亲"。

　　刚开始搞改革开放的时候,邓小平抓住"实现四个现代化"这个具体目标,来勾画未来。但是,外国人不理解。1979 年,来访的日本首相大平正芳问他:中国追求的现代化是什么样子?邓小平沉默了一会儿,回答说:我们实现的四个现代化,是"中国式的四个现代化"。那么,什么才算是"中国式"

的现代化呢？邓小平首次提出了一个今天的人们耳熟能详的概念——"小康"。小康是中国传统的概念，意思是温饱有余，富裕不足；比上不足，比下有余。在当时，这就是中国人过日子的具体梦想。

按邓小平的设想，到 2000 年，中国的国内生产总值达到 1 万亿美元，人均达到 800 美元，就算实现了小康。在 2000 年的时候，这两个数字事实上已经超额实现，但是，为了让小康成为老百姓在日常生活中切实感受得到并充分认可的小康，成为经得起历史检验的、为社会主义现代化夯实牢固基础的小康，中国只是说总体上算实现了小康，但还不充分和全面，进而不断提高建设小康社会的标准。直到 2012 年，中国才最终确定，计划在 2020 年国内生产总值和城乡居民人均收入比 2010 年翻一番，那样才算是全面建成了小康社会。而 2010 年，中国在经济总量上即已超过日本，成为世界第二大经济体了。我们不妨看看，今天中国的小康梦想，实现到了什么程度。在江苏农村有一个华西村，华西村有一个人叫吴仁宝。前几年，他去世了。他曾以 48 年村党支部书记的履历，成为在中国这个最小官位上任职最长的人。最小的官，干出了大事业。吴仁宝带领村民把华西村建成了户户住别墅、家家有汽车，人均存款超过百万的"天下第一村"。今天的华西村，一年创造千亿元的工农业生产总值，有 1600 户农民成为百万富翁，拥有良好的福利和社会保障。

吴仁宝生前说：我是穷过来的，最大的心愿就是让穷人过上好日子，这是我的原动力。什么是社会主义？人民幸福就是社会主义。千主义万主义，社会主义能够让人民幸福、富裕，就是最好的主义。中国梦，本质上是要让人们共同享有人生出彩的机会，共同享有梦想成真的机会，共同享有同国家和时代一起成长与进步的机会。

1995 年 3 月的一个夜晚，在杭州电子工业学院当英语老师的马云，请了 24 位朋友来家里，向他们宣布了自己的一个决定：辞职下海，去干电子商务。

结果,有23位朋友表示不赞成。但他仍然怀揣创业梦想,第二天就向学校递交了辞职报告。随后,马云用七拼八凑的2万元本钱,创办了中国第一家发布互联网商业信息的"中国黄页"网站,1999年又创办了阿里巴巴集团。对这家公司的前景,很少有人看好。结果,2014年9月,由马云创办的互联网公司阿里巴巴集团正式在美国上市,当天的市值高达2413亿美元,成为世界上第二大互联网公司。马云用19年的时间,创造了一个奇迹。

小康梦,当然不能建立在社会撕裂的土壤上面,不能以平均数理念代替共享的发展理念。世界上许多社会撕裂和不公平的事情,常常会被"平均数"掩盖。在实现小康梦的过程中,中国不同地区和群体的发展进步有所不同。从1994年开始,中国就把扶持贫困人口,加速落后地区的发展,纳入国家总体发展战略,从而让7亿多人口摆脱贫困,使中国在全球最早实现联合国千年发展目标中的减贫目标,完成全世界70%以上的减贫任务。世界银行前行长金墉2017年10月12日在国际货币基金组织和世界银行秋季年会新闻发布会上说,全球极端贫困人口比重从20世纪90年代的近40%降至目前的10%左右,其中绝大部分贡献来自中国。具体说来,从2012年到2018年末,中国贫困人口从9899万减少至1660万,大体是每3秒钟便有一个人脱贫,贫困发生率从2012年的10.2%降到1.7%。目前,剩下的1600多万贫困人口,到2020年将整体脱贫,实现吃穿不愁,并在义务教育、基本医疗、住房安全上得到有力保障。全面建成小康社会后,仍然会出现不少的相对贫困人口。如今,中国已经开始考虑扶持相对贫困人口的办法。

明天的"复兴"

中国梦,从根本上说,就是建设社会主义现代化强国,实现民族复兴、国家富强、人民幸福。为实现这个远大目标,中国共产党总是与时俱进地制定或调整"时间表"和"路线图"。

关于中国复兴的时间和步骤,毛泽东的基本构想是:从中华人民共和国成立算起，"要建设起强大的社会主义经济，我估计要花100多年"。这个100多年的步骤和远景规划，今天被继承了下来。邓小平提出"小康"这个目标后，已经意识到它还不能算现代化，于是又提出了一个三步走发展战略：第一步，解决人民的温饱问题；第二步，人民生活达到小康水平；第三步，到21世纪中叶，人均国民生产总值达到中等发达国家水平，人民生活比较富裕，基本实现现代化。

2017年召开的中共十九大，又提出了新的战略步骤。基本思路是：在2020年全面建成小康社会以后，分两步走全面建设社会主义现代化国家。第一步，从2020年到2035年，奋斗15年，基本实现社会主义现代化。第二步，从2035年到本世纪中叶，再奋斗15年，在中华人民共和国成立100年的时候，把中国建成富强民主文明和谐美丽的社会主义现代化强国。这个战略安排的最后一步，实际上和中国人的复兴梦想，已经深深地融合在一起了。

从昨天的"解放"，到今天的"小康"，再到明天的"复兴"，这样一个宏大的历史进程，就是中华民族从"站起来"到"富起来"，再到"强起来"的过程，就是实现中华民族伟大复兴中国梦的过程。

——资料来源：陈晋：《中国梦的昨天、今天和明天》，《湘潮》，2019年第10期。

【案例分析】中国梦的正式提出，是在党的十八大之后。但实现这一梦想，却是近代以来一代又一代中国人的根本夙愿。从历史渊源看，实现中华民族伟大复兴是近代以来中华民族最伟大的梦想。在中华民族的历史发展长河中，数千年的灿烂文明令国人自豪，百余年的深重苦难让国人唏嘘。历史的长河大浪淘沙，也昭示历史担当者的风采。谁能够承担起实现中华民族伟大复兴的历史使命，谁就能赢得中国人民的衷心拥护，成为中华民族的主心骨。中国共产党一经成立，就把实现共产主义作为党的最高理想和最终目标,义无反顾肩负起实现中华民族伟大复兴的历史使命。历史告诉我们:只有中国共产党的诞生和奋斗,才把中国从黑暗引向了光明;在中华民族上下求索中国梦的漫漫征程中,只有中国共产党才能肩负起实现民族伟大复兴中国梦的伟大使命。新中国的成立是中国近现代史上的一个转折点,实现了中华民族的独立和中国人民的解放,为饱经挫折的中华民族实现伟大复兴创造了前提条件,近代以来最伟大的中国梦终于迈出了最坚实的一大步。中华民族在历经了百余年的磨难后,迎来了复兴的曙光。实现中华民族伟大复兴的中国梦是几代共产党人和中国人民的梦想和追求。中国梦体现了执政的中国共产党人的责任担当。邓小平开辟改革开放的中国特色社会主义道路,为实现民族复兴中国梦奠定了正确发展方向的历史基础;始终坚持和发展中国特色社会主义制度,为实现民族复兴中国梦奠定了根本制度的历史基础;创立中国特色社会主义理论体系之基的邓小平理论,为实现民族复兴中国梦奠定了确指导思想的历史基础;规划未来中国发展宏伟愿景,为实现民族复兴中国梦奠定了正确战略目标的历史基础。以习近平同志为核心的党中央,明确宣示了实现中华民族伟大复兴的中国梦。从本质内涵看,中国梦是国家梦、民族梦和人民梦的统一。从国家、民族和人民的关系来看,中国梦最核心的内容是三句话:"国家富强,民族振兴,人民幸福。"日新月异的现实告诉我们:一代又一代中华儿女的艰辛探索,使我们比历史上任何时期都更接近中华民族伟大复兴的目标,比历史上任何时期都更有信心、更有底气、更有能力实现中国梦。中国特色社会主义进入新时代,意味着近代以来久经磨难的中华民族迎来了从站起来、富起来到强起来的伟大飞跃,迎来了实现中华民族伟大复兴的光明前景。

　　回首中华民族的近现代史,就是一部先贤今达追寻实现中国梦的历史。先进的中国人前仆后继,不断求索民族复兴之路。中国梦的实现过程必然要经历不同的历史阶段,它由"站起来、富起来、强起来"三大过程所组成,这也构成了鸦片战争以来的中国近现代历史总进程。实现中华民族伟大复兴的中国梦,关键在党。正是中国共产党义无反顾肩负起实现中华民族伟大复兴历史使命,引领中国实现从站起来到富起来,再到强起来的伟大飞跃。

（二）站起来:为实现中国梦提供政治前提

1. 中国人民从"东亚病夫"到站起来的历史进程

鸦片战争之后,实现中国梦的首要任务是使中国彻底摆脱近代以来遭受帝国列强的欺压,从半殖民地社会中解放出来,把中国人从"三座大山"的压迫和剥削中解放出来,实现民族独立和人民解放,一句话,就是让"中国人站立起来"。而如何实现"站起来",中国人民经历了长期的历史探寻才找到正确的道路。

（1）中国人民反对外国侵略的斗争及其对国家出路的早期探索的失败。1840 年的鸦片战争像晴空霹雳,惊破了中国人"天朝上国"的迷梦。资本一帝国主义国家发动多次侵华战争,变独立的中国为半殖民地半封建的中国。中国人民奋起御侮,同帝国主义进行了不屈不挠的斗争,表现出誓死捍卫民族尊严、保卫社稷家园的决心和勇气,给侵略者以沉重打击,终于粉碎了帝国主义列强灭亡和瓜分中国的图谋。严酷的现实,引起忧国忧民的有识之士的反省。中国仁人志士怀着强烈的忧患意识和变革意识,历尽千辛万苦,不懈追求探索,寻找挽救中华民族危亡、实现民族复兴道路,他们的行为和主张唤醒了中华民族意识的觉醒。为了挽救民族危亡,中国社会各阶级开始了对国家未来出路的探索。从农民阶级,到地主阶级洋务派,到资产阶级维新派,到资产阶级革命派,他们从各自的阶级立场出发,对国家的出路进行探索,先后提出了自己的主张和方案。太平天国农民运动、地主阶级自救的洋务运动和新兴民族资产阶级的维新变法运动等对国家出路的早期探索,尽管都有各自的局限性,且最终都不同程度地受到了挫折和失败,但它们在抵制外国侵略、推动中国近代化等诸多方面,发挥了重要作用,成为资产阶级民主革命的先声。

（2）资产阶级共和国方案并未挽救中国。1895 年甲午战争的失败告诉中国人：仅靠器物文明救不了中国，洋务运动无法实现求强求富的目的。要走向富强，必须首先改变封建制度。于是发生 1898 年由维新派倡导的戊戌变法和 1901 年由保守派允诺的清末新政，力图建立君主立宪政体。戊戌变法惨遭失败，而清末新政虽得以实行，但改革政策支离破碎，只限于形式而不能动摇封建病根。君主立宪之路只能是中国继续被西方列强殖民化之路，在当时的中国也根本不能真正实现。先进的中国人于是改走资产阶级革命之路，寄希望于推翻皇权后学习西方民主政治，辛亥革命由此发生。1911 年的爆发的辛亥革命，虽然推翻了清王朝的腐朽统治，推翻了封建帝制，但是并未完成反帝反封建的革命任务，中国社会基础结构依然如故，中国进入四分五裂的军阀割据时期，人民陷入更加苦难的深渊。事实证明，在帝国主义时代，在半殖民地半封建的中国，资本主义的建国方案是行不通的。先进的中国人需要进行新的探索，为中国谋求新的出路。

（3）经过新民主主义革命中国人民站起来了。1919 年的五四运动是中国人民寻求"站起来"的道路的分水岭，它表明：资本主义道路在中国将是一条通往被西方帝国主义奴役的道路，不可能使中国人民站起来，在中国行不通。五四运动之后，新文化运动分裂为两大阵营：一派是以胡适为代表的亲西方文化人，继续用西方启蒙文化麻痹国人。其政治上的结果是最终由亲美的蒋介石集团获得政权，使中国沿着半封建半殖民地化的方向越走越深；另一派则是以陈独秀、李大钊等为代表的革命知识分子，他们从对西方文化的反思中醒悟过来，走上了用马克思主义改造中国的道路，创立了代表中国人民根本利益的中国共产党。自从有了中国共产党，中国革命的面目焕然一新。中国共产党领导的反帝反封建的新民主主义革命经历了艰难曲折、波澜壮阔的四个历史时期，即国民革命时期、土地革命战争时期、抗日战争时期和解放战争时期。新民主主义革命的胜利,中华人民共和国的成立,标志着半殖民地半封建社会在中国的结束,中华民族一洗近百年来蒙受的屈辱,开始以崭新的姿态自立于世界民族之林,占人类总数四分之一的中国人从此站起来了。

2.中国人民站起来的基本经验和启示

【课堂讨论】中国人民站起来的基本经验和启示有哪些?

总结近代中国的历史,中华民族能够获得解放,中国人民能够站起来、掌握自己的命运最关键的经验与启示是:有中国共产党的正确领导,有科学理论的指导,开创了正确的革命道路。

中国共产党的正确领导是中国人民能够站起来的关键。"没有共产党,就没有新中国"这是中国人民依据近代以来中国革命的经验得出的最基本、最重要的结论,是中国人民基于自己的切身体会所确认的伟大真理。

马克思主义科学理论特别是中国化的马克思主义理论的指导是中国人民能够站起来的思想武器。中国共产党从一开始就以马克思列宁主义这个最先进、最科学的思想武器为指导,并将它与中国革命的丰富实际相结合,创立了毛泽东思想,实现了马克思列宁主义基本原理与中国实际相结合的第一次历史性飞跃。

中国革命没有走欧洲无产阶级革命"城市中心"的道路,而是走农村包围城市、武装夺取政权的道路。这是由近代中国的特殊国情决定的。在半殖民地半封建社会里,内无民主制度而受封建主义的压迫,外无民族独立而受帝国主义的压迫。中国的无产阶级根本不可能像在资本主义国家那样,先在城市经过长期的、公开的合法斗争,然后再组织武装起义,夺取政权。近代中国农民占全国人口的绝大多数,是无产阶级可靠的革命军和革命的主力军。中国革命的敌人长期占据着中心城市,而农村则是其统治的薄弱环节。无产阶级及其政党必须将工作中心放在农村,在农村长期积蓄和锻炼自己的力量,把农村建设成先进的、巩固的革命根据地,以农村包围城市,逐步夺取城市,最终取得新民主主义革命的最后胜利。经过新民主主义走向社会主义新道路的开辟是中国人民能够站起来的基本途径。历史证明,只有社会主义才能救中国,经过新民主主义革命转变到社会主义的道路成为中国人民的郑重历史选择。

(三)富起来:为实现中国梦奠定物质基础

1. 中国人民富起来的历史进程

【课堂提问】中国人民是如何富起来的?

中华人民共和国成立以来,中国各族人民在中国共产党领导下确立社会主义制度,探索、开创、坚持、发展中国特色社会主义,中国人民开始从站起来到富起来。中国人民富起来的历史进程:

(1)社会主义制度在中国的确立,为当代中国一切发展进步奠定了根本政治前提和制度基础。新中国成立和社会主义基本制度的确立,使中华民族真正实现了人民当家作主。从 1953 年党和政府提出"一化三改"过渡时期总路线,到 1956 年完成对农业、手工业和资本主义工商业的社会主义改造,中国人民走上了社会主义道路。社会主义公有制经济确立了主体地位,人民代表大会制度、多党合作和政治协商制度、民族区域自治制度等一系列政治制度建立起来,确立马克思主义作为指导我们思想的理论基础,改造知识分子思想,建立社会主义教育制度和文化制度,使整个民族在精神文化上摆脱依附西方的殖民主义文化。在社会建设方面,新中国用雷霆万钧之势,扫荡旧社会遗留下来的污泥浊水。在国防建设方面,新中国刚刚诞生就打赢了抗美援朝战争,创造了人类军事史上的奇迹,为新中国赢得了和平建设的国际环境。社会主义基本制度的确立,是我国历史上从未有过的最深刻最伟大的社会变革,是后来我国一切发展成就的政治前提和根本制度基础。历史已经证明毛泽东在新中国成立前夕的预言:"中国人民将会看见,中国的命运一经操在人民自己的手里,中国就将如太阳升起在东方那样,以自己的辉煌的光焰普照大地,迅速地荡涤反动政府留下来的污泥浊水,治好战争的创伤,建设起一个崭新的强盛的名副其实的人民共和国。"

(2)社会主义建设在探索中曲折发展。随着社会主义改造和"一五"计划的完成,新中国进行了波澜壮阔的 30 年的艰苦卓绝的社会主义建设,其间虽然经过一些曲折,犯了反右派斗争扩大化、"大跃进"等错误,甚至发生了"文化大革命"这样的严重错误和干扰,但是总体上社会主义建设未曾中断,取得了中国基础工业方面的巨大成就,这是新中国头 30 年历史的主旋律。在我国如何进行前无古人的社会主义建设,必然有一个艰难的探索过程,前进中错误和挫折在所难免。正反两方面的经验,都是后来找到正确道路的财富,30 年社会主义建设、探索为改革开放后的社会主义实践探索积累了条件,为今天的社会主义市场经济建立了物质基础。

(3)改革开放以来中国人民一步步富起来。党的十一届三中全会以来,在党领导人民不断开拓中国特色社会主义新境界的征程中,中国经济社会不断发展,人民生活水平每隔几年就上一个新台阶。2001 年,我国加入世界贸易组织(WTO),我国的社会主义市场经济体系成功融入世界市场体系。实行改革开放和建设中国特色社会主义,使中国人民一步步富起来了。当代中国,最鲜明的特征是改革开放,最突出的标志是开创中国特色社会主义,最显著的成就是经济快速增长和人民总体上实现小康。这是继辛亥革命、新中国成立之后,中华民族伟大复兴历程中新的里程碑。我国 40 多年的改革开放,走完了发达国家几百年走过的工业化进程,实现了中国人民千百年来梦寐以求的脱贫夙愿。改革开放找到了中国特色社会主义道路,建立了符合国情的社会主义市场经济体制,改变了国家的面貌、中华民族的面貌、中国人民的面貌、中国共产党的面貌,是中国人民富起来的法宝,是坚持和发展中国特色社会主义的必由之路。

2. 中国人民富起来的基本经验和启示

【课堂讨论】中国人民富起来的基本经验和启示有哪些?

总结中国共产党领导人民进行社会主义建设的历史,中国人民能够从站起来到富起来,最关键的经验和启示是:开创和发展中国特色社会主义,坚持以人民为中心,坚持党的领导和不断加强党的建设。

开创和发展中国特色社会主义是新中国最大的历史成就。这是几代中国共产党人接续奋斗的结果,正是因为几代中国共产党人的接续奋斗,中华民族才迎来了伟大复兴的光明前景。方向决定道路,道路决定命运。中国特色社会主义道路,是中国共产党领导中国人民经过几代人千辛万苦、付出巨大代价换来的。历史证明,只有社会主义才能救中国,只有中国特色社会主义才能发展中国,只有坚持和发展中国特色社会主义才能实现中华民族伟大复兴。这是历史的结论、人民的选择。今后无论国际风云如何变幻,中国人民都将坚定不移地沿着这条道路走下去。

坚持以人民为中心是中国共产党引领中国人民走向富裕的动力之源。中国共产党的唯一宗旨是全心全意为人民服务。新中国成立 70 多年来,无论是干革命、建政权,还是搞建设、抓改革,归根结底是为了使人民过上好日子。坚持以人民为中心保证了人民当家做主的地位,保障了人民的主体地位,极大地激发了人民的创造热情,从而推动了中国的社会发展和人民生活水平的不断提高。必须坚持以人民为中心的发展思想,坚持人民的主体地位,最大限度地凝聚中国力量,把人民的根本利益实现好、维护好、发展好,把人民群众蕴含的智慧和力量保护好、调动好、发挥好,紧紧依靠人民群众创造历史伟业。

坚持党的领导和不断加强党的建设是中国人民在改革开放历史进程中富起来的关键。办好中国的事情关键在党。中国共产党始终心系国家安危和人民福祉,担当着发展中国特色社会主义、实现中华民族伟大复兴的重任。党的领导地位是近代以来中国的历史逻辑、政治逻辑、实践逻辑所决定的,是历史和人民的选择。坚持党的领导,必须加强党的建设,不断增强党的创造力、凝聚力和战斗力。新中国 70 多年的辉煌是在中国共产党领导下取得的,未来同样要在中国共产党领导下创造新的奇迹。只有把坚持党的领导和不断加强党的建设统一起来,我们才能不断创造新的辉煌。

（四）强起来:实现中国梦的伟大使命

从党的十八大开始,中国实现中国梦的伟大征程进入新时代,其核心任务就是在站起来和富起来的基础上,奔向"强起来"。

1. 强起来:经历站起来和富起来之后的必然要求

在当代世界,处于资本主义国际体系包围之中的中国一旦初步富起来之后,必然面临一个严峻的考验:如何不落入"中等收入陷阱"？这就必然要求初步"富起来"的中国必须通过伟大斗争,实现"强起来"。如果没有强大实力,中国不能成为国际软实力和治理能力上的现代化强国,便会不可避免地面临西方国家的霸权威胁,也不能改变我国处于国际产业链低端状况,不能改变低水平粗放型发展模式。从富起来迈向强起来,是实现中国梦的必然要求,是中国现代史的必然逻辑。党的十八大以来,以习近平同志为核心的党中央团结带领全国各族人民,紧紧围绕实现"两个百年"奋斗目标和中华民族伟大复兴的中国梦,统筹推进"五位一体"的总体布局、协调推进"四个全面"战略布局,牢固树立创新、协调、绿色、开放、共享的新发展理念,迎难而上,开拓进取,取得了改革开放和社会主义现代化建设的历史性成就。经过长期的努力,中国特色社会主义进入新时代。习近平在党的十九大报告中指出:"中国特色社会主义进入新时代,意味着近代以来久经磨难的中华民族迎来了从站起来、富起来到强起来的伟大飞跃,迎来了实现中华民族伟大复兴的光明前景"。

2. 强起来的历史进程展望

从富起来迈向强起来的时代,正是中国特色社会主义新时代。这个时代刚刚开启,我们还不能完整呈现它的历史进程,但是以习近平同志为核心的党中央,已经给我们展示了这个新时代的基本面貌。这些将会成为实现中国梦历史进程的基本主线,其包括三大阶段:从党的十八大到2020年,是全面建成小康社会决胜期;从2020年到2035年,基本实现社会主义现代化;从2035年到本世纪中叶,把我国建成富强民主文明和谐美丽的社会主义现代化强国。到那时,我国人民将享有更加幸福安康的生活,中华民族将以更加昂扬的姿态屹立于世界民族之林。在国际关系上,中国强起来的过程,是与世界人民共同建构人类命运共同体的过程。中国将在不侵占他国一寸土地、不掠夺任何国家资源的情况下实现强起来的目标。总之,强起来的过程就是全面实现中国梦的过程。这将是中国共产党领导人民用鲜活的实践书写的全面实现中国梦的历史!

中国特色社会主义进入新时代,迎来了实现中华民族伟大复兴的光明前景,在世界上高高举起了中国特色社会主义伟大旗帜,拓展了发展中国家走向现代化的途径,为解决人类问题贡献了中国智慧和中国方案。中国特色社会主义进入了新时代,在中华人民共和国发展史上、中华民族发展史上、在世界社会主义发展史上、人类社会发展史上也具有重大意义。

【视频】新时代再出发(时长:2分23秒)

中国梦是历史的、现实的,也是未来的,终将在一代代青年的接力奋斗中变为现实。青年兴则国家兴,青年强则国家强。青年一代有理想、有本领、有担当,国家就有前途,民族就有希望。大学生是祖国未来各条战线的生力军,中国特色社会主义事业的建设者和接班人。必须学好中国近现代史,树立爱国的情怀,忠于祖国,忠于人民,忠于我们历经千辛万苦所选择的社会主义,自觉抵制历史虚无主义,立鸿鹄志,做一个新时代的奋斗者、搏击者。

【课堂小结】

新中国成立 70 多年的历史,是中国共产党领导中国人民为实现中华民族伟大复兴取得丰功伟绩的历史。新中国的成立使中国人民站起来,改革开放使中国人民逐步富起来,新时代中华民族要实现强起来的宏伟目标。从中华民族复兴的历史进程看,中国特色社会主义进入新时代,意味着近代以来久经磨难的中华民族迎来了从站起来、富起来到强起来的伟大飞跃,迎来了实现中华民族伟大复兴的光明前景。今天,我们比历史上任何时期都更接近、更有信心和能力实现中华民族伟大复兴的目标。作为祖国未来的社会主义建设者、各条战线的生力军,当代大学生一定要牢记中国近现代的历史及其基本经验,继承先辈们的优良传统,自觉地承担起时代赋予我们的历史使命,在实现中国梦的生动实践中放飞青春梦想。

【思考题】

1. 如何认识中国人民站起来的历史进程及其经验与启示?

2. 如何认识中国人民富起来的历史进程及其经验与启示?

三、板书设计

专题十五　正确认识中华民族迎来从站起来、富起来到强起来的伟大飞跃

一、实现中华民族伟大复兴是中国共产党的历史使命

二、站起来：为实现中国梦提供政治前提

　　1. 中国人民从"东亚病夫"到站起来的历史进程

　　2. 中国人民站起来的基本经验和启示

三、富起来：为实现中国梦奠定物质基础

　　1. 中国人民富起来的历史进程

　　2. 中国人民富起来的基本经验和启示

四、强起来：实现中国梦的伟大使命

　　1. 强起来：经历"站起来"和"富起来"之后的必然要求

　　2. "强起来"的历史进程展望

四、学生阅读书目推荐

1.【经典文献】

（1）习近平：《为实现民族伟大复兴　推进祖国和平统一而共同奋斗——在〈告台湾同胞书〉发表 40 周年纪念会上的讲话》，《人民日报》，2019 年 1 月 3 日。

2.【延伸阅读】

（1）《习近平致信祝贺中国社会科学院中国历史研究院成立》，《人民日报》，2019 年 1 月 4 日。

五、习近平总书记相关论述

1. 历史是一面镜子,鉴古知今,学史明智。重视历史、研究历史、借鉴历史是中华民族5000多年文明史的一个优良传统。当代中国是历史中国的延续和发展。新时代坚持和发展中国特色社会主义,更加需要系统研究中国历史和文化,更加需要深刻把握人类发展历史规律,在对历史的深入思考中汲取智慧、走向未来。

——习近平:《祝贺中国社会科学院中国历史研究院成立贺信》(2019年1月2日)

2. 人民是历史的创造者,人民是真正的英雄。波澜壮阔的中华民族发展史是中国人民书写的! 博大精深的中华文明是中国人民创造的! 历久弥新的中华民族精神是中国人民培育的! 中华民族迎来了从站起来、富起来到强起来的伟大飞跃是中国人民奋斗出来的!

——习近平:《在第十三届全国人民代表大会第一次会议上的讲话》(2018年3月20日)

3. 新时代中国青年要勇于砥砺奋斗。奋斗是青春最亮丽的底色。"自信人生二百年,会当水击三千里。"民族复兴的使命要靠奋斗来实现,人生理想的风帆要靠奋斗来扬起。没有广大人民特别是一代代青年前赴后继、艰苦卓绝的接续奋斗,就没有中国特色社会主义新时代的今天,更不会有实现中华民族伟大复兴的明天。千百年来,中华民族历经苦难,但没有任何一次苦难能够打垮我们,最后都推动了我们民族精神、意志、力量的一次次升华。今天,我们的生活条件好了,但奋斗精神一点都不能少,中国青年永久奋斗的好传统一点都不能丢。在实现中华民族伟大复兴的新征程上,必然会有艰巨繁重的任务,必然会有艰难险阻甚至惊涛骇浪,特别需要我们发扬艰苦奋斗精神。奋斗不只是响亮的口号,而是要在做好每一件小事、完成每一项任务、履行每一项职责中见精神。奋斗的道路不会一帆风顺,往往荆棘丛生、充满坎坷。强者,总是从挫折中不断奋起、永不气馁。

——习近平:《在纪念五四运动 100 周年大会上的讲话》(2019 年 4 月 30 日)